中国-东盟数智金融科技领航系列丛书

中国-东盟
金融科技人才发展
蓝皮书（2024）

U0656896

Blue Book on the Development of
China-ASEAN
Fintech Talent (2024)

广西民族大学相思湖学院
中国-东盟金融科技研究院 组织编写

沈立君 崔冉 何宇 等 编著

东北财经大学出版社 大连
Dongbei University of Finance & Economics Press

图书在版编目（CIP）数据

中国–东盟金融科技人才发展蓝皮书（2024）/ 沈立君等编著. —大连：东北财经大学出版社，2025.5. —（中国–东盟数智金融科技领航系列丛书）. —ISBN 978-7-5654-5619-0

Ⅰ. F832；F833.3

中国国家版本馆CIP数据核字第2025RG9993号

中国–东盟金融科技人才发展蓝皮书（2024）
ZHONGGUO–DONGMENG JINRONG KEJI RENCAI FAZHAN LANPISHU（2024）

东北财经大学出版社出版

（大连市黑石礁尖山街217号　邮政编码　116025）

网　　　址：http://www.dufep.cn

读者信箱：dufep@dufe.edu.cn

大连永盛印业有限公司印刷　　　东北财经大学出版社发行

幅面尺寸：185mm×260mm　字数：248千字　印张：12.75　插页：1

2025年5月第1版　　　　　　　　2025年5月第1次印刷

责任编辑：李丽娟　徐　群　石建华　　　责任校对：赵　楠
　　　　　王　玲　韩敌非

封面设计：原　皓　　　　　　　　　版式设计：原　皓

书号：ISBN 978-7-5654-5619-0　　　　定价：65.00元

教学支持　售后服务　　联系电话：（0411）84710309

版权所有　侵权必究　　举报电话：（0411）84710523

如有印装质量问题，请联系营销部：（0411）84710711

编　委　会

前言

  随着数字化时代的到来，金融科技（FinTech）在全球范围内迅速发展，成为推动经济增长和提升金融服务效率的重要力量。特别是中国与东盟作为全球最具活力的两大经济体，金融科技的协同发展潜力巨大。在共建"一带一路"倡议框架下，中国与东盟在经济、贸易、金融等领域深度合作，金融科技已成为推动区域经济一体化、提升金融包容性和促进创新发展的重要驱动力。尽管金融科技发展迅速，但区域内金融科技人才短缺的问题仍然存在。金融科技人才不仅要具备传统金融知识，还要掌握区块链、大数据、人工智能等跨学科的专业技能。因此，加强金融科技人才的培养和合作，成为当前亟待解决的关键问题。本书通过深入分析中国-东盟金融科技人才发展的现状、挑战及需求，为各国政府、教育机构、企业以及国际合作平台提供科学的理论支持和实践指导，助力区域内金融科技人才的培养与发展，有助于推动中国-东盟金融科技合作的深入开展，为全球金融科技领域的未来发展提供经验和借鉴。

  本书的主要内容包括：第一章引言，介绍了本书的研究背景、研究意义与研究方法，阐明了研究的思路与创新点；第二章理论基础与文献综述，系统回顾了与金融科技及其人才培养相关的理论框架与国内外研究成果，为后续分析提供了理论支持；第三章中国-东盟金融科技发展概况及趋势，详细分析了中国-东盟金融科技的合作背景、发展现状和未来趋势，揭示了中国-东盟金融科技的合作潜力与面临的挑战；第四章中国-东盟金融科技人才需求分析，重点探讨了中国-东盟金融科技人才的需求背景、特点与需求状况，分析了人才需求的差异与挑战；第五章中国-东盟金融科技产业应用场景分析，通过案例研究，展示了跨境支付、数字银行等领域的应用实践，并分析了其对人才需求的推动作用；第六章中国-东盟金融科技人才培养现状及面临的挑战，总结了中国-东盟金融科技人才培养的现状与不足，探讨了教育体系与产业需求之间的矛盾；第七章中国-东盟金融科技人才培养课程体系构建，提出了课程体系设计的思路，结合跨学科需求，强调理论与实践的结合，确保人才培养的质量；第八章中国-东盟金融科技人才培养的模式与路径，探索了多种培养模式，如校企合作培养模式、项目制培养模式、国际交换生模式等，并分析了这些模式的优势与挑战；第九章中国-东盟金融科技人才培养改革典型案例，通过具体案例展示了金融科技人才培养的成功经验，重点分析了科研成果激励、校企合作与数字化转型等方面的实践；第十章中国-东盟金融科技人才培养的对策建议，总结了本书的研究成果，提出了针对中国-东盟金融科技人才培养的政策建议与发展路径，旨在为区域内金融科技人才的发展提供理论支持和实践指导。

本书的创新点体现在以下三个方面：

第一，在研究内容上关注金融科技人才培养问题，从中国与东盟的合作背景出发，提出了针对性的政策与实践建议，填补了当前国内外相关研究中对"区域合作背景下的金融科技人才培养"这一专题的空白。

第二，深入探讨了金融科技人才在跨学科背景下的需求特点，强调金融、信息技术与创新创业相结合的多元化人才培养模式与路径，提出了一系列具体的课程体系设计和实践教学方案，具有较强的实用性和操作性，为推动中国-东盟金融科技人才培养的深度合作提供了理论支持和实践指导。

第三，通过案例分析展示了中国-东盟金融科技人才培养的成功经验，提出了具有前瞻性和启发性的政策建议和实践模式。

基于上述创新，本书期望能够为中国-东盟金融科技人才的培养和发展提供新的思路，为推动区域经济一体化、金融创新和数字化转型贡献智慧与力量。

本书是广西民族大学相思湖学院、中国-东盟金融科技研究院的研究成果。本书编委会主任为广西民族大学相思湖学院沈立君，副主任为广西财经学院金融与保险学院崔冉和国家开发银行广西分行何宇，课题组其他成员有：广西财经学院体育经济与管理学院卢宇洋，广西财经学院温其辉，广西科技大学黄韬，广西刘三姐文化研究会会长谭湖，广西民族大学相思湖学院于乃峰、徐瑜、廖思敏、容获凤。

本书可以作为高等院校金融科技相关专业课程的教材，也可以作为政策制定机构和行业研究机构开展金融科技人才发展研究的参考用书。高校研究人员、金融机构管理者、金融科技企业的从业者以及关注中国-东盟金融科技合作与人才培养的各界人士，均可选用本书。

在本书编写过程中，我们参考了一些学者的研究成果，谨对相关文献的作者表示谢意。

编　者

2025年1月

目录

第一章　引言

一、研究背景

在经济全球化和数字化浪潮的推动下，金融科技已成为推动金融行业变革和经济增长的重要力量。特别是在中国-东盟这一充满活力的经济区域，金融科技的发展不仅促进了金融服务的创新，还深化了区域经济合作，为双方带来了前所未有的发展机遇。金融科技的发展离不开高素质的人才支持，中国-东盟金融科技人才建设是当前亟待解决的重要课题。

（一）全球金融科技发展趋势

数字经济是第三次全球化浪潮的主要形式，也是第四次科技革命的主要力量。随着新一代信息技术的发展，数字经济已成为全球经济增长的新引擎。

2024年8月27日，在中国国际大数据产业博览会"激活数据要素潜能，释放新质生产力"交流会上，中国信息通信研究院发布《中国数字经济发展研究报告（2024年）》（以下简称《报告》），分析了中国数字经济发展的最新态势、数字经济推动经济发展的经济学逻辑、数字经济支撑新质生产力发展的重要实践。《报告》指出，我国5G、人工智能等技术创新持续取得突破，数据要素市场加快建设，数字经济产业体系不断完善，数字经济全要素生产率巩固提升。2023年，我国数字经济规模达到53.9万亿元，数字经济占国内生产总值（GDP）的比重达到42.8%，数字经济同比名义增长7.39%，数字经济增长对国内生产总值增长的贡献率达66.45%，数字经济有效支撑经济稳步增长。数字经济的飞速发展促使数字经济竞争日趋激烈，全球和中国数字经济合作也如火如荼展开。

金融科技作为数字经济的重要组成部分，正以前所未有的速度改变金融行业的面貌。从支付结算、信贷融资到财富管理、保险服务，金融科技的应用场景不断拓展，为金融行业带来了深刻的变革，推动了金融服务普惠化、智能化和便捷化发展，提高了金融服务的效率和覆盖面。

（二）中国-东盟金融科技合作现状

中国与东盟作为亚洲两大经济体，一直保持密切的经贸合作关系，金融科技合作是双方合作的重要领域之一。近年来，中国与东盟在金融科技领域的合作取得了显著成果。

中国与东盟在金融科技基础设施建设方面取得了积极进展。双方共同推动了跨境支付、数字货币、区块链等金融科技基础设施的建设和完善，为金融科技的广泛应用提供了有力支撑。中国的互联网金融平台陆金所与新加坡的金融科技公司 Grab Financial 合作，将陆金所的技术引入其平台，共同推动金融科技服务的跨境拓展。金融科技人才短缺是制约中国-东盟金融科技合作深入发展的重要因素。加强中国-东盟金融科技人才建设，培养一批高素质、专业化的金融科技人才，对于推动双方金融科技合作深入发展具有重要意义。

（三）金融科技人才短缺问题

随着金融科技的快速发展，金融科技人才的需求也日益增长。金融科技人才短缺问题成为制约金融科技发展的关键因素。

金融科技人才需要具备跨学科的知识和技能。金融科技涉及金融、计算机科学、数据科学、人工智能等多个领域，要求人才具备跨学科的知识背景和技能组合。当前高校和培训机构在金融科技人才培养方面仍存在不足，知识结构不够全面，难以满足市场对金融科技人才的需求。金融科技人才需要具备国际化的视野和跨文化交流能力。随着金融科技的全球化发展，国际金融科技合作和交流日益频繁。金融科技人才需要适应国际金融科技合作和交流的需要。目前金融科技人才在国际化视野和跨文化交流能力方面仍存在不足，难以适应国际金融科技合作的需求。

由于双方经济发展水平和文化背景的差异，中国-东盟金融科技人才短缺问题同样存在，金融科技人才在双方之间的流动和交流受到一定限制。双方在金融科技人才培养和合作方面也存在人才培养体系不完善、合作机制不健全等问题，不仅制约了中国-东盟金融科技人才的交流，还影响了金融科技合作的深入发展。

（四）中国-东盟金融科技人才建设的紧迫性

随着双方经济合作的不断深入和金融科技领域的快速发展，双方金融科技合作的需求日益增强。加强金融科技人才建设，培养一批高素质、专业化的金融科技人才，可以为双方金融科技合作提供有力的人才保障和智力支持。

加强中国-东盟金融科技人才建设是推动双方数字经济合作的需要。数字经济已成为全球经济增长的新引擎，也是中国与东盟合作的重要领域之一。加强金融科技人才建设，可以促进双方在数字经济领域的合作和交流，推动双方数字经济的共同发展。

加强中国-东盟金融科技人才建设也是应对国际金融科技竞争的需要。随着金融科技的全球化发展，国际金融科技竞争日益激烈。加强金融科技人才建设，提高金融科技人才的素质和竞争力，可以为双方在国际金融科技竞争中占据有利地位提供支持。双方应共同努力，加强人才培养和交流合作，推动金融科技领域的创新和发展，为经济合作和区域经济发展注入新的活力和动力。

二、研究意义

金融科技作为数字经济的重要组成部分，正深刻改变着全球金融行业的格局。在中国-东盟这一重要区域经济合作框架下，金融科技人才建设不仅关乎双方金融行业的提升，还是推动区域经济一体化、促进金融创新与包容性发展的关键。

（一）促进区域经济一体化

金融科技的发展为区域经济一体化提供了新的动力。中国-东盟金融机构、科技企业和监管机构之间的合作与交流不断增多，金融科技人才成为这一进程中不可或缺的桥梁和纽带。加强金融科技人才建设，可以推动双方在跨境支付、数字货币、互联网金融等领域的合作，促进贸易和投资便利化，降低交易成本，提高金融服务的效率和覆盖面，从而加速区域经济一体化进程。

（二）提升金融创新与包容性

金融科技的发展为金融创新提供了无限可能。通过大数据、云计算、人工智能等先进技术的应用，金融机构可以开发出更加个性化、智能化的金融产品和服务，满足不同层次客户的需求。金融科技有助于提高金融服务的包容性，使更多偏远地区的低收入群体享受到便捷、高效的金融服务。

在中国与东盟的金融科技合作中，金融科技人才是创新的主力军。金融科技人才不仅具备扎实的金融专业知识，还熟练掌握先进的科技技能，能够推动双方在金融科技领域的创新与合作。加强金融科技人才建设，可以激发创新活力，推动金融产品和服务的创新，提高金融服务的包容性和普惠性，从而推动区域金融行业的可持续发展。

（三）应对金融风险与挑战

随着金融科技的快速发展，金融风险也呈现出新的特点和趋势。网络安全风险、数据泄露风险、市场风险等日益凸显，对金融行业的稳定和安全构成了严重威胁。加强金融科技人才建设，增强金融科技人员的风险意识和风险管理能力，对于应对金融风险和挑战具有重要意义。在中国与东盟的金融科技合作中，双方可以共同研究和应用监管科技，利用大数据、云计算、人工智能等技术提高数字金融监管的效率和精度。培养一批既懂金融又懂科技的复合型人才，在金融风险管理和监管中发挥重要作用，为双方金融行业的稳定和安全提供有力保障。

（四）推动金融人才培养与国际化

金融科技的发展对金融人才的培养提出了新的要求。传统的金融人才培养模式已经无法满足金融科技发展的需要，必须进行改革和创新。加强金融科技人才建设，可以推动金融人才培养模式的改革和创新，培养更多具备国际化视野、熟练掌握金融科技技能的复合型人才。中国与东盟作为重要的区域经济合作伙伴，在金融领域的合作日益加深。加强金融科技人才建设，可以推动双方在金融人才培养方面的交流与合作，共同培养具有国际竞争力的金融科技人才，为金融行业的国际化发展提供有力支持。

（五）促进中国-东盟金融合作深化

中国与东盟在货币互换、跨境支付、金融监管等领域开展了广泛合作，也面临新的机遇和挑战。加强金融科技人才建设，可以促进双方在金融科技领域的合作与交流，推动金融合作的深化和升级。金融科技人才可以为金融机构提供技术支持和创新思路，推动金融产品和服务的创新，还可以为金融监管机构提供支持和建议，提高金融监管的效率和精度，促进双方在金融合作领域的互利共赢和共同发展。

（六）提升中国与东盟在全球金融科技领域的竞争力

中国与东盟作为重要的区域经济合作伙伴，在金融科技领域具有广阔的发展前景和巨大的合作潜力。加强金融科技人才建设，可以提升双方在金融科技领域的创新能力和竞争力，为双方在全球金融科技领域的发展提供有力支持。金融科技人才可以推动双方在金融科技领域的创新与发展，开发出更多具有竞争力的金融产品和服务，为金融机构提供技术支持和咨询服务，帮助双方更好地应对全球金融科技的挑战和机遇，提升双方在全球金融科技领域的地位和影响力，为中国-东盟经济的可持续发展提供有力保障。

三、研究方法

本书遵循定性与定量分析相结合、理论演绎与综合分析相交融的综合性分析框架，具体研究方法概述如下：

一是文献综述法。系统收集和梳理区域经济一体化理论、金融深化理论、金融合作理论、金融集聚理论、人才生态系统理论，以及中国–东盟金融科技人才构建历程的相关文献资料。这一方法旨在清晰勾勒出中国–东盟金融科技人才发展脉络及未来走向，从而提供一个直观且历史性的视角，以客观、科学的态度阐述本书的研究议题，进一步拓展研究内容的理论深度与内涵广度。

二是理论分析法。在文献综述法的基础上，构建多维度的分析框架，结合中国–东盟金融科技人才发展的特点与挑战，融入能力结构解析模型，全面评估人才发展进程中的关键因素。这一方法旨在科学、系统地分析中国–东盟金融科技人才的现状与发展趋势，避免主观价值判断对分析结果的影响，提供一个更为客观的分析视角。

三是比较分析法。充分利用现有资源，收集并整理了详尽的数据资料，将其应用于中国–东盟金融合作以及人才交流合作的分析中。通过制作丰富的图表，直观展现了中国与东盟之间的对比情况。这一方法有助于更深刻地揭示所论述事实的本质特征。

四、思路框架

金融科技是数字经济的重要组成部分，金融科技的发展对提升金融服务效率、促进金融创新具有重要作用。中国与东盟在金融科技领域的合作不断深化，人才建设是支撑这一合作的重要基础。

（一）理论基础与文献综述

金融科技涉及多个学科领域，包括金融学、信息技术、管理学等。相关理论包括金融创新理论、人力资本理论、区域经济合作理论等。金融创新理论为金融科技的发展提供理论支撑，人力资本理论强调了人才在金融科技发展中的关键作用，区域经济合作理论则为中国–东盟金融科技合作提供理论依据。

通过对相关文献的梳理，可以发现国内外学者在金融科技人才建设方面已有不少研究。有的学者关注了金融科技人才的定义、分类及特点，有的学者分析了金融科技人才的需求现状及发展趋势，有的学者提出了金融科技人才培养的策略和路径。但是，针对中国–东盟金融科技人才建设的专门研究尚显不足，这为本书的研究提供了空间。

（二）中国-东盟金融科技发展的概况及趋势

近年来，中国金融科技发展迅猛，已在全球范围内形成一定的影响力。东盟金融科技也在快速崛起，虽起步较晚，但潜力巨大。双方在支付科技、数字货币、区块链、大数据等方面都取得了显著进展。中国-东盟金融科技将呈现以下趋势：一是跨境金融科技合作将进一步深化，推动双边贸易和投资便利化；二是金融科技产品和服务将更加多样化，满足不同群体的需求；三是金融科技监管将加强国际合作，提升金融风险防范能力。

（三）中国-东盟金融科技人才的需求分析

随着中国-东盟经济关系日益密切和金融科技的快速发展，双方对金融科技人才的需求不断增长。这种需求不仅体现在数量上，还体现在质量上。双方既需要懂金融、懂技术的复合型人才，也需要具有国际化视野和创新能力的领军人才。

在金融科技的不同领域，人才需求的侧重点也有所不同。在支付科技领域，双方需要熟练掌握支付系统和交易规则的人才；在数字货币领域，双方需要熟悉区块链技术和数字货币发行管理的人才；在区块链领域，双方需要具备区块链平台搭建和维护能力的人才。

（四）中国-东盟金融科技产业的应用场景分析

中国-东盟金融科技的应用场景十分广泛，涵盖支付结算、融资借贷、风险管理、财富管理等多个领域。通过典型案例分析，可以深入了解金融科技在不同场景下的应用方式和效果。例如，在跨境支付方面的合作，双方通过金融科技手段提高中小企业的融资效率。

（五）中国-东盟金融科技人才培养的现状及挑战

目前，中国-东盟金融科技人才培养主要依赖于高校、职业院校和金融企业。高校注重理论知识的教学，职业院校强调实践技能的培养，金融企业则通过内部培训和合作项目提升员工金融科技能力。

中国-东盟金融科技人才培养仍面临诸多挑战：一是人才供给不足，无法满足金融科技快速发展的需求；二是人才结构不合理，缺乏跨学科、跨领域的复合型人才；三是人才培养质量参差不齐，影响了金融科技行业的整体发展。

(六) 中国-东盟金融科技人才培养的课程体系构建

构建中国-东盟金融科技人才培养课程体系应遵循以下原则：一是理论与实践相结合，注重培养学生的实践能力和创新能力；二是跨学科融合，打造复合型人才培养模式；三是国际化视野，借鉴国际先进的金融科技教育经验。

金融科技人才培养的核心课程应包括金融科技概论、支付科技、数字货币与区块链、大数据分析与应用、金融风险管理等。这些课程旨在使学生掌握金融科技领域的基础知识和技能，为未来的职业发展奠定基础。

(七) 中国-东盟金融科技人才培养的路径及措施

中国-东盟金融科技人才培养可以采取以下路径：一是高校与金融企业合作，开展联合培养和实习实训；二是职业院校与金融机构共建实训基地，提升学生的实践操作能力；三是举办金融科技人才培训班和研讨会，加强行业内的交流与合作。

具体措施包括：加强师资队伍建设，提高教师的教学水平和科研能力；优化教学资源配置，完善教学设施和实验条件；建立学生创新创业支持体系，鼓励学生参与金融科技创新项目。

(八) 中国-东盟金融科技人才培养改革的典型案例

选取中国-东盟金融科技人才培养改革的典型案例应遵循以下标准：一是改革措施具有创新性、可操作性和实效性；二是改革成果显著，对提升金融科技人才培养质量有重要影响；三是案例具有代表性，能够反映中国-东盟金融科技人才培养改革的整体趋势。

通过对中国-东盟金融科技人才培养改革的典型案例的分析，深入了解改革的具体措施、实施过程和效果。通过分析高校与金融企业合作开展联合培养的案例，探讨合作模式、课程设置、师资队伍等方面的改革措施和效果。

(九) 中国-东盟金融科技人才发展的对策和建议

加强政策引导和支持，激励企业和高校加大金融科技人才的投入，为优秀金融科技人才提供更多的发展机会。建立健全的金融科技人才培养体系，注重理论与实践相结合，提高金融科技人才的实践操作能力。加强国际交流与合作，举办金融科技人才国际论坛、研讨会等活动，拓宽金融科技人才的国际视野和跨文化沟通能力，推动金融科技人才的培养和发展。

具体措施包括：建立金融科技人才发展基金，用于支持金融科技人才的培养和引进；加强对金融科技人才培训机构的监管力度，确保培训质量；推动金融科技人才的创新创业，为创业团队提供政策支持和资金扶持等。

五、创新点

本书的创新点有以下三个方面：

一是提出了更加符合实际情况的中国-东盟金融科技人才发展目标。从金融科技人才建设的角度入手，深入探讨了中国-东盟金融科技合作的新路径和新模式，为双方金融科技合作提供有力的人才支撑和智力支持。

二是设计了中国-东盟金融科技人才发展路径。根据双方的实际情况，设计了校企合作培养模式、项目制培养模式、国际交换生模式、双学位联合培养模式、职业资格认证与"1+X"证书模式、创新创业孵化培养模式等适合中国-东盟金融科技人才发展的路径，并提供了真实案例作为支撑，为双方金融科技人才建设奠定了坚实的基础。

三是构建了更加完善的人才培养体系。针对中国-东盟金融科技人才建设存在的问题和挑战，提出了一系列具有针对性和可操作性的对策及建议，并形成全方位的人才培养体系，为双方金融科技人才建设提供了有益的参考和借鉴。

第二章　理论基础与文献综述

一、理论基础

（一）区域经济一体化理论

区域经济一体化是指地理位置相近的两个或两个以上的国家，通过签订协议或制定统一的经济政策，从产品市场、生产要素市场向经济政策的统一逐步深化，消除区域内国家间的贸易障碍，实现区域内国家间的互利互惠、协调发展和资源优化配置，生产要素趋于自由流动，最终形成了一个经济高度协调统一的有机体。区域经济一体化是经济全球化发展的重要组成部分，对全球经济格局产生了深远影响。通过区域经济一体化，国家可以消除经济交往中的障碍，联合一致抗衡外部强大势力，提高国际地位；消除商品、生产要素、资本以及技术流动的障碍，促进科学技术和社会生产力的发展；服务于本地区的和平、发展与稳定，维护民族经济利益；降低贸易壁垒，推动贸易与投资自由化；缓解地区内的政治冲突和矛盾，提高区域内国家间的经济福利等。

按照形式和程度，区域经济一体化可分为六个类别：

（1）特惠关税区：国与国之间通过协定方式对商品规定特别的优惠关税，是区域经济一体化中最低级和最松散的一种形式。

（2）自由贸易区：区域内国家间取消关税壁垒，但对非成员方保持独立的关税政策。

（3）关税同盟：成员方之间不仅取消关税，还对外实行统一关税。

（4）共同市场：成员方之间取消关税和数量限制，允许资本、劳动力等生产要素自由流动。

（5）经济联盟：成员方之间在实行共同市场和统一关税的基础上，协调经济政策和社会政策。

（6）完全经济一体化：成员方在经济、政治、社会等方面形成完全统一的经济实体。

传统区域经济一体化理论凸显了以下核心特征：一是它倾向于涵盖领土面积较小的

国家，这些国家由于资源有限、市场规模小，在国际贸易中影响力较弱，从而更倾向于通过区域经济一体化来增强自身地位。二是政治互信是区域经济一体化高水平实现的前提，各国之间缺乏政治互信会阻碍一体化进程，导致经济制裁、合作停滞等问题。三是成员方间经济发展水平相近是一体化成功的关键。因为经济差异大的国家可能因保护主义而阻碍国际贸易，而经济水平相近的国家则更易通过一体化实现互利共赢。四是外交政策的相似性对于区域经济一体化至关重要。因为它直接关系到国际关系的和谐与合作的深度。五是地理位置的接近性同样不可忽视，高昂的运输成本可能削弱一体化的经济效益。六是文化联系的紧密性也起到了推动作用，共同的文化背景和频繁的交流有助于增强成员方之间的信任与认同感，从而加速一体化进程。七是各成员方在推进经济一体化时，需要根据自身的实际情况，灵活选择适合的一体化水平。

区域经济一体化已成为国际经济关系中最引人注目的趋势之一。通过消除经济交往中的障碍、促进贸易自由化、创造更多的贸易机会和经济效益等方式，区域经济一体化为各国的经济发展提供了有力支撑。与此同时，在区域经济一体化进程中也面临一些挑战和问题，如区域发展不平衡、行政壁垒和地方保护主义、制度距离等。在推动区域经济一体化的过程中，需要充分考虑各种因素，建立有效的管理机制，以实现区域经济的可持续发展。

（二）金融深化理论

金融深化理论，也称金融自由化理论，是研究发展中国家金融与经济发展关系的一种理论。金融深化理论的主要代表人物是美国经济学家 E.S.Shaw 和 R.I.McKinnon。1973年，他们相继出版了《金融深化与经济发展》《货币、资本与经济发展》等著作，详细阐述了金融体系与经济发展的相互关系，以及发展中国家应遵循和采取的货币金融理论。McKinnon 用一个简单的图形对金融深化加以表述：实线代表"低投资高消费"企业的现金积累行为，虚线代表"高投资低消费"企业的现金积累行为。由于"高投资低消费"企业具有较强的内源融资偏好，因此总是保有较多的平均现金余额。

金融深化理论主张放松对金融市场和金融体系的管制，包括放松对利率和汇率的控制，允许金融市场自由竞争，提高金融市场的效率和活力。通过放松金融管制，可以激发金融机构的创新活力，推动金融产品和服务的多样化，满足不同层次、不同需求的金融需求，发展金融市场。同时，金融深化理论强调发展金融市场的重要性。金融市场是金融资源配置的重要场所，通过发展金融市场，可以提高金融资源的配置效率，促进储蓄向投资的转化。同时，金融市场的发展也可以为金融机构提供更多的融资渠道和投资机会，推动金融机构的多元化和专业化发展。虽然金融深化理论认为要放松金融管制，但并不意味着放弃金融监管。金融深化理论认为，加强金融监管是保障金融市场稳定和防范金融风险的重要措施。通过加强金融监管，可以规范金融机构的行为，防范金融风险的发生，保护金融消费者的合法权益。

金融深化理论认为，金融深化与经济增长之间存在正相关关系。金融深化可以促进储蓄和投资的增长，提高资金配置效率，从而推动经济增长。同时，经济增长也会带动金融深化，增加金融需求，推动金融体系的完善和发展。发展中国家要发挥金融对经济发展的促进作用，就必须放弃奉行的"金融压制"政策，推行"金融自由化"或金融深化。也就是说，政府当局应放弃对金融市场和金融体系的过分干预，放松对利率和汇率的控制，并有效抑制通货膨胀，使金融和经济形成相互促进的良性循环。

（三）金融合作理论

随着全球化的深入发展，金融合作已成为推动全球经济一体化和金融稳定的关键因素之一。金融合作理论是经济学和金融学的一个重要组成部分，它探讨的是金融机构、企业、国家等不同主体之间在金融领域的合作与交流。金融合作理论关注重点是不同金融机构、组织或个人之间，如何通过各种金融活动和工具，实现资源共享、风险共担、互利共赢的合作模式。这种合作不仅包括金融机构之间的合作，还包括金融机构与企业、金融机构与政府部门以及不同国家之间的金融合作。金融合作理论的核心在于通过合作，优化资源配置，提高金融服务的效率和质量，共同应对金融风险，促进经济的持续健康发展。

金融合作理论的研究目标主要有：

（1）优化资源配置。通过金融合作，各方可以共享信息、技术、人才等资源，提高资源的利用效率，实现资源的优化配置。

（2）提高金融服务效率。金融机构之间的合作可以推动金融服务的创新，提高金融服务的效率和质量，满足企业和个人的多样化金融需求。

（3）分散金融风险。金融合作有助于各方共同应对金融风险，实现风险共担，降低单一金融机构或企业面临的风险水平。

（4）推动金融创新。金融合作可以促进金融机构之间的合作与交流，推动金融创新和技术进步，为金融市场的持续发展提供动力。

（5）促进经济发展。金融合作可以推动国际贸易和投资，加强全球经济合作和一体化，促进经济的持续健康发展。

金融合作理论的具体形式多种多样，包括但不限于：①金融机构之间的合作。金融机构之间可以开展联合贷款、共同投资、跨境结算等合作项目，共同应对金融风险，提高金融服务效率。②金融机构与企业的合作。金融机构可以为企业提供融资支持、信用担保等金融服务，帮助企业解决资金问题，促进企业发展。同时，企业也可以通过与金融机构合作，降低融资成本，扩大业务范围。③金融机构与政府部门的合作。金融机构可以与政府部门合作，共同推动金融基础设施建设、金融监管改革等，提高金融体系的稳健性和安全性。④不同国家之间的金融合作。国家之间可以通过金融合作协议，推动跨境金融服务和资金的流动，促进国际贸易和投资。这种合作有助于加强全球经济合作和一体化，推动全球经济的持续健康发展。

（四）金融集聚理论

金融集聚，又称金融产业集聚，是指政府金融部门、金融机构、投资公司等金融类企事业单位在特定区域内的集中。从静态的角度来看，金融集聚是一种结果，即金融机构在某一区域内集中，使金融资源在此区域聚集，当此地区的金融机构达到一定的数量与规模时，就形成了金融聚集区。从动态的角度来看，金融集聚则是一个过程，即金融资源向有一定优势的地区流动，从而使此地区的金融资源达到一定的规模与集中度的过程。

金融集聚的成因多种多样，主要包括规模经济、信息因素、政府因素和地理区位等。

（1）规模经济。规模经济是金融集聚形成的重要推动力。一方面，内部规模经济促使金融机构为了谋取更多利润、节约成本、抵御金融风险，进行内部专业分工、规模管理、技术开发等。随着金融机构的发展，金融机构将通过兼并、收购等方式扩大经营规模，通过丰富自身的金融产品和服务来增加利润，通过完善和扩大自身的金融体系来形成金融集聚。另一方面，外部规模经济效应推动了金融集聚的形成。在特定区域，大量金融机构的聚集协调了金融机构之间的合作，减少了相关交易成本。此外，金融业与其他产业密切相关，很多公司为了降低成本、方便业务往来，都会在大都市建立财务部门，利用该地区的金融市场进行相关业务，从而推动了金融集聚的形成。

（2）信息因素。信息的不对称性和外部性也是金融集聚形成的重要原因。金融机构需要尽可能缩短与客户的距离，防止信息在传输过程中的损耗。同时，金融机构对标准化信息的需求推动了金融集聚的形成。

（3）政府因素。在金融集聚的形成过程中，政府也扮演着重要角色。政府发布调控政策可以助推金融产业的集聚，通过对城市功能区域的划分来实现金融机构的集聚。此外，政府大力扶持发展的区域或者城市更容易吸引金融机构的入驻。

（4）地理区位。地理区位在金融集聚的成因上具有重要作用。金融中心通常位于交通要道、大型港口、靠近河流等地理位置优越的区域，能够吸引来自四面八方的资金。同时，金融中心的资源也可以便利地流向周边。因此，金融机构、资金、金融人才、金融交易场所等都逐渐向这些区域聚集，最终形成了金融中心。

　　金融集聚的发展是一个由小到大的过程，其聚集效应和扩散效应也是随着金融集聚程度的加深而变化的。金融集聚的发展过程通常分为形成阶段、发展阶段、成熟阶段和扩散阶段。

　　在形成阶段，由于金融集聚规模较小，对周边地区几乎没有辐射带动作用，且对周边地区的金融资源吸引力相对较弱，主要是服务核心区域。在发展阶段，金融集聚规模逐渐扩大，金融资源流通效率提高。此时，金融集聚主要发挥的是聚集效应，吸引金融机构和配套产业集聚。在成熟阶段，金融集聚规模大，金融资源流通效率高，区域内金融资源趋于饱和，对周边地区有辐射作用，形成了区域金融中心。在扩散阶段，核心区域的金融资源已经饱和，区域内金融机构之间竞争激烈。各机构纷纷向周边地区进行扩张，金融中心对周边地区有强大的辐射带动作用，形成了全国性的大金融中心。

　　金融集聚的效应主要包括聚集效应和扩散效应。聚集效应主要发生在金融集聚的形成和发展阶段。在这一阶段，核心区域会对周边地区产生虹吸效应，加速金融资源流向核心区域。大量金融机构集中在核心区域，降低了核心区域的金融交易成本。然而，这也可能导致城乡收入差距拉大。随着金融集聚发展到一定程度后，扩散效应开始凸显。在这一阶段，受到金融资本要素的边际效率递减规律的影响，金融集聚的聚集效应会产生拐点，进一步聚集于城镇地区将引发交通拥挤、居住与生活成本上升等问题，产生规模不经济。此时，金融集聚的扩散效应会发挥作用，金融机构开始加大对农村地区的投资，改善农村金融环境，提高农民收入水平，从而缩小城乡收入差距。

　　根据金融集聚的形成方式和特点，可分为自然积累型的金融集聚和政策推动型的金融集聚两种类型。自然积累型的金融集聚主要源于城市内实体经济的发展和城市结构的调整等因素。这种类型依托于市场的发展，市场经济的发展和变化决定了金融集聚的形成和发展。政策推动型的金融集聚则主要依赖于国家政策的引导和扶持。政府通过发布调控政策、划分城市功能区域等方式来推动金融机构的集聚。这种类型在形成过程中受到政府的影响较大。

　　金融集聚理论是一个复杂而系统的理论框架，它深入探究了金融产业在特定区域集中的现象、成因、发展阶段、效应和类型等。这一理论不仅有助于我们更好地理解金融产业的发展规律，还有助于政府部门制定相关政策，为推动金融产业的发展提供重要的理论支持。

（五）人才生态系统理论

　　人才生态系统理论，是一种深入探讨人类行为与社会环境的交互关系的理论。它将人类成长的社会环境视为一个复杂的社会性生态系统，强调环境对人类行为的深远影响。人才生态系统理论是在生态系统理论的基础上，形成的一个深入探讨人才与组织、环境之间相互作用关系的理论框架。它借鉴了自然生态系统的概念，将人才视为生态系统中的生物个体，而组织、市场、政策等环境因素则构成了人才的生存环境。

人才生态系统是指在特定的区域与时间，组织内所有人才与各类组织及人才市场之间形成的系统关系。这个系统具有复杂的结构和动态的功能，它包括人才个体、人才种群、人才群落，以及人才生存环境等多个层次。人才个体是构成人才生态系统的基本单元，是人才生态系统研究的基本对象，也是发挥系统作用的核心部分。人才个体具有不同的需求、知识技能特征和行为表现，随着环境的变化以及自身的特点会出现才能进化或退化的现象。人才种群是指由各类人才所组成的群体。这个群体可以由相同或相似的人才构成，也可以由不同的但相互关联的人才构成。在一个生态系统中可以存在多种多样的人才种群，如从商、从政、从事学术研究的人才种群或从事不同学科研究所形成的人才种群。人才群落是指由多个相关的人才种群组成的集合体，它们之间通过相互作用和相互影响形成了一定的结构和功能。人才群落内的种群之间既存在合作关系，也存在竞争关系，它们共同推动人才生态系统的发展。人才生存环境是指影响人才的形成、生存及作用的环境系统，主要包括人才培养机构、人才的投资者和使用者、人才流动平台，以及其他非生物因素，如政治、经济、文化、科技等。这些因素共同构成了人才生态系统的外部环境，对人才的发展产生深远的影响。

人才生态系统理论包括人才个体的建设、人才种群的互动、人才生存环境的优化等内容。

（1）人才个体的建设。人才在生态系统中的生存不仅与自身是否获得"食物（即知识和技能）"有关，还与自身是否具有对外界的适应性有关。因此，加强人才个体的建设和提高人才的适应性是构建健康人才生态系统的关键。人才个体的建设包括提高人才的自我学习能力、创新能力、团队协作能力等，以及帮助人才适应不断变化的环境。

（2）人才种群的互动。在人才生态系统中，人才种群之间不间断地发生着各种各样的关系。这些关系主要发生在种群内部各成员之间以及各种群之间。一方面，这些关系可以帮助各种群的共生，促进知识和技能的互补，推动共同发展；另一方面，各种群之间也可能因对相同稀缺资源的需求而产生竞争关系，导致排挤现象。因此，正确处理人才种群间的关系，建立合适的互动机制是维护人才生态系统稳定的关键。

（3）人才生存环境的优化。人才生存环境对人才功能的正常发挥具有不可低估的影响。一个健康的人才生存环境应该具备完善的人才培养机制、合理的人才流动机制、丰富的职业发展机会和有效的激励机制等。通过优化人才生存环境，来吸引更多的人才，提高人才的留存率和满意度，从而推动人才生态系统的持续发展。

　　人才生态系统理论具有广泛的应用价值。在企业管理方面，人才生态系统理论可以帮助企业构建健康的人才队伍，提高员工的满意度和忠诚度。通过优化人才结构、提供职业发展机会和建立有效的激励机制，企业可以激发员工的创造力和创新精神，提高企业的竞争力和可持续发展能力。在政策制定方面，政府可以借鉴人才生态系统理论来制定相关的人才政策。政府通过完善人才培养机制、促进人才流动和优化人才生存环境等措施，可以吸引更多的人才来支持国家和地区的社会经济发展。在教育研究方面，教育机构可以运用人才生态系统理论来改进教育方法和课程设置。高校通过关注学生的个性化需求和发展潜力，提供多样化的教育资源和培训机会，培养出更多具有创新精神和实践能力的人才。在区域发展方面，人才生态系统理论可以帮助地方政府和相关部门制定合理的人才发展战略。通过优化人才布局、提升人才素质和完善人才服务体系等措施，地方政府可以推动区域经济的持续发展和社会的全面进步。

　　人才生态系统理论强调了人才与组织、环境之间的相互作用和相互影响，为构建健康的可持续的人才发展环境提供了理论和实践指导。未来，我们应该继续深化对人才生态系统理论的研究和应用，推动人才工作的不断创新和发展。同时，我们也应该关注人才生态系统中的问题和挑战，及时调整和优化人才发展战略和措施，以适应不断变化的环境和需求。

二、文献综述

（一）关于金融科技发展的研究

　　Leong 和 Anna（2018）认为，金融科技是金融、科技管理和创新管理融合的交叉体系，金融科技中的新兴技术可以创造商业价值。Daft（1978）指出，新技术的进步对金融机构的组织结构构成了外部刺激。Hung 和 Luo（2016）通过深入分析金融科技投资任务组的会议记录和访谈资料，并基于现实情况，确定了未来金融科技发展的关键要素，包括法规政策和合规性等方面。这些研究表明金融科技的发展受多重因素影响，其中科技因素尤为关键。

　　金融科技的研究重心在互联网金融领域，探讨互联网金融与金融科技的内在联系。廖岷（2016）指出，金融科技与中国传统的互联网金融概念存在差异。金融科技将互联网和移动通信视为服务金融机构的技术工具，其应用和发展遵循金融规律。相比之下，中国的互联网金融在金融与互联网两个概念上区分不明，导致部分创新偏离了金融规律。Perez（2002）在《技术革命与金融资本》一书中指出，金融资本是促进技术创新的关键，同时技术创新会引起金融资本的快速增长。技术创新与金融资本关系密切，技术创新离不开金融资本的强有力支持。Brummer 等（2018）论述了现有金融生态系统在适应新兴技术时面临的难题，指出金融业是一个持续发展的错综复杂的领域，应设计有效的监管框架来回应质疑，在鼓励监管机构支持创新的同时，也要保护好市场。

（二）关于金融科技应用合作的研究

谢志华等（2020）提出，金融科技的应用将导致组织形态从传统实体基础转向信息驱动。这种信息形态的组织打破了界限，促使沟通模式及其构建的关系发生根本转变。胡斌和刘作仪（2018）认为，随着金融科技的普及，社会环境的变化对消费者行为和企业运营模式产生了深远影响，进而促使企业组织结构发生根本性变革。杨芮和董希淼（2016）的研究显示，数字技术的革新同步改变了人们的消费和支付方式。金融科技的数字化进程对银行业产生了巨大冲击，推动了金融创新的持续深化。谢治春等（2018）指出，金融与科技的深度融合已成为大势所趋。金融科技的数字化对银行的技术和客户环境等外部因素，以及营销模式、风控机制、流程改革等内部因素都产生了显著影响。Gai 等（2018）通过调查发现，金融科技在数据技术、设施和设备开发、应用程序设计、服务模式设计、安全和隐私保护等方面起着重要作用。

洪银兴（2011）提出，金融科技作为金融的一个分支，其核心在于创新活动。邵传林和王丽萍（2016）在研究中强调，金融科技有效促进了金融与科技的深度结合，为实施国家创新驱动发展战略铺设了快速通道。Kunduru（2023）讨论了在金融科技应用安全中使用人工智能的相关挑战和潜在风险，总结了人工智能在保护敏感金融数据和确保金融科技应用完整性方面的切实好处。张明喜（2018）进一步阐述，金融科技不仅是科技与金融、经济的融合过程，还涉及资源配置、信息处理和风险管控，成为推动创新型经济发展的新模式。周雷（2020）的研究表明，大数据、人工智能、云计算和区块链等技术在金融领域的运用，不仅强化了金融风险防范机制，还提高了金融服务的效率与质量，为金融创新提供了坚实的技术支撑。

（三）关于中国-东盟金融科技发展的研究

Jose（2020）认为金融科技为东盟提供了机遇，为其实现到2025年建立一个在稳定性和包容性上高度一体化的经济体的目标提供了坚实的基础。Huong 等（2021）通过构建东盟国家金融科技使用指数来调查消费者对金融科技的使用水平，研究发现2017—2019年东盟金融科技的使用率有上升趋势。肖朔晨和闫兴（2018）通过实证分析，聚焦于科技合作与技术转移，揭示了中国与东盟在垂直型科技合作模式上的特性和缺陷。高琳（2019）认为金融产业整体规模不大、金融开放程度不足、金融监管能力不强、高端金融人才紧缺等因素影响了中国建设面向东盟的金融开放门户核心区。黄栋和张梦环（2022）通过对中国、美国与东盟科技合作模式的比较，指出美国与东盟的合作旨在维护其技术优势与产业霸权，而中国则注重与东盟的共同发展。赵超（2020）提出了构建粤港澳大湾区分布式、共享型、开放式协同创新共同体的设想。韩悦（2020）认为要想加快金融科技产业城的建设，就必须引进消费金融、供应链金融和互联网企业，以打造新金融产业生态圈。李聪和黄轲（2021）的研究指出，要充分利用金融科技，通过建设广西沿边金融综合改革试验区来促进广西与沿边东盟各国的经济交流，加大《区域全面经济伙伴关系协定》（RCEP）沿边金融综合改革创新力度，提高广西与东盟贸易的便利水平。闫新霜（2022）主张构建中国-东盟协同创新网络、人才和金融支持体系。赵德森等（2015）基于技术差距理论与三优势理论，深入探讨了中国向东盟技术转移的动力、特点和模式。

此外，有的研究聚焦于具体合作领域。王雯婧和曾静婷（2020）认为临床医学、工程和环境生态应成为中国-东盟科技合作的重点领域。曹玉娟等（2015）针对农业科技合作提出了设立国际农业科技特派员计划、加强对边境农业科技援外的支持、构建多层次的多元项目支持体系等建议。唐艺舟（2016）对中国与东南亚个别国家的科技合作成效进行了绩效评价，并提出了科技创新政策研究、科技联合研究与成果转化等建议。

（四）关于金融人才建设的研究

Bhutto等（2023）基于55家美国银行的调查问卷数据，利用结构方程模型对311份样本数据进行分析发现，人力资源能力中的创造力、适应性（应对变化）、决策行动力以及解释分析能力对金融科技的采用具有显著的积极影响。韩程（2018）认为，金融人才队伍建设存在问题的成因，一是地方金融业发展与经济发展不匹配，二是金融人才总量明显不足，三是教育和师资力量严重不足。周璇（2019）对金融科技人才的需求进行了实证分析，强调"政企校社"协同培养机制在金融科技人才培养中的重要意义，提出了针对金融科技人才"政企校社"协同培养的对策和建议。丛禹月和赵峰浩（2023）认为金融科技人才要对知识不断更新迭代，树立竞争意识，培养创新思维，持续提升服务质量。Anusuya等（2023）认为金融科技行业缺乏足够合格的专业人员，不仅妨碍了尖端技术的开发和实施，而且加剧了招聘挑战，增加了公司的招聘成本。

张阳（2019）指出，政府部门在推动金融企业构建公平、公正、公开的金融人才竞争机制方面扮演着重要角色。政府部门应参照各行业市场薪酬体系及标准，为金融领域的顶尖专业人才设定更为合理的年薪制标准，并鼓励员工持有金融机构股份作为激励。何佳芮（2019）基于人力资本理论，深入剖析了金融人才开发过程中存在的问题及其成因，认为通过党管人才政策的实施、高校金融人才培养体系的完善、海外金融人才的引进、政府的有效引导以及市场的主导作用，可以显著提升金融人才的培养效率与质量。李正旺和李中恺（2021）提出了构建协同创新培养复合型金融人才的"1 +N"模式。

"1"代表以人才培养为核心，专注于复合型金融本科人才的培养；"N"则代表多元化的资源，包括学校、政府、行业协会、企业及科研院所等，这些主体共同参与到"三全育人"的过程中，为复合型金融人才的培养提供全方位支持。冯玉华（2021）关注于金融人才队伍建设发展中的人才总量缺口与结构性矛盾两个主要问题，指出要充分利用粤港澳大湾区建设的契机，结合政府的政策实施，加快金融人才的引进、培养与合作交流，以促进金融人才的集聚，进而推动区域金融中心的建设与发展。

（五）文献述评

当前关于金融科技的研究已取得显著进展，主要集中在金融科技的发展、应用、跨国合作和人才建设等领域。

首先，金融科技被认为是金融、科技管理和创新管理的交叉体系，受到技术进步、政策法规、市场需求等多重因素的推动。互联网金融与金融科技的关系被广泛讨论，研究强调金融科技更注重遵循金融规律，而互联网金融则可能偏离这一规律。技术创新，如人工智能、区块链等，成为推动金融科技发展的核心驱动力，但面临监管和技术安全等方面的挑战。

其次，关于金融科技的应用合作，研究表明，信息技术的普及导致了企业组织形态的根本转变，尤其在银行业的支付系统和风险控制方面，金融科技的数字化改革极大地提升了服务效率和质量。然而，数据隐私和安全问题仍是金融科技发展的重要瓶颈。关于中国–东盟金融科技合作，研究指出，中国与东盟的合作模式强调共同发展和技术创新。尽管金融科技为东盟提供了经济一体化的机会，但在金融规模、监管能力等方面仍面临挑战。

最后，金融人才的建设问题成为金融科技发展的关键，人才短缺已成为实现技术的瓶颈。因此，未来需要进一步加强政府、高校、企业的协同合作，以提升金融科技人才的培养数量和质量。

第三章 中国-东盟金融科技发展概况及趋势

一、中国金融科技发展概况

中国金融科技的发展历程可分为启动期、高速发展期和高质量发展期。

启动期（2010—2015年）。这一阶段的标志性事件是余额宝平台的推出。余额宝以1元起购的超低门槛，迅速成为普惠金融的代表，极大地推动了金融科技的普及，金融科技开始快速进入智能投研、理财销售、理财售后等环节，为后续的金融科技发展奠定了基础。

高速发展期（2016—2019年）。人工智能、大数据、云计算、区块链等技术快速发展，为金融科技的高速发展提供了底层技术基础，中国金融科技行业收获了诸多政策性利好，包括促进保险科技应用与成果转化、鼓励金融创新与数字化转型、推进个性化与差异化金融产品及服务、推行普惠金融与供应链金融等，为金融科技的发展提供了有力的支持。

高质量发展期（2020年至今）。当前，中国金融科技已进入高质量发展期，不仅注重技术的创新与应用，还注重风险防控、合规经营和可持续发展，金融科技开始向更深层次、更广领域拓展，为实体经济提供更加精准、高效的金融服务。

目前，中国金融科技已取得显著的发展成果。一方面，金融科技的应用场景不断丰富，涵盖了支付、借贷、保险、理财、资产管理等多个领域；另一方面，金融科技的技术水平也在不断提升，人工智能、大数据、区块链等前沿技术在金融领域得到了广泛应用。在金融科技企业的数量和质量上，中国也取得了显著进展。许多金融科技企业已成长为行业的佼佼者，不仅在国内市场占据重要地位，还开始走向国际市场，积极参与全球金融科技的竞争与合作。东南亚是中国金融科技企业出海展业选择最多的地区市场。在数字经济产业领域，中国与东南亚国家在数字基础设施、电子商务、数字技术研发等重点领域开展了长期的卓有成效的合作。截至2024年11月，腾讯云服务境外金融客户逾300家，覆盖亚洲、中东、欧洲、美洲等20多个国家和地区。

在政策的支持下，中国金融科技的应用场景不断丰富，技术水平不断提升，企业数量和质量也在不断提高。未来，随着技术的不断进步和政策的持续完善，中国金融科技将继续保持快速发展的态势，为实体经济提供更加精准、高效的金融服务。

二、东盟金融科技发展概况

东盟各国在金融科技发展上呈现出一定的特点和差异。新加坡和泰国作为金融科技投资的主要目的地，其金融科技发展相对成熟，拥有完善的金融体系和创新的金融科技生态系统。新加坡拥有高度发达的金融体系，是全球重要的金融中心之一。新加坡的银行业、证券市场和保险市场均处于国际领先水平，商业环境高度开放，吸引了大量的金融科技企业和投资者，政府积极推动金融科技生态系统的建设，在人工智能、区块链、大数据等关键技术领域取得了显著进展，并广泛应用于支付系统、跨境支付、资产代币化、风险管理等领域，不断提高金融服务的效率和便捷性。泰国在移动支付和区块链技术方面取得了显著成果，政府积极推动金融科技在零售、金融服务和公共部门的应用，提高了金融服务的普及率和便捷性。同时，泰国政府通过制定金融科技发展战略和监管框架，为金融科技的发展提供了有力的支持和保障。与新加坡和泰国相比，其他国家在金融科技发展上存在一定的差距，但它们也在不断努力追赶。这些国家通过制定金融科技发展战略、加强与国际金融科技企业的合作、推动金融科技创新和人才培养等措施，积极促进金融科技的发展。

东盟的金融科技企业数量众多，市场竞争异常激烈，整个行业正处于快速发展但尚未形成稳定格局的"跑马圈地"阶段。虽然在这一市场中涌现出了一批具有创新能力和市场影响力的金融科技企业，但除了少数几个能够跨越区域限制、拥有庞大用户基础和强大技术实力的互联网独角兽企业外，整个东盟地区尚未出现能够与阿里巴巴和腾讯等中国巨头相媲美的龙头型金融科技企业。

此外，东盟的中小微企业在金融服务供需方面存在明显的缺口。东南亚地区拥有7 100万家中小微企业，占据了该地区所有企业的97%。在经济发展中扮演着至关重要的角色。随着数字化时代的到来，这些企业正积极寻求线上化转型，以更好地适应市场变化和提高竞争力。然而，这一转型过程需要大量的资金支持，包括贷款、融资、支付和保险等金融服务，但传统银行和金融机构提供的金融服务远远不足。以印度尼西亚为例，据世界银行统计，传统银行和金融机构仅覆盖了当地中小微企业38%的金融需求。这意味着大量的中小微企业无法从传统银行获得金融服务，导致它们的经营和发展受到了严重制约。

三、中国−东盟金融科技合作背景与基础

（一）地理位置与经济背景

1.地理位置

中国与东盟地理位置相邻，这一得天独厚的地理条件为双方金融科技合作奠定了坚实的基础。双方之间的交通往来相对便捷，无论在物流运输上还是在人员流动上，都大大节省了时间和成本。这种地理优势不仅促进了双方经济合作的深化，还为金融科技的深度融合创造了极为有利的条件，极大地促进了双方金融机构之间的频繁合作与深入交流。在金融科技领域，信息交流和技术共享是至关重要的。地理位置的邻近性使得双方能够更快地获取对方的最新技术动态和市场信息，从而加速技术的引进、消化和吸收，推动金融科技产品的创新和升级。地理位置的邻近性使得金融机构能够更容易地建立直接的沟通渠道，无论是通过定期的会议、研讨会还是实地考察，都能够便捷地进行。这种面对面的交流方式有助于增进双方的理解与信任，为金融科技的深度融合奠定了坚实的人文基础。

此外，地理位置的邻近性还促进了双方金融机构之间的合作与交流。地理位置的邻近性使得双方的金融机构能够更容易地发现和抓住共同的市场机遇，双方可以针对区域内的特定需求，共同开发创新的金融科技产品和服务，以满足客户日益多样化的金融需求，有助于提升金融机构的市场竞争力，促进区域内金融市场的繁荣和发展。同时，地理位置的邻近性还为金融科技的深度融合提供了广阔的发展空间。双方可以共同建立金融科技研发中心、数据中心等基础设施，实现资源的共享和优化配置，强化在金融人才培养、技术研发等方面的合作，共同提升金融科技领域的整体实力，推动金融科技在区域内的广泛应用和深入发展，为双方经济的持续健康发展注入新的活力和动力，为金融科技的深度融合提供了更多的合作机会。

2.经济背景

中国与东盟的经济和贸易关系日益紧密，双方在贸易上的规模持续增长，相互间的投资活动呈现旺盛的发展态势。同时，双方在经贸园区的建设合作不断深化，产业链和供应链的整合也在不断加强，显示出双方经济合作正向着更加紧密和多元化的方向发展。2023年，双方贸易规模达6.41万亿元（9 117亿美元），双方连续4年互为第一大贸易伙伴。海关总署数据显示，2024年前5个月，中国货物贸易进出口总值17.5

万亿元，同比增长 6.3%。其中，出口 9.95 万亿元，增长 6.1%；进口 7.55 万亿元，增长 6.4%。按美元计价，中国进出口总值 2.46 万亿美元，增长 2.8%。其中，出口 1.4 万亿美元，增长 2.7%；进口 1.06 万亿美元，增长 2.9%。东盟继续保持中国第一大贸易伙伴地位。

中国与东盟在经济发展上展现出强烈的互补性，这种互补性为双方金融科技合作提供了广阔的市场空间和合作潜力。中国作为世界第二大经济体，拥有庞大的市场规模和先进的科技实力，特别是在金融科技领域，中国已经涌现出了一批具有国际竞争力的金融科技企业。这些金融科技企业不仅在国内市场取得了显著的成就，还在全球范围内建立了广泛的影响力。在支付领域，中国的第三方支付平台如支付宝和微信支付，已经凭借其便捷性和创新性在全球范围内赢得了大量用户。在融资领域，中国的 P2P 借贷和众筹平台也为中小企业和个人提供了更加灵活和高效的融资渠道。在投资领域，中国的智能投顾和量化交易平台则利用大数据和人工智能技术，为投资者提供了更加个性化和精准的投资服务。这些金融科技企业所积累的技术资源和经验，为双方金融科技合作提供了丰富的支持。

而东盟则拥有丰富的自然资源和劳动力优势，为金融科技产品的应用和推广提供了广阔的市场空间，东盟地区的人口红利和日益增长的消费需求，使得金融科技产品在区域内具有巨大的市场潜力，特别是在移动支付、电子商务和普惠金融等领域，东盟对金融科技的需求日益旺盛。同时，东盟在金融科技领域也展现出巨大的发展潜力。双方在金融科技领域的合作可以充分发挥各自的优势，实现资源的优化配置和互利共赢。通过加强金融科技合作，双方可以共同推动金融服务的创新与发展，提升金融行业的竞争力和服务水平，为双方经济的持续健康发展注入新的动力。

（二）金融科技市场快速发展

近年来，金融科技在全球范围内犹如一股强劲的东风，迅猛席卷各个角落，成为推动经济增长和社会进步不可或缺的重要力量。随着科技的日新月异，金融科技领域不断创新，为传统金融行业带来了深刻的变革。中国与东盟紧跟时代潮流，积极推动金融科技的发展，市场规模持续扩大，技术革新层出不穷。不仅为双方金融科技市场的繁荣注入了强劲的动力，还为双方合作提供了坚实而广阔的发展平台。双方可以借此机会共同探索金融科技的无限可能，携手推动金融科技的创新与发展，为双方经济的持续增长和社会的全面进步贡献力量。

中国作为全球金融科技领域的佼佼者，拥有众多实力雄厚的金融科技企业。这些企业在支付、融资、投资等领域均处于领先地位，不仅在国内市场占据重要份额，还在国际舞台上展现出强大的竞争力。这些企业凭借先进的技术实力、丰富的市场经验和敏锐的市场洞察力，为双方金融科技合作提供了丰富的技术资源和宝贵的经验支持。与此同时，东盟也在金融科技领域展现出巨大的潜力和活力。尽管东盟在金融科技方面起步较晚，但其创新能力和发展速度不容小觑。中国企业如蚂蚁集团和腾讯等，正在加快布局东盟地区的数字支付领域，通过直接投资入股和技术支持等方式，推动当地数字金融的发展。双方金融科技企业之间的合作不仅可以实现优势互补，共同提升金融科技水平，还可以促进双方市场的进一步拓展和深化，实现互利共赢的良性循环。通过加强金融科技企业的交流与合作，双方可以共同推动金融科技的创新与发展，为双方经济的繁荣和社会的进步注入新的活力。

（三）东盟地区市场前景广阔

东盟地区作为亚洲最具活力的经济板块之一，其市场前景在金融科技领域尤为广阔。东盟地区拥有庞大的人口基数，总人口数超过 6.7 亿人，且人口结构相对年轻化，这一独特的人口红利为金融科技市场带来了巨大的消费潜力和增长动力。年轻化的消费群体是东盟金融科技市场发展的核心驱动力。年轻化的消费群体对新技术和新产品的接受度较高，更愿意尝试和使用金融科技产品和服务，如移动支付、在线理财、智能投顾等，这种消费习惯的变化推动了金融科技市场的快速发展，也促进了金融服务的创新和升级，随着年轻化的消费群体的不断壮大，东盟金融科技市场的潜力将进一步释放。近年来，东盟的数字化进程显著加快，随着互联网技术的飞速发展和智能手机的快速普及，人们越来越依赖手机进行购物、支付、社交等活动，这为金融科技的发展提供了广阔的空间和便利条件。

东盟各国政府高度重视金融科技的发展，纷纷出台了一系列政策措施来支持和引导金融科技市场的健康发展。这些政策措施包括提供税收优惠、资金支持、人才引进等。不仅为金融科技企业的发展提供了良好的政策环境，还促进了金融科技与实体经济的深度融合。同时，东盟正处于数字经济高速发展的爆发期。在数字基础设施建设、更新和升级等方面，东盟有着巨大的投资需求。这不仅为金融科技企业提供了广阔的市场空间，还促进了金融科技的不断创新和应用。预计未来 10 年，东盟地区的数字化生活需求将继续保持可观的增速，特别是在电子商务、生活服务、游戏娱乐和社交等领域，这些领域的快速发展将为金融科技市场带来更多的机遇和挑战。

（四）共建"一带一路"倡议的实施

共建"一带一路"倡议的实施，不仅推动了中国与共建国家的经济一体化进程，还为金融科技合作提供了新的平台和无限机遇。在这一宏大构想下，中国与东盟的双边金融合作尤为活跃，进入了一个崭新的阶段。共建"一带一路"倡议为双方提供了更加广阔的合作空间。随着项目的不断推进，中国与东盟在基础设施建设、贸易便利化、资金融通等方面的合作日益深化，促进了区域内的经济发展，为金融科技合作创造了更多的应用场景。例如，在跨境支付、供应链金融、数字货币等领域，金融科技的应用前景广阔，有望进一步提升金融服务的效率和便捷性。共建"一带一路"倡议还推动了双方金融市场的开放与融合。在这一过程中，金融科技作为金融创新的重要力量，正受到越来越多的关注。中国与东盟纷纷加强在金融科技领域的投入，通过政策扶持、资金投入等方式，推动金融科技的发展和创新，为双方的金融科技合作提供了更多的机会。

此外，共建"一带一路"倡议还促进了双方金融机构之间的深度合作。通过共享资源、交换数据、联合研发等方式，双方金融机构能够共同提升金融科技水平，更好地满足市场需求，有助于降低运营成本，提高风险管理能力，为双方的金融业发展注入新的活力。值得一提的是，共建"一带一路"倡议下的金融科技合作，还具有深远的战略意义。随着技术的不断进步和全球化的深入发展，金融科技在未来的国际金融体系中将扮演越来越重要的角色。中国与东盟通过加强金融科技合作，不仅能够提升自身的金融竞争力，还能为全球金融科技的发展贡献智慧和力量。

共建"一带一路"倡议的实施为中国与东盟的双边金融合作带来了新的机遇和挑战。在这一背景下，双方应充分利用现有资源和优势，深化在金融科技领域的合作与交流，共同推动金融服务的创新与发展，未来随着合作的不断深入，金融科技有望在促进区域内经济发展、提升金融服务质量等方面发挥更大的作用。

四、中国-东盟金融科技发展现状

中国-东盟自贸区成立以来，双方经贸往来快速发展，经济联系日益紧密，贸易环境不断改善，如图3-1所示。随着RCEP生效、西部陆海新通道建设等政策红利持续释放，双边贸易规模进一步扩大，贸易指数不断增长。中国连续多年稳居东盟第一大贸易伙伴，当前中国与东盟正迈向更高水平、更深层次的合作，这对双方的金融科技发展提出了新的要求。

2024年9月25日，以"金融服务中国与东盟高质量产业合作"为主题的2024中国-东盟金融合作与发展大会在南宁成功举办。大会启动了多个项目，包括"一带一路"银行间合作机制（BRBR）与广西壮族自治区人民政府的合作、中国-东盟跨境贸易金融互联互通平台的上线等，中国-东盟金融科技合作取得了新进展。

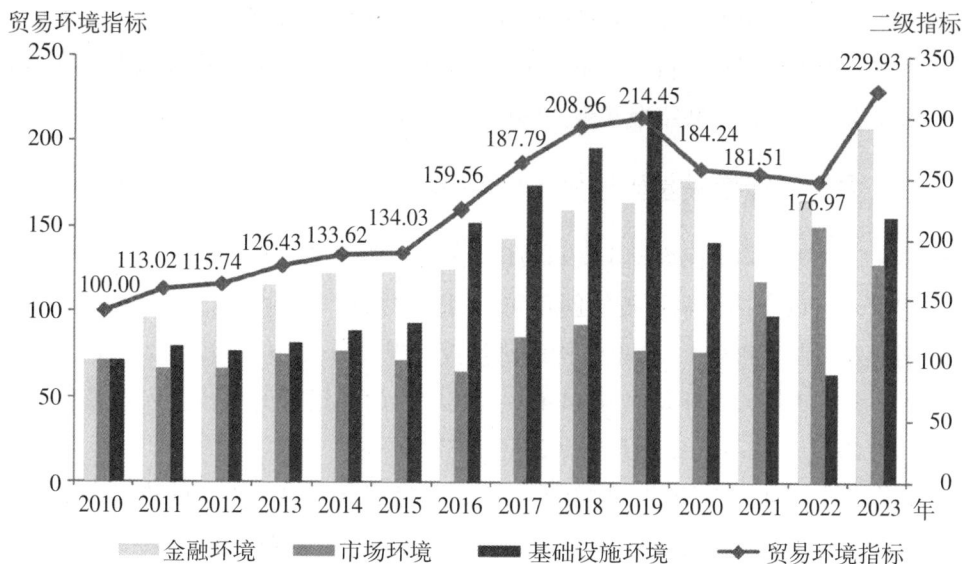

图3-1　2010—2023年中国–东盟贸易环境指标及二级指标走势图

数据来源：根据海关总署发布的2010—2023年中国–东盟贸易数据整理。

（一）政策推动作用明显

在金融科技领域，政策推动无疑扮演着至关重要的角色。中国与东盟在这一领域出台了相关政策，旨在推动金融科技的发展，加强区域间的合作与交流。这些政策不仅为金融科技的发展提供了明确的指导和方向，还为金融科技在区域内的广泛应用奠定了坚实的基础。中国作为金融科技领域的领先者，在2019年发布了《金融科技（FinTech）发展规划（2019—2021年）》（以下简称《规划》）。《规划》中明确了金融科技的发展方向、任务和路径，旨在通过金融科技的创新与应用，推动金融行业的转型升级。《规划》中强调了加强金融科技基础设施建设、提升金融科技创新能力、推动金融科技应用落地等方面的工作，为金融科技的发展提供了有力的政策保障。此外，2022年2月，中国人民银行会同市场监管总局、银保监会、证监会联合印发了《金融标准化"十四五"发展规划》，提出要标准化引领金融业数字生态建设，稳步推进金融科技标准建设。这意味着中国金融科技的发展将更加注重标准化、规范化和安全性，为金融科技的长远发展提供了坚实的支撑。

与此同时，东盟也在金融科技领域出台了相关政策，以加强数字金融基础设施建设，推动金融科技的创新与应用。东盟地区数字金融发展需求强劲，但供给不足的问题一直存在。因此，东盟在2018年批准了《东盟数字一体化框架》。该框架致力于实现无缝的数字支付，加强地区间的数字金融合作与交流，推动金融科技在区域内的广泛应用。在此基础上，东盟在2021年1月通过了《东盟数字总体规划2025》。这一规划提出了将东盟建设成一个由安全和变革性的数字服务、技术和生态系统所驱动的领先数字社区和经济体。为了实现这一目标，东盟正在不断加强数字金融基础设施建设，推动金融科技的创新与应用，提升数字金融服务的质量和效率。

（二）金融科技相关基础设施不断完善

近年来，金融机构全面推动金融科技以加快数字化转型，重点体现在不断增加对科技研发的投入，以支持金融科技的创新和应用。根据易观千帆发布的《2024年中国金融科技创新发展洞察报告》，金融机构的科技投入规模由2019年的2 252.60亿元增长至2023年的3 558.15亿元，年均增长14.48%。其中，商业银行的科技投入规模保持在较高水平，从2019年的76.80%上升到2023年的77.50%。

广西作为中国面向东盟的金融开放门户，已经建立了多个重要的跨境金融基础设施，显著提升了面向东盟的金融服务能力。其中，关键设施包括上海证券交易所资本市场服务广西基地和深圳证券交易所广西服务基地，这两个基地分别推动了广西企业在上交所和深交所上市，支持区域经济的高质量开放发展。此外，中国–东盟跨境贸易金融互联互通平台的启用，标志着广西在跨境金融服务体系建设方面取得了新的进展。该平台依托中国国际贸易"单一窗口"等政务数据资源，为不同贸易形式提供线上金融服务，实现政务、外贸、金融的互联互通，整合了跨境市场交易和支付结算，为进出口贸易提供了风险保障和融资支持。

中国–东盟跨境征信服务平台作为面向东盟的金融基础信息平台，聚焦数字金融、数字供应链和数字监管三类数字化应用场景，为企业在境外开展业务提供了金融服务和支持。该平台支持查询全球230个国家和地区超过2亿家企业的信用报告，包括东盟10国的787万家企业。这为金融机构和企业提供了重要的信用信息，帮助它们评估跨境合作伙伴的信用状况，降低金融和商业决策的不确定性；该平台已为全国78家金融机构、类金融机构和科技公司提供服务，实现头部金融机构基本全覆盖。该平台通过信用报告、精准营销和智能风控三大核心产品体系，累计申请调用量超过9 869万次，服务中小微企业超727万家，服务融资规模超3 639亿元，为中国企业走进东盟提供了数字化政务服务新名片，帮助中国企业获取东盟企业的专业征信报告，为中国企业的投资经营决策提供了重要参考。

跨境清算结算网络，特别是人民币跨境支付系统（CIPS）的广泛应用，便利了中国与东盟的贸易和投资活动，2023年，CIPS共处理中国与东盟跨境人民币业务67.4万笔，同比增长54.3%，金额达到10.8万亿元，同比增长47.3%。此外，中国–东盟金融城在南宁市五象新区集聚了大量金融机构，为资金往来和投融资合作提供便利。全国越南盾现钞调运中心的成立优化了区域货币服务。这些基础设施的建设不仅加强了中国与东盟的金融合作，还为区域内的经济发展提供了强有力的支撑，推动了区域经济的繁荣与发展。

东盟积极推动跨境金融服务平台的建设，通过集成政府、银行、企业的信息，为涉外企业提供高效、便捷的金融服务，解决了困扰涉外企业"融资慢、融资难、融资贵"的问题，实现了金融信息的共享和跨境金融服务的便利化。互联网普及率不断提高，大部分人口具备互联网接入能力。其中，新加坡互联网覆盖率高达92%。同时，东盟不断完善支付与清算系统，加强征信与信用评估系统的建设，以提高金融服务的透明度和效率，提高跨境贸易结算的便利化水平。例如，一些国家已经建立了先进的电子支付系统，支持多种货币的实时清算和结算，降低了交易成本和时间，通过征信与信用评估系统收集、分析企业和个人的信用信息，为金融机构提供准确的信用评估结果，进一步降低信贷风险。

（三）金融科技合作项目不断拓展

在2024中国–东盟金融合作与发展大会上，启动了多个金融科技合作项目，广西金融机构、国内"走出去"企业与马来西亚和越南的金融机构签订了多项跨境金融合作协议，跨境项目融资签约金额约230亿元。这些项目体现了中国与东盟在金融科技领域的深入合作和共同发展愿景，为推动区域经济一体化和高质量发展注入了新的活力。

中国–越南跨境贸易（边贸）线上智汇结算项目由中国农业银行广西区分行与中国–东盟信息港股份有限公司共同构建，旨在通过整合跨境市场交易、支付结算、国内市场交易及配套公共服务，实现互市贸易全链条覆盖，促进边民互市贸易供销畅通。该项目通过整合集成主体备案、跨境采购、通关申报、国内销售、跨境支付结算、开票、完税等服务和功能，对边民互市贸易的全链条进行整合优化，提升交易透明度，增强互市贸易的合法性与合规性。

中国银行与中通支付的跨境无界·智汇未来项目，旨在为跨境电子商务支付业务提供集中结售汇、跨境汇款、名单筛查、国际收支申报等综合金融服务，开辟了跨境金融更好地服务中国与东盟高质量合作的新通道。

此外，2024中国–东盟金融合作与发展大会还见证了"中国–东盟数字金融服务平台"项目的正式启动。该项目由多家中资银行与东盟金融机构联合发起，旨在构建一个集支付结算、融资贷款、风险管理、数据分析等功能于一体的综合性数字金融服务平台。通过该平台，双方的企业和个人可以享受到更加便捷、高效、安全的跨境金融服务，进一步降低交易成本，提高交易效率。该平台还将运用大数据、人工智能等先进技术，为双方金融机构提供精准的风险评估和管理服务，助力提升区域内的金融稳定性和安全性。

这些项目的启动不仅展示了中国与东盟在金融科技领域合作的成果，还预示着双方在推动区域经济一体化和高质量发展方面的共同承诺和努力。通过这些合作项目，中国与东盟将进一步降低交易成本，提高交易效率，促进区域内的金融合作和经济发展。

（四）跨境金融服务质效不断提升

除基础设施建设带来的质效提升外，中国与东盟的金融机构还积极参与到金融科技领域，通过技术创新和业务模式创新，提升金融服务的质量和效率。

目前，中国金融市场对外开放的步伐稳健而快速，为包括东盟在内的境外投资者提供多种渠道投资中国境内金融市场。2019年9月，国家外汇管理局决定取消合格境外机构投资者（QFII）和人民币合格境外机构投资者（RQFII）投资额度限制，提高了国际资金通过QFII渠道投资境内金融市场的便利性和积极性。沪深港通为境外投资者提供了直接入市的渠道，通过沪港通和深港通，外资可以更便捷地投资国内股票市场。同时，支持东盟的投资者在中国境内发行熊猫债。例如，菲律宾政府、大华银行、马来亚银行以及多家新加坡非金融企业在中国银行间债券市场成功发行熊猫债超百亿元人民币。

跨境金融服务平台建设不断完善。自2019年以来，中国人民银行广西分行推进面向东盟的金融开放门户建设，通过跨境金融服务平台服务企业359家，其中95%以上是中小企业，民营、外资企业超过八成。该平台集成政府、银行、企业的信息，专项服务涉外企业，重点解决"融资慢、融资难、融资贵"的问题，发放贷款流程耗时从2个工作日减少至几分钟，全面解决了涉外企业的交易成本问题。

中国与东盟在金融合作方面取得了显著成果，这些成果不仅包括双边本币互换协议、本币结算协议等传统金融合作领域，还包括人民币跨境支付系统（CIPS）等新兴金融合作机制。中国与马来西亚、印度尼西亚、新加坡、泰国和老挝等国家签署了双边本币互换协议，与东盟的双边本币互换协议金额已超过8 000亿元人民币，进一步增强了区域内的金融稳定和流动性支持。同时，中国和越南、印度尼西亚、柬埔寨、老挝签订了双边本币结算协议，促进了双方贸易和投资的便利化，减少了汇率风险，增强了双边经济的联系。根据广西金融学会发布的《2024年人民币东盟国家使用报告》，截至2023年年末，东盟共有112家金融机构成为人民币跨境支付系统（CIPS）的参与者，标志着人民币跨境清算网络在东盟地区已初见规模，为人民币的国际使用提供了坚实的基础。

中国与东盟的金融机构还推出了多项创新服务。跨境支付服务的创新尤为显著。借助金融科技的力量，双方金融机构成功打破了传统跨境支付的壁垒，实现了资金的快速、安全、低成本流通。通过构建高效的跨境支付网络，企业和个人可以即时完成跨境转账，无论是货款结算、留学费用支付，还是旅游消费，都能享受与本地支付相似的便捷体验，极大地缩短了资金到账时间，降低了交易成本，促进了双边贸易的繁荣和人员往来的便利化。外汇兑换服务的创新也为跨境交易提供了极大的便利。传统的外汇兑换往往涉及烦琐的手续和高昂的费用，而中国与东盟的金融机构推出了外汇兑换创新服务，通过线上平台实现了汇率查询、兑换预约、实时交易等一站式服务，提供了更为透明、公正的汇率信息，还通过技术手段降低了汇率风险和兑换成本，使得跨境交易更加高效、经济，从而促进了区域经济的融合发展。

中国与东盟在绿色金融领域展现出合作潜力，通过共享数据平台和绿色金融交易的业务规范，推动了绿色金融合作的发展。东盟面临气候变化带来的挑战，发展绿色金融成为填补资金缺口的重要途径。中国与东盟在绿色金融政策、市场发展以及合作方面取得了积极进展，为双方的绿色转型提供了支持。

（五）数字金融服务正在不断普及

中国与东盟在数字支付和移动支付领域有着广泛的合作。随着智能手机的普及和移动互联网的发展，数字支付和移动支付在东盟得到快速发展，中国与东盟之间的跨境支付业务也日益增多。双方通过合作，推动数字支付技术的创新与应用，提升跨境支付的便捷性和安全性。

移动支付是数字金融服务普及最直接的体现。有关数据显示，截至2023年5月，中国的数字金融市场规模达到41.7万亿元人民币，占全球数字金融市场规模的15.6%，位居全球第一；数字金融用户规模达9.6亿人，占总人口的68.6%。支付宝和微信支付作为移动支付领域的两大巨头，凭借便捷的支付流程、丰富的应用场景以及强大的品牌效应，迅速赢得了广大消费者的青睐。无论是线上购物、线下消费，还是缴纳生活费用、购买电影票等，人们都可以通过这两个平台完成支付。而在东盟，泰国的TrueMoney、越南的MoMo等移动支付平台，凭借其本地化的服务和灵活的支付方式，迅速在各自国家崭露头角。这些平台不仅支持线上支付，还广泛布局线下商户，使消费者可以在各种场景中轻松完成支付。它们还通过与银行、电信运营商等机构的合作，不断拓宽支付渠道和应用场景，进一步提升了移动支付的普及率和便捷性。

目前，中国企业积极参与东盟的支付基础设施建设，如中国银联支持菲律宾、泰国建成了本地银行卡转接网络，银联芯片卡标准成为泰国、缅甸的行业推荐标准。此外，中国企业还与老挝央行等机构成立合资公司，共同运营老挝国家银行卡支付系统，提供跨行转账、网上交易、移动支付等技术支持。

东盟的电商规模不断扩大，根据Euromonitor提供的数据，2023年东盟的电商零售规模达到1 240亿美元，占全球电商市场的3%，位列世界第六位。2015—2023年复合增速高达40%，远超过世界平均水平（16%），这反映出随着东盟数字经济的快速发展、互联网普及率的提高和移动设备的广泛使用，越来越多的消费者开始转向在线购物，推动了电商市场的蓬勃发展，同时显示出东盟的电商市场拥有巨大潜力和发展空间。

（六）信息安全与监管框架持续完善

信息安全与监管框架的持续完善，是当前中国与东盟在数字金融合作中不可忽视的重要一环。随着数字化进程的加速，个人数据保护、跨境数据流动治理和网络安全等问题日益凸显，成为影响区域经济一体化和数字金融健康发展的关键因素。为保护个人数据，中国与东盟正在加强数据保护规则，确保监管机构能够有效监控数据隐私。例如，文莱发布了《个人数据保护令》（PDPO），要求个人数据不得转移到文莱以外的地方，显示出数据存储本地化的倾向。此外，中国与东盟在跨境数据流动治理方面正在加强合作。东盟正在积极推进成员之间的数据政策协调，并出台了一系列跨境数据治理法律法规，如《东盟个人数据保护框架》（AFPDP）、《东盟数字一体化框架》（ADIF）、《东盟数字数据治理框架》（AFDDG）、《东盟数据管理框架》（DMF）、《东盟跨境数据流动示范合同条款》（MCC）等，进一步提升组织对数据的管理能力，确保数据在收集、使用、存储和传输过程中的安全性和合规性。

在跨境数据流动治理方面，中国与东盟正在积极探索建立跨境数据流动的安全评估、监管和应急响应机制，以确保数据的跨境流动既符合国际规则，又能够充分保护个人隐私和国家安全。同时，双方还加强了在数据保护法律法规、数据跨境传输标准等方面的交流与合作，共同构建公平、开放、透明的跨境数据流动环境。

面对日益严峻的网络威胁，特别是人工智能技术在网络攻击中的广泛使用，中国与东盟正在不断提高网络安全防御能力。东盟成立了区域级的计算机应急响应小组（CERT），并成功举办了以"驾驭人工智能网络攻击的兴起"为主题的事件响应演习测试，模拟了利用 AI 开发恶意软件和人工智能生成钓鱼信息的攻击情景，以应对 AI 时代的网络威胁，旨在加强国家网络防御能力。

（七）金融科技领域的投资不断加大

东盟在金融科技行业的资金投入自 2015 年以来，经历了前所未有的增长，反映了成员方政府对金融科技发展的高度重视，也体现了国际投资者对东盟金融科技市场的强烈兴趣和信心。根据大华银行、普华永道新加坡和新加坡金融科技协会联合发布的最新研究报告，新加坡和泰国在 2024 年均被列为金融科技投资的主要目的地。新加坡作为国际金融中心，其金融科技行业一直走在全球前列，拥有完善的金融基础设施、丰富的金融资源和开放的市场环境，吸引了大量的国内外金融科技企业的入驻和投资。而泰国凭借其庞大的消费群体、快速增长的数字经济以及政府对金融科技的积极推动，成为金融科技投资的热门选择。有关数据显示，2024年前9个月，东盟在金融科技领域的投资达到了14.1亿美元，占全球金融科技投资的4%。这一成绩不仅彰显了东盟金融科技行业的强劲发展势头，标志着在经历了2022—2023年资金下降71%的短暂低谷后，东盟金融科技行业已经实现了显著的复苏。

中国在金融科技领域的投资也呈现不断增加的趋势。2023年，国有六大银行金融科技投入的总金额达到了1 228.22亿元，同比增长5.38%，创出新高。科技投入占营业收入的3.52%，为历年最高值。2019—2023年，国有六大银行金融科技投入累计达5 142.26亿元。金融科技企业的投资主体更加多元化。其中，PE/VC占比逐年下降，从2020年的53%下降到2024年的30%，但仍是第一大投资方；互联网系企业的投资比例从2023年的14%上升至2024年的22%，位居第二位；传统金融机构的投资比例维持相对稳定的态势，整体占比保持在16%~19%。

此外，中国对东盟的直接投资增长显著。2023年中国对共建"一带一路"国家直接投资407.1亿美元，较2022年增长31.5%，占当年对外直接投资流量的23%。其中，对东盟10国的投资为251.2亿美元，同比增长34.7%。中国对外直接投资涵盖了国民经济的18个行业门类。其中，流向租赁和商务服务、批发零售、制造、金融四个领域的投资占全年总量的近八成；对建筑业、信息传输/软件和信息技术服务业的投资增长较快，增速分别为97.2%、34.9%。这显示了中国对东盟金融科技领域的投资正在快速增长。

五、中国-东盟金融科技重点合作领域

（一）数字支付与移动支付

中国与东盟在数字支付与跨境金融合作方面取得了显著进展。随着智能手机的普及和移动互联网的快速发展，双方加强了在移动支付、跨境支付以及金融科技基础设施建设等方面的合作，中国与东盟之间的跨境支付业务也日益增多。

在移动支付方面，双方通过技术交流与标准对接，推动了多个移动支付平台的互联互通，使得消费者和企业能够跨越国界，轻松实现即时转账和支付。这不仅极大地提升了支付效率，还显著地降低了因传统支付方式带来的高昂交易成本。目前，支付宝和微信支付等中国主流移动支付工具，在泰国、新加坡、马来西亚的普及率日益提高，成为当地居民和游客日常消费的首选支付方式。

中国与东盟共同探索建立了多个跨境支付清算机制。例如，通过人民币跨境支付系统（CIPS）与东盟各国的本地支付系统对接，实现了资金的快速、低成本跨境流动。2023年，中国–东盟跨境人民币结算量达到了 59 036.7 亿元人民币，同比增长 20.2%，为近3年最快增速。在2023年的跨境人民币结算量中，收入为 30 432.1 亿元人民币，同比增长 25.9%；支出为 28 604.6 亿元人民币，同比增长 14.6%；净流入为 1 827.5 亿元人民币。人民币跨境支付系统（CIPS）共处理中国与东盟跨境人民币业务67.4万笔，同比增长 54.3%，金额达到了 10.8 万亿元人民币，同比增长 47.3%。中国游客在东盟购物时，可以直接使用人民币进行结算，避免了汇率转换时的额外费用。这不仅促进了双边贸易的快速增长，还为跨境电商、留学教育、旅游服务等领域的合作提供了强有力的金融支持。

（二）数字货币与区块链技术

数字货币和区块链技术作为金融科技领域的两大热点，正引领着全球金融行业的深刻变革。中国与东盟在这一领域的合作，不仅有助于推动双方数字货币的研发和应用，还能够借助区块链技术的独特优势，加强在供应链金融、贸易融资等领域的合作，共同提升金融服务的可信度和安全性。目前，中国已经推出了数字人民币，并在多个城市进行了试点。而东盟也在积极探索数字货币的可能性，如新加坡的数字货币计划等。双方可以加强在数字货币技术标准、监管政策、应用场景等方面的交流与合作，共同推动数字货币在全球范围内的普及和应用。

中国与东盟利用区块链技术提升金融交易的透明度和安全性，通过分布式账本和加密算法，确保交易数据的真实性和完整性，有效防止金融欺诈和洗钱等违法行为。同时，区块链技术被应用于跨境贸易中的供应链管理，构建去中心化的信息共享平台，实现供应链各环节的信息共享。此外，双方还推动建立了基于区块链技术的中国–东盟企业征信平台、中国–东盟北斗／GNSS（南宁）中心、LiuGong-iLink 平台、中国–东盟跨境地质灾害北斗监测系统、中国–东盟区块链公共服务平台等，加强面向东盟的数字技术创新。目前，双方正在合作开发基于区块链技术的跨境贸易追溯系统，追踪货物的来源、运输、检验等全过程信息。中国的一些金融机构还尝试与东盟的银行合作，推动基于区块链技术的跨境支付解决方案的落地实施，通过去中心化的方式，实现资金的快速、低成本跨境流动。

（三）数字生态合作

数字生态合作指的是在数字化转型和数字经济发展的大背景下，不同国家、地区、行业、企业之间在数字技术、数字经济、数字治理等领域建立的合作关系。这种合作旨在通过共享资源、技术和经验，推动数字技术的创新和应用，促进数字经济的发展，提高数字治理能力，实现可持续发展目标。目前，数字生态合作成为了 21 世纪全球经济合作的新高地，而中国与东盟在这一领域的携手并进，更是为全球树立了典范。在 2024 年 10 月 10 日举行的中国-东盟领导人会议上，双方共同发表了关于推动建立可持续和包容性的数字生态合作联合声明，标志着双方在这一领域的合作迈入了一个全新的阶段。双方同意在相互尊重的基础上，基于各方意愿、能力和需求，采取包括加强政策交流和战略对接、推动数字基础设施建设、加快新兴数字技术创新应用、推动产业数字化转型、加强数字安全能力和韧性、提高数字素养和数字能力、推动更加包容普惠的数字化发展等措施，促进数字生态系统合作。

近年来，中国与东盟的数字技术创新与应用持续强化。中国-东盟信息港打造了中国-东盟技术转移中心，该中心作为双方技术交流与合作的重要桥梁，致力于促进双方在科技领域的深入交流与合作。双方通过协作网络，可以更加便捷地获取技术转移信息、参与技术转移项目，并共同推动科技创新与成果转化。

（四）金融科技人才培养与交流

在金融科技人才培养与交流方面，中国与东盟采取了多项具体措施，以提高双方金融科技领域的整体实力，促进双方在金融科技领域的深入合作。首先，成立金融科技研究院。例如，广西民族大学相思湖学院携手中国-东盟金融科技领域的专家与学者，共同创立了中国-东盟金融科技研究院，专注于跨境金融和绿色金融领域，为金融科技人才的培育搭建了新平台。其次，组建金融战略研究智库。通过联合高校、研究机构和金融机构的力量，针对中国-东盟经济金融合作发展的需求，精心策划与设计了重大培训项目，旨在通过项目实施带动金融科技人才的全面发展。

此外，中国还不断优化金融产业环境，完善人才引进政策，为金融科技人才提供保障。广西作为面向东盟的开放门户，通过完善社会信用体系建设，有效整合公安、银行、保险、证券等部门的信用信息资源，促进征信系统的对接与联网，打造互惠互利、共建共享的信用平台，为金融科技人才的创新创业提供良好的发展环境。

为了加强金融科技人才的培养与交流，推动金融科技领域的创新发展，中国与东盟举办了高质量金融人才培养高峰论坛，邀请了国内外知名专家、学者和金融行业的领军人物，围绕金融科技领域的最新研究成果、实践经验以及未来发展趋势进行深入探讨与交流。除了高峰论坛外，中国与东盟还举办了多场金融科技研讨会和论坛，活动形式更加灵活多样，旨在满足不同层次、不同领域的金融科技人才的需求，聚焦金融科技领域的热点问题和前沿技术，如区块链、人工智能、大数据等，为金融科技人才提供了学习和交流的平台。

（五）绿色金融合作

中国与东盟积极完善金融合作发展范围内的绿色金融政策顶层设计，持续完善各自绿色金融政策体系。中国政府高度重视绿色金融的发展，并在多个政策文件中明确提出构建绿色金融体系的宏伟目标和具体措施。这些政策文件不仅涵盖了绿色信贷、绿色债券、绿色基金等多种绿色金融产品，还强调了绿色保险、碳金融等新兴领域的创新发展。东盟也积极响应全球绿色金融的发展趋势，制定了一系列旨在促进可持续金融发展的政策文件。其中，《绿色债券标准》为绿色债券的发行和认证提供了明确的标准和指导，有助于提升绿色债券市场的透明度和可信度；《可持续资本市场路线图》旨在推动东盟资本市场的绿色转型，促进可持续投资的发展；《东盟可持续银行原则》则为银行业金融机构在绿色金融领域的实践提供了重要的指导原则，鼓励其积极履行社会责任，推动绿色经济的发展。这些政策文件为双方绿色金融的深入合作奠定了坚实的基础，也为全球绿色金融的发展注入了新的动力。

近年来，中国在绿色金融领域取得了长足发展，初步构建了一个涵盖绿色贷款、绿色债券、绿色保险、绿色基金、绿色信托和碳金融等产品的多维度、多层次的绿色金融市场体系。双方金融机构积极深化合作。中国通过在东盟设立分支机构，不断探索和实践绿色金融业务的创新路径。其中，中国工商银行新加坡分行在这一领域迈出了重要一步，成功发行了全球首支等值22亿美元的绿色"一带一路"银行间常态化合作债券，为中国与东盟的绿色金融合作树立了新的标杆，进一步推动了双方在绿色基础设施建设、清洁能源开发、环保产业升级等领域的深度合作。

绿色金融合作平台的建设对于推动中国与东盟在绿色金融领域的深入合作具有重要意义。双方充分利用国际平台，如央行与监管机构绿色金融网络（NGFS），强化绿色金融政策的沟通与协调，目前东盟已有6个成员方的央行加入了NGFS，为中国与东盟在绿色金融领域的合作提供了更加广阔的交流平台。通过这一平台，双方可以更加便捷地分享绿色金融的成功案例和经验教训，探讨绿色金融合作的新模式和新机遇。此外，中国与东盟还通过其他绿色金融合作平台，如绿色金融论坛、绿色金融研究中心等，加强绿色金融领域的交流与合作。

六、中国–东盟金融科技面临的挑战

（一）区域金融科技发展不均衡

中国在金融科技领域的发展已取得了举世瞩目的成就，特别是在数字金融方面，已成为全球金融科技发展的典范。中国在金融科技的用户规模、应用场景和创新技术应用等方面，均走在世界的前列，为全球金融科技的发展树立了标杆。首先，中国拥有庞大的用户群体，随着智能手机的普及和移动互联网的快速发展，中国的金融科技用户量呈现爆炸式增长，这为金融科技的应用和创新提供了坚实的基础。其次，中国在金融科技的应用场景上不断拓展和创新。从支付、借贷、保险到财富管理，金融科技已经渗透到中国金融市场的各个角落，为用户提供了更加便捷、高效的金融服务。此外，中国还积极推动数字人民币等创新金融科技的应用，这不仅提升了金融服务的效率和安全性，还为全球数字货币的发展提供了有益的借鉴。

然而，与中国相比，东盟在金融科技方面的发展相对滞后。尽管近年来东盟的数字金融也迎来了飞速发展期，但整体而言，其金融科技发展水平与中国相比仍存在一定的差距。首先，东盟在金融科技的用户规模上相对较小。虽然东盟拥有众多的人口，但由于经济发展水平和互联网普及程度的差异，金融科技的用户量相对较少，限制了金融科技在东盟的广泛应用和发展。其次，东盟在金融科技的应用场景上相对单一。与中国相比，东盟的金融科技应用主要集中在支付和借贷等领域，而在保险、财富管理等其他领域的应用相对较少。这导致东盟的金融科技服务相对单一，无法满足用户多样化的金融需求。此外，东盟在金融科技的创新技术应用上也相对滞后。尽管东盟涌现出了一批金融科技初创企业，但在创新技术的应用和研发方面，与中国相比仍存在一定的差距。这限制了东盟金融科技的创新能力和竞争力。因此，中国与东盟应加强合作与交流，缩小彼此差距，进一步深化双方的合作机制。

（二）东盟各国信息通信基础设施水平有待提升

东盟各国信息通信基础设施发展不均衡，总体水平不高。根据国际电信联盟的数据，在所统计的全球176个国家和地区中，东盟10国仅有4国位列前100，分别是新加坡、文莱、马来西亚和泰国，其他6国的信息通信基础设施水平相对落后。东盟整体的基础设施建设水平不均衡，在信息通信基础设施方面存在显著差异。新加坡作为东盟各国的领头羊，其信息通信基础设施水平在世界处于领先地位，拥有高速的网络连接和先进的数字技术。然而，其他国家如老挝、柬埔寨等，在ICT发展指数上排名较低，信息通信基础设施水平也相对落后，网络覆盖率和网络速度都有待提高。[①]

此外，由于经济发展水平以及基础建设的差异，东盟各国的移动数据费用差距较大，有研究显示，泰国拥有最廉价的移动数据，仅为0.38美元/GB，而东帝汶的收费最高，平均成本为2.16美元/GB。这种巨大费用差异直接影响了这些国家的数字服务普及

---

① 数据来源于国际电信联盟2017年发布的全球国家与地区信息与通信发展指数（ICT Development Index，IDI）榜单。

率和民众的互联网使用体验。

资金短缺是东盟各国信息通信基础设施投资面临的主要难题之一。许多国家，尤其是经济发展水平相对落后的国家，往往难以承担大规模的网络建设和升级任务。这导致了许多地区的网络覆盖不够全面，网络信号较弱，严重影响了当地居民的网络使用体验。一方面，由于网络信号不稳定，居民在上网时常常会遇到网页加载缓慢、视频卡顿等问题，这不仅降低了他们的使用体验，还限制了他们获取信息和参与数字经济的能力；另一方面，由于网络覆盖不足，一些偏远地区的居民甚至无法享受互联网带来的便利，这不仅影响了他们的生活质量，还进一步加剧了城乡之间的数字鸿沟。

（三）东盟地区数字支付渗透率较低

电商占零售总比低。尽管东盟在数字支付方面发展迅速，但东盟的电商渗透率相对较低。例如，2021年印度尼西亚、泰国、马来西亚、越南、新加坡和菲律宾6个主要经济体的零售总额为9 708.3亿美元，而通过电子商务进行交易的仅占总零售总额的4.6%。

电子支付普及率低，现金支付仍然占据主导地位。目前，东南亚还没有像支付宝这样普及度非常高的第三方支付，电子支付普及率较低，网上购物通常选择货到付款（COD）的方式，存在退货退款复杂、交易转化率低、履约风险高的问题。尽管目前东盟的数字支付普及率迅速提升，但消费者对数字支付的信任度不高。例如，巴基斯坦民众对电商的接受度比较低的原因是，人们不习惯看照片买东西，对电商缺乏信任。即使在新加坡等银行业普及率较高的国家，仍有相当一部分付款是用现金支付的，长期以来，现金交易是东盟民众的主要支付方式，民众对收费的安全性、隐私性和透明度的担忧仍然普遍存在。

跨境数据流动受阻。对整个东盟地区而言，尽管各国政府都认识到了对数字金融的数据治理的重要性，但各国在数据保护和数据流动方面的监管要求存在差异，导致内部协调难度较大。采用"东盟跨境数据管理框架"的努力仍处于初级阶段，只有少数国家建立了促进跨境数据流动的系统。

（四）技术标准与监管政策存在差异

中国与东盟在技术标准与监管方面存在差异，这在一定程度上制约了双方在金融科技领域的合作与发展。技术标准的不统一可能导致双方在金融科技产品和服务以及系统建设上存在不兼容的问题。在支付系统、数据交换、身份认证等方面，如果双方采用的技术标准不一致，则可能造成交易失败、数据无法共享、用户身份验证困难等问题。这不仅会影响金融服务的效率和用户体验，还会增加双方企业的运营成本。身份认证机制的不统一也会阻碍双方金融科技合作的发展，在金融科技领域，用户身份验证是确保交易安全、防止欺诈的关键环节。中国与东盟可能采用不同的身份验证技术，如生物识别、数字证书、短信验证码等。如果双方的技术标准不兼容，则可能造成用户身份验证失败，影响用户体验和信任度。

不同国家对于金融科技的监管要求、风险防范措施以及市场准入条件等可能存在较大差异。这种差异可能导致双方在金融科技领域的合作受到政策限制，甚至引发合规风险。在中国，金融科技企业需要遵守严格的监管政策，包括数据保护、反洗钱、消费者权益保护等方面的要求；而在东盟，这些监管要求可能相对宽松或有所不同。如果中国金融科技企业在东盟开展业务时未能充分了解并遵守当地监管要求，就可能面临合规风险，甚至被当地监管机构处罚。因此，中国与东盟需要共同努力，加强沟通与协调，推动技术标准的统一和监管政策的互认。

（五）网络安全与数据隐私保护问题日益凸显

金融科技领域的技术日新月异，网络安全和数据隐私保护问题日益凸显。金融科技的广泛应用会产生大量的用户数据。这些数据不仅包括用户的身份信息、交易记录等敏感信息，还可能涉及用户的个人偏好、行为习惯等隐私数据，数据泄露、非法访问和滥用等风险不断增加，给用户的隐私和财产安全带来了严重威胁。

随着金融科技的快速发展，网络攻击和恶意软件等安全威胁日益增多。黑客攻击、分布式拒绝服务（DDoS）攻击、零日漏洞攻击等网络威胁不断增多，给金融科技系统带来了巨大的风险。这些攻击可能导致系统瘫痪、数据泄露等严重后果，对金融服务的稳定性和安全性造成严重影响。同时，恶意软件如勒索软件等的传播也严重威胁着金融科技系统的安全。这些恶意软件可能会窃取用户数据、破坏系统文件或进行勒索等恶意行为，给用户和企业带来巨大损失。

在整个东南亚地区，网络犯罪激增了82%，截至2022年7月，东盟因网络攻击损失287万美元，针对关键基础设施的恶意软件攻击正成为增长最快的网络犯罪形式之一。①来自新加坡的网络安全公司（Cyfirma）的最近一份报告显示，在2023年的前8个月，东南亚就遭受了68次全球高级持续性威胁（APT）攻击，这些攻击主要针对新加坡，有26家机构成为受害者，其次是泰国、越南和印度尼西亚。②2021—2022年，新加坡遭遇的网络钓鱼攻击增长了174%。2023年9月25日，菲律宾健康保险公司（PhilHealth）向国家隐私委员会（NPC）报告，其系统遭到了Medusa勒索软件的攻击，导致系统瘫痪。黑客在暗网上披露了大约1 300万名至2 000万名成员的个人信息，约占

---

① IBM. 2021年数据泄露成本报告 [EB/OL]. [2021-09-10]. https://www.ibm.com/security/digital-assets/cost-data-breach-report/.
② Cyfirma. Singapore and Southeast Asia: Threat Landscape [EB/OL]. [2023-09-08]. https://www.cyfirma.com/outofband/singapore-and-southeast-asia-threat-landscape/.

菲律宾人口的18%。

七、中国-东盟金融科技发展趋势

（一）进一步强化基础设施建设

在金融科技快速发展的背景下，东盟各国面临提升信息通信基础设施的迫切需求。为了推动金融科技领域的深入合作与发展，各国政府应高度重视并加大对信息通信基础设施的投资力度。

首先，各国政府应将信息通信基础设施建设纳入国家发展战略，加大对信息通信基础设施的投资力度，通过政府预算、社会资金等多渠道筹集资金，为网络建设提供充足的资金支持；其次，各国政府可以积极寻求国际合作，吸引外资进入信息通信领域，共同推动网络建设和升级；最后，各国政府可以鼓励企业和社会组织参与信息通信基础设施的建设和运营，形成多元化的投资格局，以减轻政府财政压力，激发市场活力，推动信息通信产业的快速发展。

此外，为了进一步提高网络覆盖的全面性和质量，东盟各国还应注重优化网络布局和推进技术创新。一方面，各国可以通过建设更多的基站、铺设更广泛的光纤网络等方式来扩大网络的覆盖范围，确保偏远地区和农村地区也能享受高质量的网络服务；另一方面，各国还应积极应用5G、物联网等新技术，提升网络的速度和稳定性，为金融科技的发展提供坚实的技术支撑。

（二）推动金融科技领域的深度融合与协同发展

随着数字经济的蓬勃发展和金融科技的日新月异，中国与东盟在金融科技领域呈现深度融合与协同发展的趋势。双方将加强在金融科技创新、业务模式创新、产品服务创新等方面的合作，共同推动金融科技的发展与应用。

加强技术研发与合作，促进标准互认。中国与东盟应共同投入资源，加强在金融科技核心技术（如区块链、人工智能、大数据等）上的研发与合作，以提升金融科技的服务质量和效率。强化重点领域合作机制，鼓励科研机构加强合作，探索建立合作平台，开展智慧种植、畜牧、兽医、渔业、灌溉、食品安全和可追溯性、收获后处理、加工和贸易等农业各领域关键数字技术的创新合作和联合研发。同时，中国与东盟继续推进标准互认与检测认证互通，探索建立符合各国国情的双边、多边标准互认新机制，使标准工具发挥最大效能，促进区域间规则通、技术通、设施通。加强在国际标准化领域的合作，围绕新兴技术领域联合开展国际标准化战略研究，共同发起国际标准提案，推动将符合区域发展要求的内部标准上升为国际标准。

共同探索跨境金融服务的创新模式，推进普惠金融发展。加强中国-东盟数字战略合作，构建以数据创新为驱动、以通信网络为基础、以数据算力设施为核心的一体化数字基础设施，促进数字基础设施共建共享，优化跨境网络布局，提高跨境网络的带宽、速度和稳定性，降低网络时延和成本。构建中国-东盟跨境电商公共服务平台，制定跨境电商数据标准规范，协调对接物流、支付、通关、商检、税汇、金融等业务及数据共享，推动电商平台、物流服务商、支付机构、海外仓储等各方资源整合与协同，实现中国-东盟跨境电商全流程一体化服务。此外，双方金融机构应积极提升跨境金融服务能力，为"请进来""走出去"的企业提供"一点接入、全球响应"的综合金融服务，不断优化跨境金融基础设施，持续升级跨境金融产品和服务，推动中国与东盟的经贸往来更加便捷、高效，为区域经济发展注入活力。

（三）加强金融科技人才培养与交流

金融科技的发展离不开人才的培养与交流。中国与东盟应推动产学研深度融合，大力推动金融与信息技术的学科融合发展，政府、高校、金融机构和企业应共同搭建金融科技产学研合作平台，促进各方在技术研发、人才培养、成果转化等方面的深度合作，通过设立联合研发中心、创新基金等方式，鼓励高校、金融机构和企业进行协同创新，共同推动金融科技领域的技术突破和产业升级，培养金融与现代信息技术密切结合的复合型人才。

完善相关政策，优化人才培养环境。政府应深刻认识到金融科技在推动经济发展和社会进步中的重要作用，出台一系列具有针对性的政策措施，以鼓励和支持金融科技人才的培养和发展。政府可以设立专项奖学金，为金融科技领域的学生提供经济上的支持，降低学习成本，激发学习热情。同时，政府还可以设立金融科技研究基金，为相关科研项目提供资金支持，鼓励高校和科研机构开展金融科技领域的创新研究，吸引更多优秀学生投身金融科技领域，为行业注入新的活力和动力。除了政府层面的支持外，金融机构和科技企业也应承担相应的责任，建立人才激励机制，为金融科技人才提供广阔的职业发展空间和丰厚的薪酬待遇，以及多样化的职业发展路径和晋升机会，吸引和留住优秀人才。

（四）兼顾安全与发展

加强监管科技，完善数据保护与隐私体系。为了在推动金融科技发展的同时确保金融安全，中国与东盟应共同构建监管科技平台，加强与金融科技公司合作，制定适应性强的监管政策和合规标准，整合各自金融市场的数据资源，形成统一的数据标准和接口，利用大数据技术，对金融市场的海量数据进行深度挖掘和分析，揭示金融活动的规律和趋势。同时，利用人工智能技术，对金融活动进行智能识别和预警，及时发现潜在风险，提高监管的及时性和有效性。此外，双方将继续加强数据保护法规的制定和执行，确保用户信息安全，为数字金融的健康发展提供有力保障。

继续发展和完善跨境支付系统，进一步推动绿色金融科技进步。中国与东盟的贸易和投资活动日益频繁，对跨境支付的需求也在不断增长，然而由于各国中央银行金融支付体系不同，跨境支付涉及不同银行系统的操作性和转账的流畅性大受影响。这导致跨境支付过程烦琐复杂，用户需要面对不同的支付标准和流程，增加了支付的难度和成本。因此，双方应通过采用先进的支付技术和算法，提高跨境支付的效率，缩短交易时间，简化跨境支付的流程，减少烦琐的审核和确认环节，提高用户体验。此外，气候变化已对中国与东盟产生不利影响，在过去的30年，年平均气温上升速度比其他国家或地区都快，随着全球对环保和可持续发展的日益重视，绿色金融已成为金融科技领域的重要发展方向。因此，中国-东盟金融科技需要积极应对这一趋势，通过金融科技手段，研发更多符合环保和可持续发展要求的绿色金融产品，如绿色信贷、绿色保险、绿色投资等，构建完善的绿色金融体系，为绿色产业的发展提供全方位的支持。

（五）绿色金融产品创新

"绿水青山就是金山银山"，由于全球性的资源、环境问题日益加剧，绿色低碳发展成为各国家和地区可持续发展的关键着力点，绿色金融发展理念成为各国家和地区环境保护和节能减排的共识。在全球化背景下，绿色金融已成为国际竞争的新领域。中国与东盟正携手并进，致力于共同开发一系列符合绿色、低碳、可持续发展标准的金融产品，旨在通过绿色金融引领并促进双方在清洁能源、环保产业等关键领域的深度合作，共同应对气候变化这一全球性挑战。双方将积极探索并创新绿色债券、绿色基金等金融产品。绿色债券专注于为清洁能源项目、环保技术改造、绿色农业、可持续林业等提供资金支持，确保资金精准流向那些有助于减少碳排放、提升资源利用效率的项目。而绿色基金涵盖更广泛的绿色投资领域，包括但不限于绿色技术研发、绿色基础设施建设、绿色供应链管理等，通过多元化投资组合，实现风险分散与收益最大化，同时推动绿色经济的全面发展。通过绿色金融产品的广泛应用，双方可以推动清洁能源技术的研发与应用，加速环保产业的转型升级，为应对气候变化作出实实在在的行动与成效。

此外，双方还将加强绿色金融标准的沟通与对接，确保绿色金融产品的设计与发行符合国际标准，增强市场认可度与流动性。通过绿色金融知识的普及与培训，提升双方金融机构与投资者的绿色意识与专业能力，为绿色金融产品的长远发展奠定坚实基础。

第四章 中国-东盟金融科技人才需求分析

一、中国-东盟金融科技人才的需求背景

（一）区域合作深化

随着中国-东盟自由贸易区的建立和发展，双方的经济合作进入了一个全新的阶段，合作深度和广度都得到了显著提升，为金融科技人才提供了更广阔的舞台和更多的就业机会。在自由贸易区的框架下，中国与东盟的贸易壁垒逐渐降低，关税和非关税措施得到了优化，极大地促进了双方的商品流通和市场拓展，企业之间的贸易往来更加便捷，商品流通的成本大幅度降低，市场的活力和潜力得到了充分释放。投资领域的合作也呈现日益加强的趋势。越来越多的中国企业开始在东盟设立分支机构，开展多元化的投资活动，而东盟的企业也积极寻求与中国企业的合作机会，共同探索新的市场领域和发展机遇。

金融科技作为推动金融创新和经济转型升级的重要力量，在这一背景下得到了前所未有的快速发展。随着双方经济合作的不断深化，金融科技的应用场景日益丰富，从支付结算、融资借贷到保险服务、风险管理等多个领域都得到了广泛的应用和深入的探索，不仅提高了金融服务的效率和便捷性，还推动了金融行业的创新和变革，为双方经济的持续发展注入了新的活力和动力。然而，金融科技的快速发展离不开专业人才的支撑。随着金融科技应用的不断深入和拓展，对金融科技人才的需求也日益迫切和旺盛，这些人才不仅需要具备扎实的金融理论基础和丰富的实践经验，还需要紧跟技术发展的步伐，掌握最新的技术和工具，能够灵活应对复杂多变的金融市场环境。因此，培养和引进金融科技人才成为双方经济合作深化过程中的一项重要而紧迫的任务。

（二）金融与科技的深度融合

随着大数据、人工智能、区块链等前沿技术的不断成熟与广泛应用，AI大模型技术、区块链底层技术、元宇宙虚拟技术等的不断迭代，金融业的数字化发展明显加

快。此外，随着4G网络的全面普及以及5G网络等新一代数字基础设施在东盟的加速布局与不断完善，金融科技领域正迎来前所未有的发展机遇。4G网络的广泛应用已经显著改变了东盟民众的金融习惯，移动支付、在线银行等金融科技服务迅速普及，极大地便利了人们的日常生活和商业活动。而5G网络的到来，更是为金融科技行业注入了新的活力。其超高速、低延迟、大连接的特点，将推动金融科技产品和服务向更高层次发展。

在这种趋势下，金融业对新技术的需求越来越高，对金融科技人才的需求也变得更加迫切。这些人才不仅需要具备扎实的金融理论基础和丰富的实践经验，还需要紧跟技术前沿，掌握最新的金融科技知识和技能。这些人才将在金融科技创新、产品研发、风险管理、客户服务等领域发挥重要作用，推动金融科技行业的持续健康发展。

目前，金融科技人才供需调研报告显示，虽然高校和研究机构正在努力培养相关人才，但市场的需求增长速度更快，导致人才供给不足。金融机构对金融科技人才的需求强烈且技能要求明确，但需要进一步加强培养与培训。

（三）国际竞争与合作

在金融科技领域，各国纷纷出台相关政策，吸引和培养金融科技人才，推动金融科技产业的快速发展。中国凭借庞大的市场规模、先进的科技实力和丰富的应用场景，已成为全球金融科技创新的引领者之一。而东盟也在积极寻求与全球金融科技前沿接轨，提升自身金融科技产业的竞争力。这种竞争不仅体现在技术和市场的争夺上，更体现在对金融科技人才的争夺上。各国通过提供优惠政策、搭建创新平台、举办国际赛事等方式，吸引全球金融科技人才前来创业、工作和学习。同时，各国也在加强金融科技教育和培训，培养本土金融科技人才，以满足行业发展的需求。

另外，各国还通过签订合作协议、建立联合实验室、开展项目合作等方式，共同推动金融科技的研发与应用。中国与东盟在金融科技领域的国际合作尤为活跃，双方通过举办金融科技论坛、研讨会等活动，加强交流与沟通，共同探讨金融科技的发展趋势和合作方向，在金融科技人才培养、技术创新、标准制定等方面开展深入合作，推动金融科技产业的协同发展。

随着金融科技领域的国际竞争与合作不断加强，金融科技人才迎来了更广阔的发展空间和更多的机会。这些人才可以通过参与国际项目合作、跨国企业工作等方式，了解不同国家和地区的金融科技发展现状和趋势，提升自身的专业素养和国际化视野，借助国际金融科技平台，展示自己的创新成果和实力，获得更多的发展机会。

二、中国-东盟金融科技人才的特点

(一) 定义

金融科技人才是指在金融领域内具备科技背景和技能，能够运用现代科技手段，特别是信息技术手段来推动金融创新、改善金融服务、优化金融监管的专业人员。金融科技人才是数字化时代的稀缺资源。随着科技对金融业影响的加深，行业将发生深刻的商业与运营模式转变，市场上对金融科技复合型人才的争夺也将促使组织与人才领域的深刻变革和创新。

(二) 特点

1.跨学科背景

金融科技人才不仅具备金融学、经济学、管理学等金融领域的基础知识，而且精通计算机科学、信息技术、数据分析等科技领域的专业知识。这种跨学科的融合使金融科技人才能够深刻理解金融市场的运作机制、金融产品的设计原理以及金融风险的评估方法，能够掌握如何利用现代科技手段提升金融业务的效率、安全性和客户体验，还能够将金融理论和技术实践紧密结合，创造出更具创新性和竞争力的金融科技产品和服务。

在跨学科背景的基础上，金融科技人才展现出卓越的综合应用能力。金融科技人才能够将金融领域的专业知识与信息技术领域的专业技能相结合，解决复杂的金融问题。例如，通过大数据分析，金融科技人才可以识别潜在的金融风险，为金融机构提供精准的风险管理建议；利用人工智能技术，金融科技人才可以开发智能投顾系统，为客户提供个性化的投资咨询服务；结合区块链技术，金融科技人才可以构建去中心化的金融交易平台，提高交易的透明度和安全性。

此外，金融科技人才还具备敏锐的市场洞察力和创新思维。金融科技人才能够洞察市场需求的变化，预测金融科技的发展趋势，从而开发出符合市场需求的新金融产品和服务。例如，金融科技人才可以设计基于区块链的供应链金融解决方案，优化供应链的融资流程，降低融资成本，或者开发基于人工智能的信用评估系统，提高信贷审批的效率和准确性。

2.掌握及运用前沿科技

金融科技人才能够熟悉并掌握大数据、云计算、人工智能、区块链等前沿技术的原理和应用，了解大数据的收集、处理和分析方法，能够运用大数据技术挖掘金融数据中的价值，为金融机构提供数据驱动的决策和支持。同时，金融科技人才熟悉云计算的架构和部署方式，能够利用云计算的弹性和可扩展性，提升金融业务的处理能力和响应速度。

在人工智能领域，金融科技人才掌握机器学习、深度学习等算法，能够开发智能投顾、智能风控等智能金融产品，提高金融服务的智能化水平。此外，金融科技人才还了解区块链技术的分布式账本、智能合约等特性，能够利用区块链技术构建去中心化的金融交易平台，提高交易的透明度和安全性。

除了掌握前沿科技知识外，金融科技人才还需要具备实际操作这些技术的能力。金融科技人才能够将大数据、云计算、人工智能、区块链等技术应用于金融产品开发、风险管理、客户服务等金融业务中，推动金融科技行业的创新和发展。例如，在金融产品开发方面，金融科技人才可以利用大数据和人工智能技术，开发个性化的金融产品和服务，满足客户的多元化需求；在风险管理方面，金融科技人才可以通过大数据分析和机器学习算法，实时监测和预警金融风险，提高金融机构的风险管理水平；在客户服务方面，金融科技人才可以利用人工智能技术，提供智能客服和智能投顾服务，提升客户体验和满意度。金融科技人才的高技术素养不仅体现在对前沿科技知识的深入理解上，还体现在将这些知识转化为实践操作能力上。

3. 创新能力

金融科技人才凭借深厚的科技背景和金融知识，能够运用大数据、云计算、人工智能、区块链等前沿技术，推动金融产品和服务的持续创新。金融科技人才不仅关注技术的先进性，还注重技术的应用效果，致力于通过科技手段提升金融服务的效率和质量。

在产品创新方面，金融科技人才能够设计出更加个性化、智能化的金融产品。例如，利用大数据分析和人工智能技术，金融科技人才可以为不同风险偏好的投资者提供定制化的投资策略，实现财富的精准管理，还可以开发智能投顾系统，通过机器学习算法，自动调整投资组合，降低投资风险，提高投资回报。

在服务创新方面，金融科技人才致力于提升客户体验，通过科技手段优化金融服务的流程和方式。例如，金融科技人才可以利用人工智能技术开发智能客服系统，实现24小时不间断的客户服务，提高服务效率和质量，还可以利用区块链技术构建去中心化的金融交易平台，降低交易成本，提高交易效率，为客户提供更加便捷、安全的金融服务。

除了产品与服务创新外，金融科技人才还在积极探索和实践新的商业模式。金融科技人才紧跟时代潮流，把握市场趋势，将科技与金融深度融合，创造了一系列具有颠覆性的商业模式。例如，数字货币的兴起为金融科技人才提供了新的商业机会。金融科技人才可以利用区块链技术发行和交易数字货币，降低交易成本，提高交易效率，而数字货币的去中心化特性则可以降低金融风险，提高金融系统的稳定性。此外，互联网银行的兴起也是金融科技人才商业模式创新的重要体现。金融科技人才利用互联网技术可以构建线上银行平台，实现金融服务的全面数字化和智能化。通过互联网银行，客户可以随时随地办理银行业务，享受更加便捷、高效的金融服务，而互联网银行则可以利用大数据和人工智能技术，实现风险管理和客户服务的智能化，提高银行的竞争力和盈利能力。

4.持续学习能力

持续学习能力是金融科技人才在快速变化的行业中保持竞争力的关键。金融科技领域是一个充满活力、快速发展的行业。新技术、新产品和新服务的不断涌现，使得金融科技人才必须保持高度的敏锐性和前瞻性，他们需要时刻关注行业动态，了解最新的技术趋势和市场变化，以便及时调整自己的知识和技能结构，从而保持竞争力。

为了不断提升自己的专业水平，金融科技人才需要积极参与各种形式的教育活动，可以通过参加培训、研讨会、论坛、在线课程等方式，系统地学习最新的金融科技知识和技能，以便掌握前沿的技术动态、拓宽视野、提升专业素养和综合能力。在培训方面，金融科技人才可以参加由专业机构或行业协会组织的培训课程，这些课程通常涵盖了金融科技的各个方面，包括大数据分析、人工智能应用、区块链技术等。通过参加这些课程，金融科技人才可以系统地学习相关知识，掌握实际应用技能。研讨会和论坛也是金融科技人才学习交流的重要平台。通过参加这些活动，金融科技人才可以了解行业的最新动态和发展趋势，与同行交流经验和心得，共同探讨金融科技的创新之路。

此外，随着在线教育的发展，金融科技人才还可以利用网络平台自主学习。金融科技人才可以选择适合自己的在线课程，灵活安排学习时间，随时随地进行学习。这种学习方式不仅方便快捷，还能够根据个人的学习需求和兴趣进行个性化定制。

三、中国-东盟金融科技人才的需求状况

（一）人才缺口大，复合型人才需求增加

2024年10月，上海交通大学上海高级金融学院发布了《全周期金融科技人才认证

培育体系标准白皮书2024》（以下简称《白皮书》）。《白皮书》基于1 052份招聘方问卷和1 046份求职方问卷的调研结果，多维度地分析了国内金融科技人才的供需情况，71%的受访者认为金融科技行业的人才需求呈现上升趋势。其中，员工500人以上的企业，金融科技人才缺口明显高于员工规模500人以下的企业，亟需招聘更多复合型金融科技人才。

近年来，金融科技快速发展，对具备特定专业技能的人才的需求急剧增加。这些技能包括但不限于人工智能、大数据、云计算、区块链等。然而，当前市场上具备这些技能的金融科技人才的数量有限，远远不能满足行业的需求。在东盟，由于金融科技起步较晚，相关人才的培养和储备相对滞后，因此专业技能型人才短缺的现象尤为突出。

金融科技岗位作为融合金融领域知识与科技背景的全新职业领域，不仅要求从业者深入掌握金融学的原理、法规与市场运作机制，还要求从业者精通信息技术、数据分析、编程等科技领域的专业技能。然而，目前市场上这种复合型人才的稀缺性，成为限制金融科技发展的重要因素。为了突破这一限制，行业亟需培养和吸引更多兼具金融和科技专长的人才，以满足金融科技岗位对高素质专业人才的迫切需求。

（二）教育培养与合作需求存在差距

自2017年中国开始增设金融科技本科专业教育以来，截至2024年6月中旬，已有超过110所本科院校开设了金融科技专业，约占总开设金融类专业院校的29%。尽管高校在金融科技人才培养方面取得了一定的进展，但仍然存在一些明显的差距。一方面，相对于庞大的行业需求来说，培养的人才数量仍然不足。随着金融科技行业的快速发展，对人才的需求也在不断增加，高校的培养速度难以跟上这一趋势。另一方面，教学内容与行业实际需求存在一定的脱节。高校在金融科技专业的课程设置上，往往更注重理论知识的传授，而缺乏与实际业务场景的紧密结合，这导致学生在毕业后难以迅速适应行业的工作要求。

相较于中国，东盟在金融科技本科专业教育方面起步较晚，在教育资源方面相对有限，特别是在金融科技领域的高水平师资力量和实验条件方面，因此培养的人才数量相对较少，这导致东盟在金融科技领域的人才储备相对薄弱。然而，随着东盟经济的快速发展和金融科技的广泛应用，对金融科技人才的需求也在快速增长，这导致东盟在金融科技领域的人才供需矛盾更加突出。

（三）薪酬水平差异大

金融科技人才的薪酬区间从入门级到高端岗位存在显著的差异。金融科技人才薪酬区间为6 000元至30 000元，其中"北上广深"标注的薪酬要高于其他地区标注的薪酬，部分高端金融科技岗位提供近百万元的年薪。①对于金融科技领域的入门级岗位，如初级数据分析师、初级产品经理等，薪酬水平可能相对较低，随着职位的提升和工作经验的积累，金融科技人才的薪酬水平也会相应提高，而对于金融科技领域的高端岗位，如首席数据科学家、首席风险官等，年薪水平达到了近百万元，甚至更高。

市场供需关系也会对薪酬产生较大影响。金融科技行业的快速发展和不断创新，使得对人才的需求日益旺盛。然而，具备跨学科背景和创新能力的人才却相对稀缺，这就会导致其薪酬相对较高。中国与东盟在经济发展水平、金融科技行业发展状况等方面存在差异，这也导致了金融科技人才薪酬水平的地区差异。一些经济发展水平较高、金融科技行业发展较快的国家和地区，往往能够吸引更多的金融科技人才，提供更高的薪酬回报。但总体来说，金融科技人才的薪酬水平将呈现不断上涨的趋势。

四、中国-东盟金融科技人才的需求分析

（一）中国-东盟金融科技人才的总量需求与增长趋势

1.总量需求

随着区域经济一体化的推进和金融科技应用的广泛普及，金融科技企业、传统金融机构以及监管机构等都对金融科技人才展现出了强烈的需求。预计未来5年内，中国-东盟金融科技人才的需求总量将超过100万人。

2.增长趋势

近年来，中国与东盟的金融机构正加速推进数字化转型升级，这一趋势不仅体现在传统银行业务的数字化转型上，还体现在新兴金融科技企业的快速崛起上。随着大数据、云计算、人工智能等先进技术在金融领域的广泛应用，金融科技企业的数量和规模都在不断扩大，对金融科技人才的需求也随之激增。同时，传统金融机构也在积极寻求与金融科技企业的合作，以推动自身的数字化转型和创新发展，这进一步加剧了金融科技人才的供需矛盾。

从更长远的角度来看，中国与东盟在金融合作方面的不断深化将为金融科技人才

---

① 数据来源于《金融科技人才供需调研报告（2024）》。

提供更加广阔的发展空间。双方将在跨境金融、数字货币、金融科技监管等领域开展更为紧密的合作，这将催生更多新的金融科技应用场景和商业模式，从而进一步推动金融科技人才的需求增长。因此，未来几年内，中国与东盟的金融科技人才需求将保持高速增长态势，为有志于在金融科技领域发展的专业人才提供广阔的职业舞台和发展机遇。

（二）中国-东盟金融科技产业的发展趋势和人才需求

中国–东盟金融科技产业呈现强劲的发展趋势。科技金融、绿色金融、数字金融和其他新兴金融业态对人才的需求也呈现多样化和专业化的特点。为了应对这些挑战和机遇，我们需要进一步了解不同产业的人才需求，加强金融科技人才的培养和引进工作，推动金融科技与金融业务的深度融合和创新发展。通过不断优化人才结构、提升人才素质和创新能力，为中国–东盟金融科技产业的未来发展注入新的活力和动力。

1. 科技金融

科技金融作为金融科技的一个重要分支，正逐步成为推动科技创新和经济发展的重要力量。随着人工智能、区块链等关键技术的不断成熟，科技金融将更加注重技术创新和金融服务模式的优化。未来，科技金融将更加注重数据驱动，通过大数据分析和机器学习等技术手段，为科技企业提供更加精准、高效的金融服务。科技金融也将积极探索区块链等技术在金融领域的应用，以提高金融服务的透明度和安全性。

在科技金融领域，复合型人才的需求将日益凸显。这些人才不仅需要具备深厚的金融专业知识，深刻理解金融市场运作规律、金融产品设计与风险管理原理，还需要紧跟信息技术发展的步伐，熟练掌握并灵活运用诸如 AI 大模型、区块链、大数据、云计算等前沿技术。特别是金融科技产品经理和风险管理专家，他们需要理解并应用前沿技术，需要具备敏锐的市场洞察力和风险管理能力，能够深入理解用户需求，设计出既符合市场趋势又具备技术前瞻性的金融产品，还需具备将复杂技术概念转化为用户友好界面的能力，确保产品高效易用。此外，随着金融科技行业的不断创新和发展，对具备创新思维和跨领域协作能力的人才的需求也将不断增加。

2. 绿色金融

绿色金融作为服务实体经济的重要手段，正在全球范围内得到广泛关注。在中国与东盟，随着绿色金融政策的不断完善和金融科技的不断创新，绿色金融将迎来更加广阔的发展前景。绿色金融更加注重绿色项目的识别和分类，积极探索碳金融等新型金融产品，通过金融科技手段提高绿色项目的融资效率和风险管理水平，推动全球绿色低碳发展。

在绿色金融领域，对于拥有环境和气候风险管理专长、擅长绿色项目识别和分类的专业人才的需求愈发迫切。他们需要深入掌握绿色金融的相关政策法规与行业标准，包括国内外关于绿色债券、绿色信贷、绿色基金等绿色金融产品的发行、投资与管理规定，需要紧跟全球绿色金融的最新趋势和动态，确保所从事的业务符合国际环保标准和可持续发展要求，还需要具备丰富的金融实践经验，能够在复杂的金融市场中精准识别绿色项目的潜在价值，有效评估环境风险和气候变化的长期影响，从而制定出科学合理的投资策略和风险管理措施。此外，能够运用金融科技手段推动绿色金融产品创新的人才也将成为该领域的稀缺资源。他们需要精通大数据、人工智能、区块链等前沿技术，并将这些技术与绿色金融的实际需求相结合，通过数据分析、模型构建、智能合约等手段，提升绿色金融产品的设计效率、风险评估精度和个性化服务水平，以推动绿色金融产品的智能化和个性化发展。

3. 数字金融

数字金融作为金融科技的重要组成部分，正在推动金融行业的全面数字化转型。在中国与东盟，移动支付、数字信贷等领域已经走在全球前列，未来数字金融将更加注重技术创新和服务模式的创新，AI、大数据、云计算、区块链等关键技术将在金融领域得到更加深入的应用。在服务模式创新方面，数字金融更加注重客户体验和服务效率。通过线上化、智能化、自动化等方式，数字金融将打破传统金融服务的时空限制，为客户提供全天候、全方位的金融服务，通过跨界合作和资源共享，构建更加开放、包容的金融服务生态，为客户提供更加多元化的、便捷的金融服务选择。

在数字金融领域，更加需要具备数字素养、新技术知识和创新能力的人才，特别是金融科技复合型人才，将成为数字金融领域的核心力量。他们需要掌握AI大模型金融产品、分布式账本技术（如区块链）、数据治理与数据资产等方面的知识和技能，能够将这些新技术与金融业务场景相结合，推动金融服务的创新和升级。此外，随着数字金融的不断发展，对具备数据分析、产品设计和市场营销等综合能力的人才的需求也将不断增加。这些人才需要运用数据分析工具，设计出符合市场需求的金融产品，还需要具备市场营销能力，能够推广和销售金融产品，提升金融机构的品牌影响力和市场竞争力。

4. 其他新兴金融业态

随着金融科技的不断革新，新兴金融业态如养老金融和供应链金融正蓬勃兴起，展现出巨大的潜力。针对我国人口老龄化问题，养老金融正致力于完善养老金制度、创新金融产品和加大养老产业投融资支持，以满足老年人的多元化金融服务需求。同时，供应链金融基于供应链交易结构和信息流动，为全球化和数字化背景下的中小企业提供融资便利，降低融资成本，提升运营效率，并注重通过大数据、人工智能等技术手段加强风险管理和防控，实现可持续发展。此外，普惠金融等新兴业态也在不断创新，为传统金融行业带来了新的挑战和机遇，也为金融科技人才提供了新的发展空间。未来，这些新兴金融业态将更加注重服务实体经济和满足消费者个性化需求，通过金融科技手段提高金融服务的效率和便捷性。

在新兴金融业态迅速扩展的当下，对专业人才的需求呈现多样化的趋势。新兴金融业不仅要求从业者具备深厚的金融知识，还要求从业者能够对相关领域有深入的了解。养老金融作为应对人口老龄化挑战的关键领域，对专业人才的需求尤为迫切。养老金融从业者不仅需要精通金融原理，还需要敏锐地捕捉到老年群体的消费习惯、投资偏好以及风险承受能力，深入理解老年人的金融服务需求，具备为老年人量身定制金融产品和服务的专业能力，为他们提供既安全又高效的金融服务方案。供应链金融从业者需要具备扎实的金融风险控制能力，对供应链管理的各个环节有深入了解，能够精准地把握供应链上的交易结构、信息流动以及企业的实际需求，能够及时发现并应对供应链金融中的潜在风险，为供应链上的企业提供综合性的金融解决方案。

（三）中国-东盟金融科技人才的岗位分布

1.岗位类型的多样性

在金融科技领域，金融科技人才的岗位类型极为丰富多样，不仅广泛覆盖了传统金融行业的多个关键环节，如数据分析师负责数据收集与分析以支持决策，风险策略师专注于风险评估与管理以确保业务稳健，数据建模师运用数学统计方法构建模型预测金融趋势，还深度融合了现代信息技术的最新进展，如机器学习研究员致力于算法研究与应用以提升金融业务智能化，算法工程师则专注于设计与优化金融算法以提高系统效能，运维测试人员运用一系列技术手段和工具以确保金融系统稳定运行与安全测试。

2.岗位分布的特点

数据分析与技术研发岗位需求旺盛。在金融科技领域，数据分析与技术研发岗位的需求尤为旺盛，这主要得益于金融科技的快速发展和数字化转型的加速。随着金融业务的日益复杂化和多样化，行业对数据的依赖程度不断提高，数据分析师和数据建模师等数据分析岗位的需求也随之增加。同时，为了提升金融服务的智能化和自动化水平，机器学习研究员、算法工程师等技术研发岗位也备受青睐。

新兴岗位逐渐增多。随着金融科技的不断创新和应用，一些新兴岗位也逐渐涌现。例如，区块链工程师负责开发和维护区块链技术，以支持金融业务的去中心化和安全性。AI金融产品经理则负责将人工智能技术应用于金融产品设计和运营中，提升用户体验和效率。这些新兴岗位的出现，不仅反映了金融科技领域的发展趋势，还为金融科技人才提供了更多的职业选择和发展机会。

综上所述，中国-东盟金融科技人才的岗位分布具有多样性和动态性的特点。随着金融科技的持续发展和创新，未来还将涌现出更多新的岗位类型和职业发展路径。因此，对从事金融科技领域工作的人才来说，需要不断学习和更新自己的知识和技能，以适应这一领域的快速变化和发展。

（四）中国-东盟金融科技人才的技能与素养要求

1. 技能要求

金融科技人才需要具备扎实的金融和科技知识，并拥有相应的实践能力。经济学和金融学的基本理论和基础知识能够为金融科技人才提供坚实的理论支撑，帮助他们理解金融市场的运作机制、金融产品的特性和金融风险的本质，为其提供分析和预测金融现象的工具和方法。此外，金融科技背景下的金融人才培养课程体系需要强调实践课程设置，以适应金融市场转型趋势与金融新业态下的金融人才构造及金融人才需求。

金融科技人才应提高信息技术能力，重视数字金融工具应用。随着新一代信息技术的应用，金融资源配置渠道和方式发生了深刻的变化，金融科技人才需要掌握信息技术，如大数据分析、区块链、人工智能等前沿科技的基本技术，以便能够利用它们来创新金融产品和服务，提升金融服务的效率和安全性。数字金融工具，如移动支付、数字货币、智能合约等，能够打破传统金融服务的地域和时间限制，显著提升金融服务的效率和质量，金融科技人才通过运用这些工具，可以设计出更加灵活、多样化的金融产品，满足不同层次的客户需求。此外，数字金融工具，如智能投顾、在线理财等还能够促进金融服务的创新，为客户提供更加便捷、智能化的金融服务体验。

2. 素养要求

除了专业技能外，金融科技人才还需要具备国际化视野，深入了解中国-东盟经贸合作关系，熟练掌握金融国际业务，理解并适应不同国家和地区的商业规则与金融实践，熟悉国际金融市场运作机制、国际支付结算体系、外汇风险管理等基础知识，同时紧跟国际金融法规，如国际财务报告准则、反洗钱法规、跨境数据流动规则等的最新动态，以确保业务操作的合规性与高效性。

中国与东盟地理相近、文化相通，金融科技人才需要具备跨文化交流能力。金融科技人才需要深入理解并尊重双方的文化习俗、价值观念和商业惯例，能够灵活应对不同文化背景下的沟通挑战，需要具备敏锐的文化敏感度，能够准确解读对方的文化信号，避免因文化差异而产生误解和冲突，还需要具备出色的语言沟通能力，能够流畅地使用对方的官方语言或通用语言进行交流，以确保信息的准确传递和接收。

五、中国–东盟金融科技人才培养现状

（一）积极引进东盟人才

为了引进东盟人才，中国正不断加大教育领域的开放力度，并出台了一系列相关政策，以规范高校接收国际学生的资格条件，确保教育质量和国际交流的顺利进行。在此基础上，中国设立了"丝绸之路"奖学金项目，旨在为"一带一路"共建国家的学生提供经济支持，打造"留学中国"品牌，助力东盟学生在中国接受高质量的教育，使其成为具有国际视野和跨文化交流能力的人才。中国与东盟正携手合作，共同推进"中国–东盟双十万学生流动计划升级版"，该计划旨在进一步扩大双方学生间的交流与互访，促进教育资源的共享与互补。根据计划目标，到2025年，中国与东盟的学生流动总规模将达到30万人次，这为双方学生提供了更多的学习和交流机会，加深了彼此之间的了解和友谊。

为了积极响应这一计划，广西地区实施了高校引进海外高层次人才"百人计划"，鼓励广西高校积极吸纳东盟的优秀人才前来任教和开展科研活动，这不仅有效提升了广西高校的教学和科研水平，还为东盟的优秀人才提供了一个展示才华和实现价值的平台，进一步推动了双方在教育领域的合作与交流。

（二）金融科技开放合作成效显著

广西南宁市着力推动面向东盟的金融开放合作，高标准、高水平建设中国–东盟金融城，共建共享面向东盟的金融开放门户。截至2024年8月底，中国–东盟金融城累计入驻金融机构（企业）559家，是2018年的27倍，聚集资产评估公司、律师事务所、会计师事务所、财务税务服务公司等机构257家，已成为中国面向东盟金融开放合作的主平台。

跨境金融服务体系特色鲜明。工商银行、农业银行、中国银行和北部湾银行等成立了中国-东盟跨境人民币业务中心、清算中心或现钞调运中心等机构，成为跨境业务面向东盟的重要窗口。通过这些机构，中国与东盟的资金流动更加便捷、高效，有力地推动人民币的国际化进程。

多层次资本市场服务体系日益完善。集聚上海证券交易所、深圳证券交易所、北京证券交易广西基地和上海期货交易所、郑州商品交易所、大连商品交易所中国-东盟大宗商品期现结合服务基地，搭建起了上市培育、项目路演、融资对接等人才培养一体化资本服务平台。①广西成为全国第一个整体部署开展期货和现货联动发展的地区。上海期货交易所与政府签署战略合作协议，支持广西开展期现市场联动发展，打造贸易、物流、仓储、航运、金融"五位一体"的格局，提升广西大宗商品价格影响力，增强东盟资源配置能力。大连商品交易所在南宁举办产融培育基地授牌活动，支持龙头企业带动上下游中小企业学习应用衍生工具，锁定利润、实现稳定经营。

（三）科技教育人才一体化合作机制日益完善

中国与东盟在多个政策文件中明确提出加强科技教育人才合作，以《落实中国-东盟面向和平与繁荣的战略伙伴关系联合宣言的行动计划（2021—2025）》（以下简称《行动计划》）为例，《行动计划》不仅重申了双方致力于深化战略伙伴关系、推动地区和平与繁荣的共同目标，还在多个领域提出了具体的合作举措。其中，在科技、教育与人才合作领域，《行动计划》明确指出要推进技术和职业教育培训等教育机构的交流。

中国与东盟的合作不断深化。中国与东盟的累计双向投资额超过3 800亿美元。中国与9个东盟国家分别建立了政府间双边技术转移工作机制，技术转移协作网络覆盖东盟10国，成员数量超过2 800家。②此外，中国与东盟为了深化双方在教育、科技、文化等领域的交流与合作，已经形成了多个具有影响力的年度系列活动。其中，技术转移与创新合作大会、教育交流周等活动尤为引人注目。技术转移与创新合作大会作为中国与东盟在教育科技合作领域的重要平台，旨在推动双方科研成果的转化与应用，促进科技创新与产业升级。在技术转移与创新合作大会上，来自中国与东盟的专家学者、企业家及政府官员齐聚一堂，共同探讨科技创新的最新趋势，并就双方合作的重点领域和方向进行了深入探讨，不断强化彼此之间的科技交流与合作，促进了科技成果的跨境转移与商业化应用。

---

① 韦静.从中国-东盟金融城建设看首府金融开放活力——南宁市着力推动面向东盟的金融开放合作不断深入［EB/OL］.［2024-09-22］.https：//www.nanning.gov.cn/ywzx/nnyw/2024nzwdt/t6160987.html.
② 侯丽娜.让"科技教育人才"一体化合作成为中国-东盟携手发展新"算力"［EB/OL］.［2024-08-26］.https：//world.chinadaily.com.cn/a/202408/26/WS66d675b9a310a792b3ab9fde.html.

六、中国-东盟金融科技人才面临的挑战及其相关建议

（一）挑战

1.人才供需失衡的问题日益凸显

数字化金融人才的短缺成为了当前金融数字化转型面临的主要矛盾之一。首先，双方应加快数字化金融人才队伍建设。人瑞人才科技集团有限公司联合德勤中国、社会科学文献出版社发布《产业数字人才研究与发展报告（2023）》，指出既能掌握金融知识，又能结合业务场景的复合型、交叉型专业人才尤为短缺，大部分金融机构的数字化金融人才占比不足5%。金融科技作为金融与现代科技深度融合的产物，正以前所未有的速度改变全球金融业的格局。它要求从业者不仅具备深厚的金融理论基础和丰富的实践经验，还需要掌握前沿的信息技术，如大数据分析、人工智能、区块链等，并能将这些技术巧妙地融入金融业务的创新与发展中。尽管中国与东盟在金融和科技领域都拥有庞大的人才储备，但在金融科技这一交叉领域能够同时满足金融与技术双重要求的人才仍显得尤为稀缺。这一人才供需失衡的问题，正日益成为制约金融科技行业发展的关键因素。

许多金融从业者缺乏必要的技术背景，而技术人员则对金融业务的运作机制了解不足，这使得双方在合作时难以形成有效的协同效应。同时，由于人才培养的周期性和滞后性，现有人才往往难以迅速适应金融科技行业的快速发展。金融科技行业是一个日新月异的领域，新技术、新业务模式层出不穷，这就要求从业者必须不断学习新知识、掌握新技能。然而，由于人才培养的周期较长，且难以准确预测未来技术的发展方向，因此现有人才往往难以在短时间内达到金融科技行业的要求。随着金融科技行业的快速发展，吸引了许多传统金融和科技领域的人才向这一领域转型，但由于缺乏系统的培训和指导，他们的转型过程往往充满挑战和困难。

2.教育体系与行业需求脱节

传统金融人才的培养模式已经无法满足产业的当前需要，一些高校尚未积极应对变革，存在课程设置不足、教学模式单一、资源建设不足等缺陷。尽管部分高校和培训机构已经敏锐地捕捉到了金融科技行业的发展趋势，并相继开设了金融科技相关专业，但在课程设置、教学方法和师资力量等方面存在一定的滞后性。在课程设置上，许多金融科技专业存在传统金融教育与科技教育相互独立的问题。尽管这些专业试图将金融与科

技相结合，但在实际的课程设计上往往缺乏交叉融合的元素。传统的金融课程仍然占据主导地位，而科技方面的课程则被视为辅助或选修，没有得到足够的重视。在教学方法上，部分高校和培训机构仍然沿用传统的教学方式，缺乏创新和实践。因此，学生难以在学习过程中接触到跨学科的知识，从而导致学生的知识体系不够全面，无法适应金融科技行业的实际需求。

此外，师资力量也是制约金融科技人才培养的一个重要因素，金融科技作为一个新兴的领域，对教师的专业素养和教学能力提出了更高的要求。然而，目前很多高校和培训机构在这方面的师资力量还相对薄弱，难以完全满足行业发展的需求。

3.国际化程度不足

在全球金融科技浪潮的推动下，中国与东盟的金融科技企业正以前所未有的速度发展，并积极寻求海外市场的拓展。在这一进程中，金融科技人才国际化程度的不足成为了一个不可忽视的制约因素，对企业的海外发展构成了挑战。

目前，金融科技人才对国际金融科技发展趋势和动态的把握能力有限。随着全球金融科技的快速发展，新的技术、理念和市场模式层出不穷，金融科技人才往往受限于地域、语言和文化等因素，难以及时、全面地获取国际金融科技领域的最新信息，这导致他们在面对海外市场时，可能无法准确判断市场趋势，错失发展良机，甚至在拓展海外市场的过程中遇到麻烦和风险。金融科技人才还缺乏对国际金融市场规则、法律法规以及国际惯例的深入了解。金融科技行业作为一个高度国际化的领域，其业务往往涉及跨国合作、跨境交易等复杂环节，要求金融科技人才必须熟悉国际金融市场规则、法律法规以及国际惯例，以确保企业在海外市场的合规运营。然而，金融科技人才在这一方面的知识储备相对匮乏，可能导致企业在拓展海外市场的过程中面临合规挑战和法律风险，甚至被迫退出市场。

此外，语言和文化障碍也是金融科技人才国际化程度不足的重要体现。在与国际同行进行沟通时，语言和文化差异往往成为沟通的障碍。这不仅会影响双方的合作效率，还会引发误解和冲突。例如，在跨国合作项目中，双方对彼此的文化背景、商业习惯等缺乏了解，可能导致在项目管理、决策制定等方面出现分歧和矛盾，进而影响项目的顺利进行。

4.技术更新速度快

随着人工智能、大数据、区块链等前沿技术的发展，金融科技行业正经历着快速的技术迭代。预计未来5年，前沿技术应用将以超过25%的复合增长率高速增长。这就要求金融科技人才不仅要掌握现有的技术，还要能够快速适应和应用新技术。

前沿技术不仅极大地提升了金融服务的效率与精准度，还开辟了一系列全新的业务模式和服务场景，为整个行业注入了新的活力。金融科技的发展推动了金融机构的数字化转型，催生了新的业务模式和产品创新。例如，金融机构通过加大金融科技投入，利用金融科技工具丰富业务场景智能化应用，提高内部经营效率和服务质量；大型互联网公司等技术型企业利用其技术、场景和客户优势，积极布局金融业务，提供便捷、多元化的金融服务。但是，这也对金融科技人才提出了更高的要求，他们需要不断学习新知识、新技能，以适应行业的发展。然而，面对如此快速的技术更新速度，一部分人才可能会感到力不从心，难以跟上行业的步伐，这不仅会影响个人的职业发展，还会对金融科技行业的整体发展产生一定的制约作用。

（二）建议

梁艳和蒲祖河（2023）指出，组建共生系统是金融科技人才培养模式改革的先决条件。遴选共生单元要以学生的"发展力"为出发点，以强化系统内聚力为宗旨，对共生单元"五力"，即政府的"执行力"，行业协会的"担当力"，合作企业的"教育力"和学校的"服务力"的潜质进行评估。因此，中国与东盟在培养金融科技人才时，应发挥多个机构的作用，共同发力，构建一个多元化、高效能的金融科技人才培养体系，为金融科技行业的发展提供强有力的人才支持。

1.加强高校合作与人才培养

高校和研究机构的人才培养及学术研究活动为深化绿色与可持续金融国际合作提供了支持，在智力支持、前沿研究等领域发挥着积极作用，中国与东盟高校应加强在金融科技人才培养方面的合作。首先，建立金融科技专业的联合培养机制，通过双方高校的紧密合作，共同制定全面的人才培养方案和教学计划，实现课程互选与学分互认，促进学生的学术交流，加深学生在不同文化背景下的理解和合作；其次，随着金融科技行业的迅猛发展，双方必须不断更新和优化课程内容，课程设置应包括金融学、统计学、程序设计基础（Python）、金融科技原理、金融大数据技术及应用、人工智能基础与应用、区块链金融等前沿技术课程，将大数据、人工智能、区块链等新兴技术融入传统金融教育之中，确保学生掌握最前沿的金融科技知识，并培养学生的跨学科学习和实践能力；最后，强化实践教学同样至关重要，通过增加案例研究、模拟交易、金融实验等多样化的实践教学环节，提高学生的理论知识应用能力。

此外，金融科技专业的技术性和应用性决定了传统金融教学必须构建"优势聚集、资源共享、互惠共赢"的产教研融合人才培养模式和"产学研金用"的人才培养体系。科教融汇是指将科学研究与教育相结合，通过科研项目和实验室平台，让学生参与实际的科研活动，提升学生的实践能力和创新能力，这是培养金融科技人才的有效途径。在金融科技背景下，金融业态变化快，实践教学内容需要及时更新以跟上金融行业的发展趋势。高校可以通过"5+X模型"落实实践教学体系，增强校企合作，了解企业对金融人才的需求，有的放矢地对金融实践课程的教学进行改革。在日常学习中，教师要鼓励学生积极参与金融科技项目的实践，让学生在实际操作中积累经验，提升解决实际问题的能力，为未来的职业生涯打下坚实的基础。通过培养出更多优秀的金融科技人才，来推动中国-东盟金融科技行业的持续繁荣与发展。

2.完善师资队伍建设

教师是课程体系设置的参与者、课程教学的主导者，对学科建设有着举足轻重的作用。首先，双方应注重"双师型"教师培养，在这一融合了金融与科技的新兴领域中，理论知识是构建学生知识体系的基础。理论知识涵盖了金融市场的运作机制、金融产品的设计与定价、风险管理等多个方面。"双师型"教师需要将这些复杂的理论知识以易于理解的形式传授给学生，帮助学生构建起扎实的理论基础。然而，仅有理论知识是远远不够的，所以要求"双师型"教师还要拥有丰富的实践经验。"双师型"教师可以通过分享自己在金融科技领域的实际工作经验，包括参与过的项目、遇到过的挑战等，为学生提供宝贵的实践指导。其次，"双师型"教师能够通过案例教学、模拟实训等方式，将理论知识与实践相结合，让学生在模拟的真实环境中学习和成长，提高学生的实践能力，培养学生的团队协作精神和解决问题的能力。

积极培养国际化师资队伍。为了提升国际化培养水平，双方高校应广泛引进国内外优秀人才，从全球范围内聘请世界知名学者和学术大师加入师资队伍，引进国外先进的办学理念和教学方法，以及了解最新的学术发展动态和研究进展。双方高校还应支持教师赴海外知名高校、科研机构进行访学、进修或合作研究，以提升师资队伍的学术水平和国际化视野。

3.完善金融科技人才认证体系

在金融科技行业蓬勃发展的背景下，中国与东盟作为亚洲两大经济体，正面临前所未有的发展机遇与挑战。为了提升金融科技人才的国际竞争力，促进区域金融科技产业的持续繁荣，双方亟需共同推动金融科技人才认证体系的完善，建立一套互认、权威且具备国际影响力的认证标准，规范金融科技人才市场，为人才的国际流动与交流搭建坚实的桥梁。

在认证考试的内容设计上，应增加实际操作考核环节，以全面检验学生的实践能力和解决问题能力。通过模拟真实的金融科技应用场景，如智能投顾、区块链交易验证、大数据分析下的信贷审批等，让学生在实践中学习和掌握金融科技的核心技能，这种"学以致用"的考核方式，不仅能够增强学生的实践操作能力，还能够激发他们的创新思维和问题解决能力，培养出更多具备实战经验的金融科技人才。

此外，加强与国际金融科技组织的合作与交流也是不可或缺的一环。中国与东盟应积极与国际金融科技组织建立联系，借鉴其先进的金融科技人才认证经验，不断完善自身的认证体系。通过组织专家团队，深入研究金融科技行业的发展趋势和人才需求，结合双方的实际情况，共同制定一套既符合国际标准又具有区域特色的金融科技人才认证标准。同时，双方还应积极参与国际金融科技人才认证标准的制定和修订工作，推动认证体系的国际化进程，为金融科技人才的国际流动和交流提供有力支持。

4.加强政策支持与引导

中国与东盟应携手制定一系列相关政策，为金融科技领域注入强劲动力。双方政府可以根据当前人才发展情况出台一系列支持性政策，如设立专项奖学金、助学金等资金扶持措施，为希望投身金融科技事业的青年学子提供坚实的经济后盾，还可以推出税收减免等优惠政策，鼓励企业加大金融科技人才的引进与培养力度，为金融科技行业的蓬勃发展营造良好环境。

在此基础上，双方政府还应共同建立金融科技人才合作平台，通过该平台促进双方人才的深度交流与合作，实现信息共享与项目对接，为金融科技行业的协同发展搭建桥梁。双方政府还可以定期举办金融科技论坛、研讨会等活动，邀请行业专家、学者及企业代表共同探讨金融科技的发展趋势与前沿技术，为人才成长与行业进步提供智力支持。

此外，加强对金融科技行业的监管与合规教育对于保障行业健康稳定发展也极为重要。双方政府应携手完善相关法律法规体系，提高金融科技人才的法律素养与风险防控能力，引导行业在合规框架内稳健前行，共同守护金融科技领域的良好生态。

第五章 中国-东盟金融科技产业应用场景分析

中国与东盟国家在金融科技领域的合作源远流长，这种合作不仅促进了双方的经济增长，还推动了技术创新。在过去的几年里，随着金融科技的迅猛崛起，中国与东盟国家在这一领域的合作日益密切，共同探索金融科技在各自市场中的应用与发展。从经济增长的角度来看，金融科技的合作为中国与东盟国家带来了显著的经济效益。通过金融科技的应用，双方能够更高效地处理金融交易，降低运营成本，从而提高整体经济效益。例如，在跨境支付领域，金融科技的应用使得中国与东盟国家之间的贸易结算更加便捷，大大促进了双边贸易的发展。据统计，近年来中国与东盟国家之间的贸易额持续增长，其中金融科技的应用功不可没。在技术创新方面，中国与东盟国家在金融科技领域的合作同样取得了显著的成果。双方通过共享技术资源、开展联合研发等方式，不断推动金融科技技术的创新与发展。例如，在区块链技术领域，中国与东盟国家共同探索其在金融领域的应用场景，如数字货币、供应链金融等。这些创新应用不仅提升了金融服务的便捷性和安全性，还为双方带来了更多的商业机会。金融科技的合作还促进了中国与东盟国家之间的金融市场整合。通过金融科技的应用，双方能够更加便捷地进行跨境金融投资，实现资金的自由流动。这不仅有助于优化资源配置，提高资金使用效率，还为双方的金融市场注入了更多的活力。

中国与东盟国家在金融科技领域的合作具有深远的意义，不仅推动了双方的经济增长和技术创新，还为双方的金融市场整合提供了有力的支持。展望未来，随着金融科技的不断发展和双方合作的深入推进，相信这一领域将为中国与东盟国家带来更多的发展机遇和合作空间。

一、中国-东盟金融科技现状

（一）中国金融科技的发展

1.政策支持

中国政府在金融科技领域的政策支持对产业发展起到了至关重要的推动作用。近年来，政府通过发布一系列政策和规划，为金融科技产业提供了明确的发展方向、优化的市场环境以及丰富的创新资源。我国央行发布的《金融科技（FinTech）发展规划（2019—2021年）》明确了金融科技的发展方向、主要任务和关键路径，为产业内的各类参与者提供了清晰的发展蓝图。这一规划不仅促进了金融科技的规范化发展，还推动了产业与传统金融的深度融合，进一步提升了金融服务的效率和覆盖面。2022年，中国人民银行、市场监管总局、银保监会、证监会联合印发的《金融标准化"十四五"发展规划》则聚焦于标准化建设，力求通过统一和规范的标准体系，引领金融业数字生态的健康发展。这一举措有效推动了金融科技领域的技术创新和协同发展，为产业的持续壮大奠定了坚实基础。在具体应用层面，央行自2020年起在深圳、苏州、北京、成都等地开展了数字人民币的试点测试。数字人民币的推出不仅为公众提供了更加便捷、安全的支付手段，还为金融科技产业带来了新的应用场景和创新机遇。随着试点的逐步深入，数字人民币有望在更多领域发挥重要作用，进一步推动金融科技的广泛应用。

政府在资本市场层面也为金融科技企业提供了有力支持。2019年，证监会通过修改上市公司重大资产重组管理办法，简化了重组上市认定标准，允许高新技术产业和战略性新兴产业相关企业在创业板重组上市。这一政策调整为金融科技企业通过资本市场进行融资和重组创造了更加便利的条件，有助于企业快速壮大和提升竞争力。国务院全面取消外资金融机构业务范围限制的决定，则进一步促进了金融科技产业的国际化发展。外资金融机构的涌入不仅带来了先进的理念和技术，还丰富了市场参与者的结构，推动了产业的良性竞争和合作共赢。

具体政策支持见表5-1。

表5-1　　　　　　涉及中国–东盟金融科技的相关政策支持

政策/举措	发布时间	发布主体	主要内容	对金融科技产业发展的影响
《金融科技（FinTech）发展规划（2019—2021年）》	2019年8月	中国人民银行	明确金融科技发展方向、任务、路径和边界	为金融科技产业指出了明确的发展方向，促进了产业的规范化和健康发展
《金融标准化"十四五"发展规划》	2022年2月	中国人民银行等四部门	提出标准化引领金融业数字生态建设，推进金融科技标准建设	推动了金融科技标准的统一和规范，为产业的技术创新和协同发展提供了支持
数字人民币试点	2020年起	中国人民银行	在深圳、苏州、北京、成都等地进行小范围测试	数字人民币的试点推广为金融科技产业提供了新的应用场景和创新机会

续表

政策/举措	发布时间	发布主体	主要内容	对金融科技产业发展的影响
《关于修改上市公司重大资产重组管理办法的决定》	2019年10月	证监会	简化重组上市认定标准，允许高新技术产业和战略性新兴产业相关资产在创业板重组上市	为金融科技企业通过资本市场进行融资和重组提供了更便利的条件
全面取消外资金融机构业务范围限制	2019年11月	国务院	取消在华外资银行、证券公司等金融机构业务范围限制	促进了金融科技产业的国际化发展，吸引了更多外资投入和技术合作
设立科创板并试点注册制	2018年11月宣布，2019年7月开市	上交所	为科技创新企业提供更便捷的上市融资渠道	科创板为金融科技企业提供了更加灵活和高效的融资方式，推动了产业的创新发展

数据来源：广西金融学会.2024年人民币东盟国家使用报告［M］.北京：中国金融出版社，2024.

值得一提的是，科创板的设立并试点注册制也为金融科技企业提供了更加灵活和高效的融资方式。科创板以科技创新为导向，为符合条件的企业提供了便捷的上市融资渠道，有效推动了金融科技产业的创新发展。中国政府在金融科技领域的政策支持涵盖了产业发展规划、标准化建设、应用场景拓展以及资本市场支持等多个方面。这些政策举措相互衔接、协同发力，为金融科技产业的健康、快速发展提供了有力保障。

2.市场参与者

中国金融科技市场的主要参与者涵盖了传统银行与科技公司两大阵营。这些参与者凭借各自的优势，通过合作与创新，共同推动着金融科技行业的蓬勃发展。

在传统银行方面，中国工商银行、中国建设银行、中国农业银行和中国银行等大型国有银行均表现出对金融科技的积极态度。以中国工商银行为例，该行不仅自身积极推进金融科技战略，还与多家科技公司展开深度合作，借助外部创新力量提升服务效率。中国建设银行则与阿里巴巴等互联网巨头联手，共同拓展金融科技的应用场景，为用户提供更加便捷、高效的金融服务。

科技公司在中国金融科技市场中的角色同样举足轻重。蚂蚁金服（现更名为蚂蚁集团）作为拥有金融牌照的金融科技公司，其业务范畴涵盖了互联网金融、支付、信贷等多个领域，且始终将技术创新作为核心驱动力。腾讯则凭借微信支付等产品的庞大用户基础，深入金融科技领域，并与多家银行建立了紧密的合作关系。京东金融（现更名为京东数科）和百度也各自在金融科技领域发挥着重要作用，前者提供金融科技解决方案，推动供应链金融等领域的发展，后者则通过AI技术为金融科技赋能，探索智能风控、智能投顾等前沿应用。中国金融科技市场的主要参与者见表5-2。

表5-2　　　　　　　　　　　　中国金融科技市场的主要参与者

参与者类型	公司/机构名称	角色与特点
银行	中国工商银行	国有大型银行，积极推进金融科技战略，与科技公司合作，提升服务效率
	中国建设银行	国有大型银行，注重金融科技创新，与阿里巴巴等合作，拓展金融科技应用场景
	中国农业银行	国有大型银行，与百度等科技公司合作，探索金融科技在风控等领域的应用
	中国银行	国有大型银行，与腾讯成立金融科技联合实验室，加强在人工智能、云计算等领域的研究
科技公司	蚂蚁集团	拥有金融牌照的金融科技公司，提供互联网金融、支付、信贷等服务，注重技术创新
	腾讯	通过微信支付等产品深入金融科技领域，与多家银行合作，共同推进金融科技发展
	京东数科	提供金融科技解决方案，与中国工商银行等合作，推动金融科技在供应链金融等领域的应用
	百度	通过AI技术赋能金融科技，与中国农业银行等合作，探索金融科技在智能风控、智能投顾等领域的应用
	平安集团	综合金融服务集团，旗下拥有多家金融科技公司，注重科技引领金融业务发展

数据来源：《中国金融科技发展报告（2024）》。

3.技术创新

中国在金融科技领域的技术创新层出不穷，为金融行业的发展注入了强大的动力，特别是在支付和信贷等方面，金融科技的应用场景广泛且深入，极大地推动了金融服务的升级与变革。中国金融科技创新与应用场景见表5-3。

表5-3　　　　　　　　　　　　　中国金融科技创新与应用场景

科技创新/应用场景	描述	相关数据/案例
移动支付	中国移动支付市场发展迅速，普及率高	中国移动支付用户规模已超过8亿个
		2021年，中国移动支付业务笔数达到1 512.28亿笔，金额达526.98万亿元人民币
		支付宝、微信支付等主导移动支付市场
信贷业务数智化	利用大数据、云计算等技术提升信贷业务效率	数智化信贷业务实现全自动审批，降低人工干预
		通过数据分析快速挖掘客户需求，提供差异化定价
		信贷产品风险成本降低，贷款定价更精准
金融科技在跨境支付中的应用	金融科技助力跨境支付便捷化	中国与东盟国家跨境支付需求增长
		金融科技提供更安全、高效的跨境支付解决方案
		数字人民币试点在跨境支付中的应用前景广阔
金融科技在普惠金融中的应用	金融科技拓展普惠金融服务范围	通过金融科技降低金融服务门槛，覆盖更广泛的潜在用户群体
		数字金融为小微企业和农村地区提供更便捷的金融服务
		金融科技助力提升金融服务的普惠性和可持续性
中国与东盟金融科技合作	中国与东盟国家在金融科技领域的合作日益加强	中国与东盟国家共同推动数字金融发展
		中国金融科技企业在东盟市场展开布局
		金融科技成为中国与东盟国家经贸合作的新动力

数据来源：LI H S. China's Fintech Explosion：disruption，innovation，and survival［R］. New York：Colunmbia Business School，2020.

在支付领域，中国移动支付市场的发展速度令人瞩目。据统计，中国移动支付用户规模已突破8亿大关，这一庞大的用户基础为移动支付业务的蓬勃发展提供了有力支撑。2021年，中国移动支付业务笔数高达1 512.28亿笔，涉及金额达到惊人的526.98万亿元。支付宝、微信支付等领军企业凭借先进的技术和卓越的用户体验，牢牢占据了移动支付市场的主导地位。

在信贷领域，大数据、云计算等技术的深度融合应用，使得信贷业务的数智化水平显著提升。通过数智化改造，信贷业务实现了全自动审批，大幅降低了人工干预成本，提高了审批效率。基于数据分析的客户需求挖掘和差异化定价策略，使得信贷产品更加贴近市场需求，风险成本得到有效控制，贷款定价更为精准合理。

金融科技在跨境支付和普惠金融领域也展现出了强大的应用潜力。随着中国与东盟国家经贸往来的日益密切，跨境支付需求不断增长。金融科技以其安全、高效的特点，为跨境支付提供了便捷的解决方案。特别是数字人民币试点的推进，为跨境支付领域带来了新的发展机遇。金融科技在普惠金融中的应用也日益广泛，金融服务门槛的降低，使得更广泛的潜在用户群体能够享受到便捷的金融服务。数字金融的普及不仅为小微企业和农村地区提供了有力的金融支持，也进一步提升了金融服务的普惠性和可持续性。

中国在金融科技领域的技术创新和应用场景拓展取得了显著成效。未来随着技术的不断进步和市场需求的持续变化，金融科技将继续发挥重要作用，推动中国乃至全球金融行业的持续创新与发展。

（二）东盟金融科技的发展

1. 市场现状

东盟各国的金融科技发展现状呈现出多样化的态势（见表5-4）。

表5-4　　　　　　　　　　东盟主要国家金融科技发展现状

国家	金融科技发展现状	资金流动现状	市场需求现状
新加坡	金融科技产业高度发达，众多金融科技公司和创新实验室聚集	资金流动性强，是国际金融中心之一，有大量跨境资金流动	市场需求高，尤其在数字支付、区块链、人工智能等领域
印度尼西亚	金融科技产业迅速发展，尤其在移动支付和数字银行方面	资金流动性逐渐提升，但仍面临一些地域性限制	市场需求巨大，特别是无银行账户人群对金融服务的需求
马来西亚	金融科技产业稳步增长，政府积极推动金融科技创新	资金流动性良好，国内金融市场相对稳定	市场需求持续增长，特别是在跨境支付和中小企业融资方面
菲律宾	金融科技产业起步较晚，但发展迅速，特别是在数字支付领域	资金流动性有待提升，但仍有一些创新金融产品和服务涌现	市场需求高，大量无银行账户人群和中小企业对金融服务的需求迫切
泰国	金融科技产业逐渐崛起，政府支持金融科技创新发展	资金流动性适中，国内金融市场逐步开放	市场需求稳步上升，特别是在旅游金融和电子商务支付方面

数据来源：申韬.东盟国家金融业：纵横与演进［M］.北京：中国金融出版社，2024.

新加坡作为国际金融中心之一，其金融科技产业高度发达。众多金融科技公司和创新实验室聚集于此，推动了数字支付、区块链、人工智能等领域的快速发展。此外，新加坡企业的资金流动性强，大量跨境资金流动为其金融科技产业提供了坚实的基础。在市场需求方面，新加坡对金融科技服务的需求旺盛，尤其在数字支付和区块链技术应用上表现突出。

印度尼西亚的金融科技产业以其迅速发展的移动支付和数字银行为特色。随着智能手机的普及和互联网技术的发展，印度尼西亚企业的资金流动性逐渐增强，但仍需要克服一些地域性限制。在市场需求方面，印度尼西亚拥有庞大的无银行账户人群，他们对金融服务的需求巨大，为金融科技产业提供了广阔的市场空间。

马来西亚的金融科技产业在政府的积极推动下稳步增长。国内金融市场的相对稳定和良好的资金流动性为金融科技创新提供了有利环境。在市场需求上，马来西亚的中小企业对跨境支付和融资服务的需求持续增长，推动了金融科技在这些领域的应用和发展。

菲律宾的金融科技产业虽然起步较晚，但在数字支付领域的发展迅速。尽管资金流动性有待进一步提升，但已经有一些创新金融产品和服务在市场上涌现。菲律宾的大量无银行账户人群和中小企业对金融服务的需求迫切，为金融科技产业带来了发展机遇。

泰国的金融科技产业在政府的支持下逐渐崛起。国内金融市场的逐步开放和适中的资金流动性为金融科技的创新发展提供了条件。在市场需求方面，泰国的旅游金融和电子商务支付领域表现出稳步上升的趋势，为金融科技产业拓展了新的应用场景。

2.政策环境

东盟国家在金融科技领域的政策环境及其对市场的促进作用呈现出多样化和积极态势，见表5-5。这些国家通过制定创新监管政策、推出数字银行牌照以及支持金融科技产业发展等多项措施，有效促进了金融科技市场的繁荣和金融服务的创新。

表5-5 东盟主要国家金融科技发展的政策环境

东盟国家	金融科技政策环境	市场促进作用
新加坡	推出金融科技创新监管沙盒、数字银行牌照发放	吸引了众多金融科技初创企业和全球金融机构，成为亚洲金融科技中心
印度尼西亚	推出国家数字支付系统，鼓励无现金支付	金融科技市场快速增长，移动支付普及率大幅提升，金融科技初创企业蓬勃发展

续表

东盟国家	金融科技政策环境	市场促进作用
菲律宾	制定金融科技创新监管框架，支持金融科技产业发展	金融科技企业数量增加，推动了普惠金融和跨境支付的发展
马来西亚	推出金融科技监管沙盒、数字银行牌照以及支持金融科技发展的政策	金融科技行业迅速发展，吸引了国内外投资，推动了金融服务的创新
泰国	推出金融科技创新监管政策和数字货币试点项目	金融科技应用广泛，数字支付和数字货币等领域取得了显著进展
越南	政府支持金融科技产业发展，推出多项优惠政策	金融科技初创企业数量激增，移动支付和数字银行服务得到了广泛推广

数据来源：申韬.东盟国家金融业：纵横与演进［M］.北京：中国金融出版社，2024.

新加坡作为亚洲金融科技中心，其政策环境颇具代表性。通过推出金融科技创新监管沙盒和数字银行牌照发放，新加坡成功吸引了众多金融科技初创企业和全球金融机构的入驻。这些政策的实施，不仅为金融科技企业提供了更加灵活和创新的监管环境，还进一步巩固了新加坡在亚洲乃至全球金融科技领域的领先地位。

印度尼西亚在金融科技领域也取得了显著进展。该国政府推出国家数字支付系统，并大力鼓励无现金支付，有效推动了金融科技市场的快速增长。随着移动支付普及率的大幅提升，印度尼西亚的金融科技初创企业也呈现出蓬勃发展的态势。这些企业不仅在本地市场崭露头角，还在国际市场上获得了越来越多的关注和认可。

菲律宾、马来西亚和泰国等东盟国家也在金融科技政策环境方面进行了积极探索。这些国家通过制定金融科技创新监管框架、推出金融科技监管沙盒和数字银行牌照发放等一系列政策措施，为金融科技产业的发展提供了有力支持。这些政策的实施，不仅促进了金融科技企业数量的增加，还推动了普惠金融和跨境支付等领域的快速发展。特别是在数字支付和数字货币等领域，这些国家已经取得了显著的进展和突破。

越南作为东盟的新兴市场之一，在金融科技领域也展现出了巨大的潜力。越南政府通过支持金融科技产业发展并推出多项优惠政策，成功激发了金融科技初创企业的活力。随着移动支付和数字银行服务的广泛推广，越南的金融科技市场正迎来前所未有的发展机遇。这些政策的实施不仅有助于提升越南金融服务的普及率和便捷性，还将为该国经济的持续增长注入新的动力。

3.挑战与机遇

东盟在金融科技发展中既面临挑战也拥有机遇，特别是在市场整合与竞争方面呈现出复杂的态势，见表5-6。

表5-6　　　　　　　　　东盟主要国家金融科技发展面临的挑战与机遇

挑战/机遇	具体描述	相关数据/案例
挑战：金融基础设施落后	东盟部分国家金融基础设施不完善，制约了金融科技的发展	印度尼西亚、菲律宾等国家的信用卡普及率低于2%
		东南亚近4亿成年人中，只有1.04亿成年人完全拥有银行账户
挑战：金融服务普及率低	东盟国家存在大量无银行账户人群，金融服务普及率有待提高	东盟国家60%的人没有银行账户
		在一些乡村地区，银行网络并不普及
机遇：庞大的市场潜力	东盟国家人口基数大，年轻人口占比高，为金融科技提供了巨大的市场潜力	东盟国家总人口目前约为6.8亿人
		东盟国家年轻人口多，尤其是20世纪90年代后出生的"互联网原住民"
机遇：智能手机的快速普及	东盟国家智能手机的普及使得潜在用户更容易享受金融科技服务	亚洲地区移动用户数量全球最高，其中东盟和南亚增速最快
		东盟国家移动服务覆盖率将从2019年的69%增长至2025年的72%
机遇：政策支持	东盟国家政府支持金融科技发展，出台相关政策促进创新	东盟批准了《东盟数字一体化框架》等指导性文件
		2021年1月，东盟通过了《东盟数字总体规划2025》
挑战与机遇并存：市场整合与竞争	东盟金融科技市场存在多国竞争与合作，市场整合带来机遇，同时也加剧了竞争	中国与东盟在金融科技领域展开合作，共同推动市场发展
		东盟内部各国金融科技发展水平差异较大，呈现合作与竞争相互交织的复杂局面

数据来源：申韬.东盟国家金融业：纵横与演进［M］.北京：中国金融出版社，2024.

　　东盟部分国家金融基础设施相对落后，这是制约金融科技发展的一大挑战。以印度尼西亚和菲律宾为例，这两个国家的信用卡普及率低于2%，显示出传统金融服务的渗透率较低。在东南亚近4亿成年人中，仅有1.04亿成年人拥有完整的银行账户，这意味着大量人口被排除在正规金融服务体系之外。金融服务普及率的不足不仅限制了金融科技服务的推广，也阻碍了东盟国家经济的整体发展。同时，东盟金融科技市场也孕育着巨大的机遇。东盟国家总人口约为6.8亿人，且年轻人口占比较高，这为金融科技提供了广阔的市场空间。随着智能手机的快速普及，东盟国家的移动用户数量持续增长，移动服务覆盖率将从2019年的69%提升至2025年的72%。智能手机的普及使得潜在用户能够更便捷地接触和使用金融科技服务，从而推动该行业的快速发展。

　　东盟国家政府对金融科技发展的支持也为市场增长提供了有力保障。东盟批准了《东盟数字一体化框架》等指导性文件，并于2021年1月通过了《东盟数字总体规划2025》，这些政策举措旨在促进金融科技创新和市场发展。政府的支持不仅为金融科技企业提供了良好的营商环境，还有助于吸引更多的投资和人才进入该领域。

在市场整合与竞争方面，东盟金融科技市场呈现出既有机遇又有挑战的复杂局面。中国与东盟在金融科技领域的合作不断加深，共同推动市场发展，为双方带来了更多的商业机会。然而，东盟内部各国金融科技发展水平差异较大，一些国家在金融科技领域取得了显著进展，其他国家则仍处于起步阶段。这种差异既为先进国家提供了技术输出和市场扩张的机会，也为后进国家带来了迎头赶上的挑战。

东盟在金融科技发展中面临着金融基础设施落后、金融服务普及率低等挑战，但同时也拥有庞大的市场潜力、智能手机快速普及和政策支持等机遇。在市场整合与竞争方面，东盟需要平衡内部差异，加强与中国等外部伙伴的合作，以共同推动金融科技市场的繁荣发展。

二、中国-东盟金融科技应用场景分析

（一）支付领域的应用

1.移动支付

中国移动支付的应用在全球范围内处于领先地位，中国人民银行相关人士于2023年12月28日在北京出席国务院政策例行吹风会时称，中国移动支付普及率达到86%，居全球第一，如图5-1所示。支付宝、微信支付等主要移动支付平台不仅深入商业领域，还广泛应用于公共民生、投资理财等多个场景。便捷的操作流程、安全的技术保障以及多样化的支付方式选择，使得移动支付在中国市场接受度极高，已成为主流支付方式。《"十四五"数字经济发展规划》等政策的支持，进一步推动了移动支付便民服务的下沉。

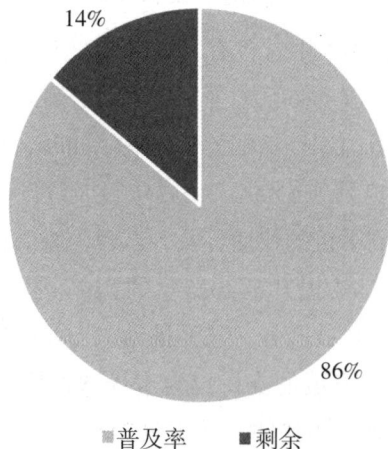

图5-1　中国移动支付普及率

相比之下，东盟各国的移动支付发展呈现出差异化的态势。例如，在印度尼西亚，移动支付普及率约为49%，而泰国则达到了67%。尽管东盟整体移动支付用户规模庞大，约4.4亿互联网用户中大部分使用移动支付，但各国市场接受度仍在逐步提升过程中。GoPay（印度尼西亚）、GCash（菲律宾）、TrueMoney（泰国）等移动支付平台正积极拓展市场份额，应用场景也逐渐从购物、餐饮、交通等日常消费领域向公共服务领域延伸。东盟各国政府也在积极推动数字一体化框架建设，以支持无缝数字支付的发展，从而提升移动支付在区域内的便捷性和安全性。值得注意的是，移动支付在东盟年轻人群中备受欢迎，这预示着未来市场的巨大潜力。

在跨境支付方面，中国与全球多个国家和地区已实现了紧密的跨境支付合作，为国际贸易和人员往来提供了极大便利。而东盟内部以及与中国等国家的跨境支付合作也在逐渐增多，这有助于促进区域经济的融合与发展。

金融科技在中国-东盟移动支付领域的应用场景具体情况见表5-7。

表5-7　　　　　金融科技在中国-东盟移动支付领域的应用场景

指标	中国	东盟
移动支付普及率	86%	各国不同，如印度尼西亚约为49%，泰国则为67%
移动支付用户规模	超12亿人	约4.4亿互联网用户中大部分使用移动支付
主要移动支付平台	支付宝、微信支付	GoPay（印度尼西亚）、GCash（菲律宾）、TrueMoney（泰国）等
移动支付应用场景	商业、公共民生、投资理财等	购物、餐饮、交通、公共服务等
市场接受度	高，成为主流支付方式	逐步提升，尤其在年轻人群中受欢迎
用户体验	便捷、安全，多样化的支付方式选择	便捷性不断提高，安全性得到加强
政策支持	《"十四五"数字经济发展规划》等政策推动移动支付便民服务下沉	制定《东盟数字一体化框架》等，推动无缝数字支付
跨境支付发展	与全球多个国家和地区实现跨境支付合作	在东盟内部及与中国等国家的跨境支付合作逐渐增多

数据来源：广西金融学会.2024年人民币东盟国家使用报告［M］.北京：中国金融出版社，2024.

中国移动支付市场已趋于成熟，东盟移动支付市场也呈现出蓬勃的发展势头。随着技术的不断进步和政策的持续推动，预计未来移动支付将在中国-东盟区域合作中发挥更加重要的作用，为双方带来更多的经济机遇和民生福祉。

2.跨境支付

在中国与东盟的贸易往来中，跨境支付技术发挥着日益重要的作用，应用场景也越来越多元化，见表5-8。通过应用区块链技术和第三方支付平台，双方之间的跨境电商交易得以更加高效和便捷地进行。这些技术的应用范围不仅覆盖了中国，还延伸至印度尼西亚、马来西亚、泰国等多个东盟国家，为区域内的商贸活动注入了新的活力。具体来看，跨境支付技术的引入显著提升了交易效率。以往，跨境交易往往因烦琐的流程和不同国家间的支付系统差异而耗时较长，平均交易时间达到48小时。然而，随着新技术的运用，这一时间已被大幅缩短至24小时内，大大加快了资金的流转速度。

表5-8 金融科技在中国-东盟跨境支付领域的应用场景

指标	数据/描述
跨境支付技术	
技术类型	区块链技术、第三方支付平台
应用范围	中国-东盟跨境电商交易
交易效率提升	平均交易时间从48小时缩短至24小时内
交易成本降低	降低约30%的跨境交易成本
中国-东盟贸易应用	
主要应用国家	中国、印度尼西亚、马来西亚、泰国等
跨境电商交易额	2023年达59 036.7亿元人民币
人民币结算占比	2023年达40%以上
跨境支付服务提供商	支付宝、微信支付、银联国际等
对区域经济的影响	
贸易便利化	简化了跨境交易流程，加速了资金流转
经济增长贡献	促进中国-东盟贸易额增长约15%
金融市场发展	推动了区域金融市场的互联互通
人民币国际化	提升了人民币在东盟地区的使用率

数据来源：广西金融学会.2024年人民币东盟国家使用报告［M］.北京：中国金融出版社，2024.

跨境支付技术也有效降低了交易成本。相关数据显示，通过采用这些先进技术，跨境交易的成本降低了约30%。这一降幅对于频繁进行跨境贸易的企业而言，无疑是一大利好，有助于提升其整体盈利能力。在中国与东盟的贸易实践中，跨境支付技术的应用成果显著。2023年，双方跨境电商交易额高达59 036.7亿元人民币，其中人民币结算占比更是达到了40%以上。这一成绩的取得，离不开支付宝、微信支付、银联国际等跨境支付服务提供商的积极参与和推动。

跨境支付技术的广泛应用，对区域经济产生了深远的影响。它简化了跨境交易的流程，使得贸易活动更加便利化。这不仅促进了中国与东盟之间的贸易往来，还进一步加深了双方的经济联系。通过提高交易效率和降低成本，跨境支付技术为区域经济的增长作出了重要贡献。据统计，它推动了中国-东盟贸易额增长约15%，成为拉动经济增长的重要动力之一。跨境支付技术还推动了区域金融市场的互联互通。随着越来越多的金融机构和企业采用这些技术，区域内的金融资源得以更加高效地配置和利用。这不仅有助于提升金融市场的整体运行效率，还为区域内的经济发展提供了更为坚实的金融支撑。

值得一提的是，跨境支付技术在推动人民币国际化方面也发挥了积极作用。随着人民币结算在跨境电商交易中的占比不断提升，其在东盟地区的使用率也得到了显著提高，这无疑为人民币在国际货币体系中的地位提升奠定了坚实基础。

（二）借贷与信贷领域的应用

1.P2P借贷

P2P借贷，即点对点借贷，是一种通过互联网平台实现的个人对个人借贷模式。在中国和东盟地区，P2P借贷的发展呈现出不同的态势，并对传统信贷模式构成了不同程度的挑战，如表5-9和图5-2所示。在中国，P2P借贷经历了迅猛的发展。截至2023年年底，中国拥有345家P2P平台，累计借贷金额高达2 345亿元。这一数字反映了中国P2P借贷市场的庞大规模和高活跃程度。相比之下，传统信贷机构数量为2 300家，传统信贷金额为23 000亿元。虽然传统信贷在总量上仍占据主导地位，但P2P借贷的快速增长已经对传统信贷模式带来了挑战。P2P借贷通过互联网平台降低了借贷门槛，提高了资金匹配效率，使得更多个人和小微企业能够获得融资机会。这种灵活便捷的借贷方式吸引了大量用户，对传统信贷机构造成了不小的冲击。在东盟地区，P2P借贷的发展相对较为稳健。截至2023年年底，东盟拥有123家P2P平台，累计借贷金额为890亿元。与传统信贷相比，东盟的P2P借贷市场规模较小，但增长潜力巨大。东盟的传统信贷机构数量为1 500家，传统信贷金额为12 000亿元。P2P借贷对传统信贷的挑战程度为中等。这主要是因为东盟国家的金融市场发展水平和监管政策存在差异，导致P2P借贷在各国的接受度和市场渗透率不尽相同。然而，随着互联网技术的普及和金融科技的发展，东盟地区的P2P借贷市场有望进一步扩大，对传统信贷模式构成更大的挑战。

表5-9 中国-东盟P2P领域的基本情况（截至2023年年底）

区域	P2P平台数量（家）	累计借贷金额（亿元）	传统信贷机构数量（家）	累计信贷金额（亿元）	P2P借贷对传统信贷的挑战程度
中国	345	2 345	2 300	23 000	高
东盟	123	890	1 500	12 000	中

数据来源：中共广西壮族自治区委员会金融委员会办公室.面向东盟的金融开放门户改革创新典型案例（2023）［M］.北京：社会科学文献出版社，2024.

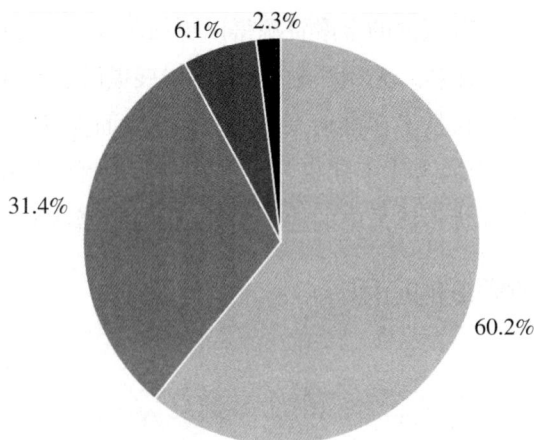

图5-2 中国-东盟传统信贷金额与P2P借贷金额占比情况（截至2023年年底）

数据来源：中共广西壮族自治区委员会金融委员会办公室.面向东盟的金融开放门户改革创新典型案例（2023）［M］.北京：社会科学文献出版社，2024.

  P2P借贷在中国和东盟地区的应用现状及其对传统信贷模式的挑战不容忽视。在中国，P2P借贷已经对传统信贷机构造成了显著冲击，而东盟地区的P2P借贷市场虽然规模较小，但增长潜力巨大。随着互联网技术的不断发展和金融科技的创新应用，P2P借贷有望在未来继续扩大市场份额，为更多个人和小微企业提供灵活便捷的融资服务。传统信贷机构也需要积极应对挑战，加强自身的创新能力，提高服务质量，以适应金融市场的变化和发展趋势。

2.智能信贷

  智能信贷技术近年来在金融科技领域崭露头角，其通过引入先进的算法和大数据分析工具，显著提升了信贷决策的效率与准确性。这些技术不仅在中国得到了广泛应用，同时在东盟国家也展现出了广阔的应用前景，见表5-10。

表5–10　　　　　　　　　　　　智能信贷的应用场景与实例

应用场景	技术应用	效率提升措施	准确性提升措施	东盟应用实例
信贷审批流程自动化	智能化信贷系统	通过自然语言处理技术自动解析贷款申请材料	利用机器学习算法评估申请人信用历史和工作稳定性	缅甸某银行引入智能信贷系统，审批时间缩短50%
风险评估与管理	大数据分析	收集整合客户全方位信息，包括信用记录、财务状况等	通过机器学习算法分析客户违约概率	印度尼西亚某金融机构利用大数据进行风险评估，降低了不良贷款率
个性化信贷服务	数据挖掘与推荐系统	根据客户消费习惯、收入水平等因素推荐最适合的贷款产品	提供个性化的还款方案，如灵活的还款期限和分期还款	泰国某银行推出个性化信贷服务，客户满意度提升30%
反欺诈与合规性监控	反欺诈系统与合规性检查工具	实时拦截可疑交易，降低虚假交易和身份冒用风险	监控贷款用途合规性和在贷中阶段的风控措施实施情况	菲律宾某金融科技公司采用反欺诈系统，成功拦截多起欺诈交易
跨境支付与结算便利化	区块链技术	简化跨境支付流程，提高结算速度	确保交易信息不可篡改，提高安全性	新加坡某金融机构利用区块链技术进行跨境支付，大大降低了交易成本、缩短了交易时间

数据来源：刘超.信贷的框架与方法［M］.北京：中国金融出版社，2024.

在信贷审批流程中，智能化信贷系统的引入使得原本烦琐的人工审批过程得到了大幅简化。通过自然语言处理技术，系统能够自动解析贷款申请材料，快速提取关键信息，从而减少了人工干预的需求。在东盟地区，缅甸某银行就成功引入了智能信贷系统，其结果显示审批时间缩短了50%，大大提高了客户体验和银行运营效率。

风险评估与管理是信贷业务中的核心环节。传统的风险评估方法往往依赖人工经验和有限的数据样本，而大数据分析技术的运用则打破了这些限制。通过收集整合客户全方位的信用记录、财务状况等信息，金融机构能够构建更为全面的风险评估模型。印度尼西亚某金融机构利用大数据进行了风险评估，成功降低了不良贷款率，提升了资产质量。

个性化信贷服务是智能信贷技术的又一亮点。基于数据挖掘与推荐系统，金融机构能够根据客户的消费习惯、收入水平等因素，为其推荐最适合的贷款产品。这种定制化的服务不仅提升了客户满意度，还增强了金融机构的市场竞争力。在泰国，某银行就通过推出个性化信贷服务，实现了客户满意度30%的提升。

反欺诈与合规性监控在信贷业务中同样不可或缺。智能信贷技术通过引入反欺诈系统和合规性检查工具，能够实时拦截可疑交易，降低虚假交易和身份冒用的风险。这些工具还能监控贷款用途的合规性和在贷中阶段的风控措施实施情况，确保信贷业务的稳健运行。菲律宾某金融科技公司的实践就证明了这一点，其采用反欺诈系统后成功拦截了多起欺诈交易，保障了公司和客户的资金安全。

智能信贷技术通过自动化审批、大数据分析、个性化服务以及反欺诈与合规性监控等手段，显著提升了信贷决策的效率与准确性。在东盟地区，这些技术已经得到了初步应用，并展现出了巨大的发展潜力。随着技术的不断进步和市场的日益开放，相信智能信贷将在未来成为推动中国-东盟金融科技合作的重要力量。

（三）财富管理与投资

1.智能投顾

智能投顾作为金融科技领域的一项重要应用，近年来在全球范围内得到了广泛的关注和应用。在财富管理领域，智能投顾以其高效、便捷和个性化的特点，受到了越来越多投资者的青睐。中国和东盟智能投顾市场发展趋势良好，具有广阔的发展前景。智能投顾在中国-东盟金融科技中的基本情况见表5-11。

表5-11　　　　　　智能投顾在中国-东盟金融科技中的基本情况

项目	中国	东盟
智能投顾工具数量（个）	50+	20+
智能投顾用户规模（百万）	120	80
智能投顾年均增长率（%）	30	25
合作金融机构数量（个）	100+	60+
平均用户使用时长（小时/周）	5	4
用户满意度（满分10分）	8.5	8.0

数据来源：《中国银行业理财市场年度报告（2024年）》。

在中国市场，智能投顾的发展势头强劲。数据显示，目前中国有超过50款智能投顾工具，覆盖了众多投资者的不同需求。这些工具通过大数据、人工智能等先进技术，为投资者提供个性化的投资组合建议和风险管理方案。《中国银行业理财市场年度报告（2024年）》数据显示，2024年中国智能投顾服务覆盖用户数突破1.2亿人，占理财投资者总量的35%。这一成绩的取得，离不开中国政府对金融科技的大力支持，以及金融机构与科技公司之间的紧密合作。已有超过100家金融机构与智能投顾平台建立了合作关系，共同推动金融服务的智能化升级。

在东盟市场，智能投顾虽然起步较晚，但发展速度同样不容小觑。据统计，东盟地区已有20余款智能投顾工具上线运营，吸引了近8 000万的用户。这些工具在提供基础的投资顾问服务的同时，还结合当地市场的特点，提供一系列具有创新性的产品和服务。尽管东盟智能投顾市场的年均增长率为25%，略低于中国，但其市场潜力依然巨大。目前，已有60余家金融机构与智能投顾平台达成合作，共同探索金融科技在财富管理领域的新应用。

在用户使用情况方面，中国和东盟的智能投顾用户均表现出了较高的活跃度和满意度。中国用户平均每周使用智能投顾工具的时间为5小时，东盟用户则为4小时。在满意度调查中，中国用户给出了8.5分的高分评价，东盟用户也给出了8分的满意评价。这些数据充分表明，智能投顾在两地市场均得到了用户的广泛认可和好评。

智能投顾在中国和东盟市场的应用均取得了显著的成果。随着两地经济的持续发展和金融科技的不断创新，智能投顾有望在未来发挥更大的作用，为投资者提供更加便捷、高效和个性化的财富管理服务。两地金融机构和科技公司之间的深入合作，也将为智能投顾行业的发展注入新的活力和动力。

2.区块链在投资中的应用

区块链技术在投资领域的应用已经日益显现出其独特的价值。这一技术以其透明性和安全性的显著优势，正在逐步改变传统的投资方式和流程，在投资中的应用场景不断丰富，如表5-12和图5-3所示。

表5-12　　　　　　　　　　**区块链在投资中的应用场景与实例**

应用场景	区块链技术优势	实例分析
跨境支付与结算	透明性、安全性	2023年中国-东盟跨境人民币结算量达到59 036.7亿元，同比增长20.2%，基于区块链技术的跨境支付结算系统可以大幅提升支付效率和安全性
票据与供应链金融	透明性、安全性	在中国与东盟的投融资服务中，区块链技术被应用于电子票据领域，解决了老挝、印度尼西亚国内票据黑市的问题，提升了票据信用力和投融资效率
数字货币交易	透明性、安全性	数字货币如比特币等已在多国得到市场认可，中国也积极推进数字货币研发，区块链技术为数字货币交易提供了去中心化、安全可靠的交易环境
股权与知识产权确权	透明性、安全性	通过区块链技术，股权、知识产权等数字资产可以得到真实性和唯一性的鉴定，后续交易也会被实时记录，为投资者提供了更加透明和安全的投资环境
金融监管与合作	透明性	中国与东盟在金融科技领域的合作日益加深，区块链技术为双方金融监管提供了更加便捷和透明的数据支持，有助于金融市场的健康发展和稳定运行

数据来源：《2023—2024中国区块链年度发展报告》。

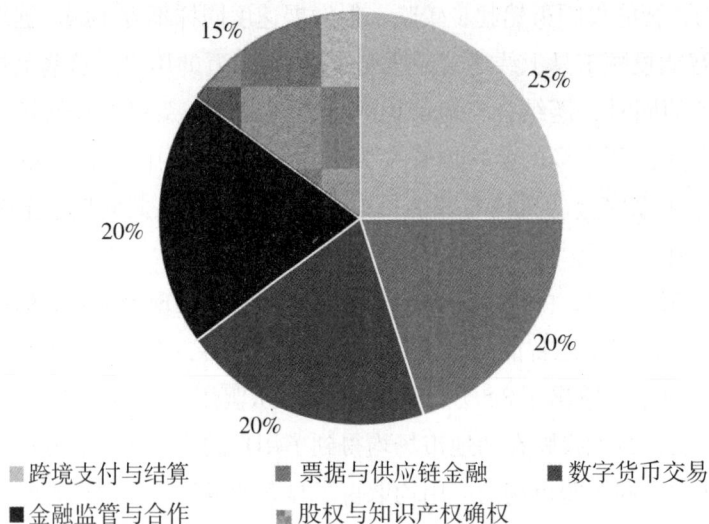

图5-3　区块链技术在投资领域的应用分布

数据来源：《2023—2024中国区块链年度发展报告》。

在跨境支付与结算方面，区块链技术提供了一个去中心化的平台，使得交易过程更加透明和安全。数据显示，2023年中国与东盟国家间使用区块链技术进行跨境支付的人民币结算量大幅增加，同比增长达到了20.2%，这一数字的背后反映了区块链技术在提升支付效率和安全性方面的巨大潜力。

票据与供应链金融是区块链技术的另一个重要应用领域。在中国与东盟的投融资服务中，区块链被广泛应用于电子票据领域。这不仅解决了老挝、印度尼西亚等国内长期存在的票据黑市问题，还有效提升了票据的信用力和投融资效率。通过区块链技术，每一笔交易都被永久记录，极大地增强了数据的透明性和可信度。

数字货币交易也是区块链技术发挥重要作用的一个领域。随着比特币等数字货币在多国得到市场认可，中国也积极推进数字货币的研发和应用。区块链技术为数字货币交易提供了一个去中心化、安全可靠的交易环境，使得交易过程更加透明，减少了欺诈和操纵市场的可能性。

在股权与知识产权确权方面，区块链技术同样展现出了其独特的优势。通过区块链技术，股权、知识产权等数字资产可以得到真实性和唯一性的鉴定，后续的交易也会被实时记录，为投资者提供了更加透明和安全的投资环境。这不仅有助于保护投资者的权益，还能促进知识产权的创造和传播。

在金融监管与合作方面，区块链技术也发挥着越来越重要的作用。随着中国与东盟在金融科技领域的合作日益加深，区块链技术为双方金融监管提供了更加便捷和透明的数据支持。这有助于促进金融市场的健康发展和稳定运行，进一步推动区域经济的融合和发展。

区块链技术在投资领域的应用正逐步深入，其以透明性和安全性的优势为投资者提供了更加可靠和高效的投资环境。随着技术的不断进步和应用场景的不断拓展，相信区块链技术在未来的投资领域将发挥更加重要的作用。

三、案例研究

（一）成功案例分析

1.中国案例

在中国金融科技领域，华为的智慧港口解决方案和蚂蚁集团的移动支付在东盟的推广是两个值得深入分析的成功案例（见表5-13），是中国金融科技成功的典范。它们不仅展示了中国在金融科技领域的创新实力和应用成果，还为全球金融科技的发展提供了有益的借鉴和启示。这两个案例的成功因素包括技术创新、市场洞察、合作共赢等，值得其他金融科技企业和相关机构深入学习和借鉴。

表5-13　　　　　　　　　　　中国在金融科技领域的成功案例

案例名称	涉及公司	应用场景	成功因素
智慧港口解决方案	华为	港口管理运作智慧响应	（1）利用5G、物联网等技术提高港口作业效率； （2）实现港口供应链各类资源和参与方无缝连接； （3）助力全球供应链恢复常态，强化韧性
移动支付在东盟的推广	蚂蚁集团	提供移动支付服务	（1）通过收购或合作的方式快速解决牌照、人才等问题； （2）输出技术和经验，复制普惠金融模式至东南亚各国； （3）抓住东盟金融市场发展空间大的机遇

数据来源：金磐石.实战数字金融：金融科技案例集［M］.北京：中国金融出版社，2024.

华为通过其智慧港口解决方案，在港口管理运作中实现了智慧响应。该方案运用了5G、物联网等前沿技术，显著提升了港口的作业效率。相关数据显示，智慧港口的应用使得货物装卸时间大幅缩短，港口吞吐量明显增加。该方案还实现了港口供应链各类资源和参与方的无缝连接，加强了信息的实时共享与协同处理，从而提高了整个供应链的响应速度和灵活性。在全球供应链受到冲击的背景下，华为的智慧港口解决方案不仅助力供应链快速恢复常态，还强化了其韧性，为港口行业的可持续发展注入了新的动力。

蚂蚁集团在东盟地区成功推广了移动支付服务，这也是金融科技应用的一大亮点。该公司通过收购或合作的方式，迅速解决了在东盟国家开展业务所需的牌照和人才等问题。蚂蚁集团积极输出其在中国市场积累的技术和经验，将普惠金融模式复制到东盟国家。这一举措不仅填补了当地金融服务的空白，还在实践中发挥了金融的普惠性和便捷性。在东盟金融市场发展空间巨大的背景下，蚂蚁集团抓住了机遇，通过移动支付服务为当地居民和企业提供了更加便捷、安全的金融交易方式，推动了东盟地区金融科技的快速发展。

2. 东盟案例

在东盟地区，金融科技的应用已经取得了显著的成效，涌现出多个成功的案例，见表5-14。这些案例不仅推动了当地金融服务的升级，也为区域合作带来了新的启示。东盟地区的金融科技应用案例展示了金融科技在推动经济发展、提升金融服务效率和促进区域合作方面的巨大潜力。这些成功案例为其他国家和地区提供了有益的借鉴和启示，也预示着金融科技在未来将继续发挥重要的作用。

表5-14 东盟在金融科技领域的成功案例

案例名称	应用企业/机构	应用国家	应用领域	核心技术/功能	成效/影响
GoPay 电子钱包	Gojek 公司	印度尼西亚	移动支付	移动支付、转账、账单支付等	印度尼西亚最受欢迎的电子钱包之一，促进了无现金支付在该国的普及
GCash 移动支付	Globe Telecom	菲律宾	移动支付	转账、支付、购物等	菲律宾领先的移动支付平台，推动了金融科技的普及和发展
TrueMoney 电子钱包	True Corporation	泰国	移动支付、金融服务	转账、支付、贷款等金融服务	泰国重要的电子钱包服务，为大量用户提供便捷的金融服务

案例名称	应用企业/机构	应用国家	应用领域	核心技术/功能	成效/影响
AirPay 支付系统	SEA公司	新加坡	移动支付	二维码支付、在线购物等	广泛使用的移动支付解决方案，推动了诸多东南亚国家的无现金支付进程
数字金融合作项目	马来西亚联昌国际银行	马来西亚	跨境金融	跨境汇款、贸易融资等	与中国银行携手推出，加强了中国与马来西亚之间的金融合作，便利了两国间的贸易与投资活动

数据来源：《2024年东盟金融科技报告》。

印度尼西亚的GoPay电子钱包就是一个典型的例子。作为Gojek公司旗下的核心产品，GoPay提供了移动支付、转账和账单支付等功能，深受印度尼西亚用户的喜爱。通过简洁易用的界面和广泛的服务网络，GoPay已经成为该国最受欢迎的电子钱包之一，极大地促进了无现金支付的普及。其不仅提升了金融服务的便捷性，也有助于降低交易成本，提高经济效益。

在菲律宾，Globe Telecom推出的GCash移动支付平台同样取得了显著的成效。GCash为用户提供了转账、支付和购物等一站式服务，凭借其便捷性和安全性赢得了用户的广泛信赖。作为菲律宾领先的移动支付平台，GCash在推动金融科技普及和发展方面发挥了重要作用，为菲律宾的金融生态系统注入了新的活力。

泰国的TrueMoney电子钱包也是值得关注的案例。由True Corporation推出的这一服务，不仅提供了转账和支付功能，还涵盖了贷款等金融服务。TrueMoney已经成为泰国重要的电子钱包服务之一，为大量用户提供了便捷的金融服务，特别是在偏远地区，这一服务更是填补了传统金融服务的空白。

新加坡的AirPay支付系统同样值得关注。该系统以二维码支付和在线购物为核心功能，已经成为新加坡国内广泛使用的移动支付解决方案。AirPay的成功推动了无现金支付进程，为诸多东南亚国家的金融科技发展奠定了坚实的基础。

除了移动支付领域的案例外，中国与马来西亚之间的数字金融合作项目也是东盟金融科技应用的亮点。中国银行与马来西亚联昌国际银行携手推出的跨境金融服务，包括跨境汇款和贸易融资等，极大地加强了两国之间的金融合作。这一项目不仅便利了两国间的贸易与投资活动，也为区域金融一体化提供了新的动力。

（二）失败案例分析

1.中国的失败案例

在中国金融科技的发展历程中，也有一些失败的案例，见表5-15。

表5-15 　　　　　　　　　　中国的失败案例

案例名称	涉及公司	失败原因	教训分析
P2P平台"爆雷"事件	e租宝、唐小僧等	（1）违规运营，自融自用； （2）高风险业务，资金链断裂； （3）监管缺失，行业乱象丛生	（1）加强金融监管，规范市场秩序； （2）企业应坚守合规底线，强化风险管理； （3）投资者需提高风险意识，审慎投资
虚拟货币交易所被查	火币网、OKCoin等	（1）违反金融监管规定，涉嫌非法交易； （2）虚拟货币市场波动大，投资风险高	（1）遵守国家金融监管政策，合规经营； （2）投资者应充分了解虚拟货币市场风险，谨慎投资
金融科技公司产品违约	某金融科技公司	（1）产品设计存在缺陷，无法满足市场需求； （2）风险控制不足，导致资金损失	（1）注重产品研发与市场调研，确保产品符合市场需求； （2）加强风险管理体系建设，降低业务风险
互联网保险诈骗案	某互联网保险公司	（1）利用互联网平台进行保险诈骗； （2）内部管理混乱，监管不到位	（1）加强企业内部管理，防范诈骗风险； （2）监管部门应加大对互联网保险业务的监管力度

数据来源：金磐石.实战数字金融：金融科技案例集［M］.北京：中国金融出版社，2024.

P2P平台"爆雷"事件是近些年来备受关注的失败案例之一。以e租宝、唐小僧等为代表的一批P2P平台，其违规运营、自融自用等高风险行为，最终导致了资金链断裂和行业乱象丛生。这些平台的失败，不仅让投资者蒙受了巨大损失，也严重破坏了市场秩序和金融科技行业的声誉。深入分析这些案例，本书发现监管缺失是其中的重要原因。因此，加强金融监管、规范市场秩序成为行业发展的迫切需要。虚拟货币交易所被查也是金融科技领域的一个显著失败案例。火币网、OKCoin等知名虚拟货币交易所因违反金融监管规定、涉嫌非法交易而遭到查处。这些交易所的运营不仅加剧了虚拟货币市场的波动，也给投资者带来了极高的投资风险。这些案例提醒行业企业，遵守国家金融监管政策、合规经营是企业发展的基石，而投资者也应充分了解虚拟货币市场的风险，谨慎作出投资决策。还有一些金融科技公司产品违约案例也值得关注。某金融科技公司因产品设计存在缺陷、无法满足市场需求，以及风险控制不足导致资金损失等问题而陷入困境。这些案例表明，注重产品研发与市场调研、确保产品符合市场需求，以及加强风险管理体系建设是金融科技公司稳健发展的关键。互联网保险诈骗案也暴露出了金融科技行业在内部管理方面的漏洞。某互联网保险公司利用互联网平台进行保险诈骗，同时内部管理混乱、监管不到位等问题也加剧了企业的风险。这些案例警示，加强企业内部管理、防范诈骗风险是保障企业安全运营的重要环节，而监管部门也应加大对互联网保险业务的监管力度，以维护市场秩序和投资者利益。

中国金融科技领域的失败案例虽然带来了经济损失和市场动荡，产生了诸多负面影响，但也为行业提供了宝贵的经验和教训，带来了反思。通过深入分析这些案例，相关部门可以更好地认识到行业发展面临的挑战和风险，从而采取更加有效的措施推动金融科技行业的健康、可持续发展。

2.东盟的失败案例

在东盟金融科技领域，也有一些曾经备受瞩目但最终走向失败的案例，见表5-16。这些案例不仅反映了金融科技行业的高风险性，也揭示了市场和政策环境对金融科技企业发展的深远影响。

表5-16　　　　　　　　　　　　　东盟的失败案例

案例公司	涉及领域	失败原因
印度尼西亚、菲律宾、泰国的消费信贷平台	网络信贷	疫情暴发后，当地经济活动活跃度骤降，员工失业率上升，借款人还款逾期情况严重
马来西亚MBI集团	虚拟货币	资金链断裂，打着高科技旗号的庞氏骗局
老挝金三角经济特区外汇诈骗集团	虚假外汇平台	开发虚假外汇平台，依托技术手段上线虚假投资程序
德国Wirecard在新加坡的业务	财务造假	2020年该公司被查出财务造假，在其账户中的约19亿欧元资金并不存在

数据来源：根据彭博社、路透社等国际知名财经媒体公开资料整理。

这些东盟金融科技领域的失败案例不仅提供了宝贵的经验教训，也强调了市场和政策环境在金融科技企业发展中的重要性。金融科技企业在追求创新和发展的同时必须密切关注市场动态和政策变化，以确保企业的稳健运营和持续发展。

四、政策建议

（一）政策框架优化

1.监管政策建议

在中国与东盟的金融科技合作中，监管政策的优化至关重要。合理的监管不仅能保障市场的健康发展，还能提高市场的透明度和风险管理能力。针对当前金融科技行业的现状，以下是对监管政策优化的具体建议：

考虑到金融科技业务的跨界性和创新性，监管部门应建立灵活高效的监管机制。其包括构建一个能够适应市场快速变化的监管框架，以及时应对新技术、新业务模式带来的挑战。通过加强监管部门之间的协调合作，确保政策的一致性和执行的高效性。在数据安全和隐私保护方面，应制定更为严格的标准和措施。金融科技业务涉及大量的用户数据，一旦泄露或被滥用，将对用户隐私造成严重威胁。因此，监管部门应要求金融机构加强数据安全管理，采用先进的技术手段保护用户数据。建立数据跨境流动的监管机制，确保数据在跨境传输和处理过程中的安全性。

针对金融科技行业的风险管理，监管部门应强化风险识别和评估能力。通过建立完善的风险监测体系，实时跟踪市场动态，及时发现和处置潜在风险。还应加强对金融机构的风险管理指导，提高其风险应对能力。在促进金融科技创新方面，监管部门应采取包容审慎的态度。一方面，鼓励金融机构积极探索新技术、新业务模式，为市场提供更多创新产品和服务。另一方面，对创新过程中可能出现的风险进行审慎评估，确保创新活动在风险可控的前提下进行。优化金融科技行业的监管政策需要从多个方面入手，包括建立灵活高效的监管机制、加强数据安全和隐私保护、强化风险管理以及促进金融科技创新等。这些措施的实施，将有助于提高市场的透明度和风险管理能力，进一步推动中国与东盟国家在金融科技领域的合作与发展。

2.合作机制建议

在中国与东盟金融科技产业的合作中，构建有效的合作机制至关重要。这种机制不仅有助于促进双方的信息共享，还能够加强资源整合，从而推动金融科技在整个区域的更广泛应用与发展。

考虑到金融科技领域的快速变化和高度创新性，双方应建立一个灵活且高效的信息交流平台。通过该平台，中国和东盟的金融机构、科技企业以及监管部门可以实时分享最新的技术进展、市场动态和监管政策。这种信息的即时性对于金融科技企业作出快速响应和决策至关重要，特别是在应对市场变化和风险时。除了信息交流，资源整合也是合作机制中的关键环节。中国和东盟在金融科技领域各有优势，如中国在移动支付和大数据风控方面积累了丰富的经验，而东盟一些国家则在区块链技术和数字货币领域有着独特的见解和实践。通过合作机制，双方可以将这些优势资源进行整合，共同开展研发项目，推动金融科技创新的跨国应用。在构建合作机制时，还应考虑到人才培养和技术转移的重要性。中国可以向东盟国家提供金融科技人才培训和技术援助，帮助其提升在金融科技领域的整体实力。东盟国家也能为中国金融科技企业提供更广阔的市场和更多的应用场景，实现互利共赢。合作机制还应包括一套完善的监管协同体系。金融科技的发展往往伴随着新的风险和挑战，需要各国监管部门加强沟通与协作，共同制定和执行相关监管政策，以确保金融市场的稳定和消费者的权益不受损害。

构建中国-东盟金融科技领域的合作机制，不仅有助于促进双方的信息共享和资源整合，还能够推动金融科技在整个区域的创新和发展。这种合作机制将为双方带来更多的机遇和挑战，需要双方共同努力和不断探索。

（二）市场推动策略

1. 市场准入

在探讨如何优化市场准入政策以吸引更多国际金融科技企业参与时，本书不得不关注当前金融科技市场的全球态势与发展趋势。中国与东盟国家作为亚洲乃至全球金融科技领域的重要力量，其市场准入的便利程度直接影响着国际金融科技企业的投资决策和合作意向。

针对市场准入政策的优化，可以从降低准入门槛和提高政策透明度两方面入手。降低准入门槛意味着简化审批流程、减少不必要的行政干预，以及放宽外资进入的条件。例如，可以考虑设立金融科技特区或试验区，在这些区域内实行更加灵活和开放的市场准入政策，允许国际金融科技企业在符合基本监管要求的前提下快速进入市场并开展业务。提高政策透明度则是通过公开、明确、一致的政策法规，为国际金融科技企业提供清晰的市场预期和稳定的法律环境。这包括及时发布相关政策法规的更新与解读，建立有效的政策咨询和反馈机制，以及加强与国际金融科技行业的沟通与交流。还可以考虑在市场准入环节引入监管沙盒等创新监管模式。监管沙盒允许金融科技企业在限定的范围内测试其创新产品或服务，而无须完全符合现有的监管要求。这种监管模式既能够保护消费者权益，又能为金融科技企业提供足够的创新空间，有助于吸引更多具有创新精神和前瞻视野的国际金融科技企业进入市场。

优化市场准入政策还需要关注到国内外金融科技市场的竞争态势和合作机会。在全球化背景下，国际金融科技市场的竞争日益激烈，但同时也孕育着大量的合作机会。中国与东盟国家可以通过加强双边或多边合作机制，共同推动金融科技市场的开放与融合，为国际金融科技企业提供更加广阔的市场空间和更多的商业机会。优化市场准入政策是吸引更多国际金融科技企业参与的关键所在。通过降低准入门槛、提高政策透明度、引入创新监管模式以及加强国际合作与交流等措施的实施，可以期待在未来看到更多具有创新活力和国际竞争力的金融科技企业在中国与东盟市场上崭露头角。

2.人才培养

随着金融科技在中国与东盟国家的迅速发展，行业对于专业人才的需求也日益增长。金融科技人才不仅需要具备深厚的金融知识，还需要熟练掌握相关的技术，如大数据分析、区块链技术、人工智能等。因此，加强金融科技人才的培养与引进，成为支撑行业可持续发展的关键。当前，中国与东盟各国在金融科技人才培养方面均有所投入，但仍存在不少挑战。一方面，金融科技领域的技术更新迅速，要求人才具备快速学习和适应新技术的能力；另一方面，行业内对于复合型人才的需求旺盛，即既懂金融又懂技术的专业人才。因此，各国政府和高校要更加注重对金融科技专业教育和跨学科人才的培养。针对这一现状，建议采取以下措施来加强金融科技人才的培养与引进：

一是优化教育资源配置，鼓励高校开设金融科技相关专业课程，并加强实践教学环节，提升学生的实际操作能力。可以通过校企合作、产学研结合等方式，培养更多符合市场需求的金融科技人才。

二是加大引进力度，吸引海外优秀金融科技人才来华工作或创业。可以通过设立专项人才计划、提供优惠政策等措施，增强对国际人才的吸引力。还应加强与国际金融科技中心的交流与合作，促进人才流动和知识共享。

三是建立完善的金融科技人才评价体系和激励机制。通过设立行业认证标准、开展技能竞赛等方式，提升金融科技人才的职业素养和技能水平。应给予优秀人才相应的薪酬待遇和职业发展机会，激发其创新创造活力。只有不断提升人才队伍的素质和能力，才能更好地应对行业挑战，把握发展机遇，实现金融科技行业的持续健康发展。

第六章　中国-东盟金融科技人才培养现状及面临的挑战

中国与东盟国家在金融科技领域的合作日益密切，这一趋势得益于双方经济的快速增长、金融市场的不断开放以及科技创新的加速推进。金融科技作为推动金融业转型升级的关键力量，正深刻影响着传统金融行业的服务模式、业务流程和监管方式。在此背景下，中国与东盟国家均认识到金融科技人才培养的重要性，并将其视为提升国家竞争力、促进区域经济发展的关键要素。从合作背景来看，中国与东盟国家在金融科技领域的合作具有深厚的基础。双方在经济、贸易、投资等领域的合作不断深化，为金融科技的发展提供了广阔的市场空间。随着共建"一带一路"倡议的深入推进，中国与东盟国家的金融合作迎来了新的历史机遇。金融科技作为双方合作的重要领域之一，正成为推动区域金融合作与创新的重要引擎。在发展现状方面，中国与东盟国家的金融科技产业均呈现出蓬勃发展的态势。中国作为金融科技领域的领先国家之一，拥有庞大的金融市场、先进的科技水平和丰富的人才资源。东盟国家则凭借其独特的地理位置、多元化的经济结构和政策支持，在金融科技领域取得了显著的进展。双方在支付结算、网络借贷、智能投顾、区块链等领域均有所突破，展现出巨大的发展潜力。然而，金融科技领域的快速发展也对人才提出了更高的要求。当前，中国与东盟国家均面临着金融科技人才短缺的问题。这一问题的根源在于金融科技领域的专业性和跨学科性，要求从业人员不仅应具备扎实的金融理论基础，还需要掌握先进的科技手段和进行创新思维。因此，加强金融科技人才培养已成为中国与东盟国家共同面临的重要课题。

一、金融科技与金融科技人才

（一）金融科技的概念与在东盟国家的发展现状

1.金融科技的概念

金融科技，作为一个融合技术与金融的新兴概念，正日益在全球范围内受到关注和重视。它主要是指通过运用先进的科技成果，包括但不限于大数据、云计算、人工智能、区块链等技术手段，对传统金融服务进行改造和创新，从而提升金融服务的效率、安全性和用户体验。在现代金融体系中，金融科技发挥着举足轻重的作用。随着数字化时代的到来，传统的金融服务模式已经难以满足市场和用户的需求。金融科技的出现，不仅为金融机构提供了新的服务模式和渠道，还促进了金融行业的转型升级。例如，通过互联网技术和移动支付手段，用户可以随时随地进行金融交易，无须前往实体银行，这极大地提升了金融服务的便捷性。金融科技还在风险管理、数据分析等方面展现出强大的能力。利用大数据和人工智能技术，金融机构可以更加精准地评估风险，制订个性化的金融服务方案。通过对海量数据的分析，金融机构还能洞察市场动态，为决策提供科学依据。

值得一提的是，金融科技的发展也推动了金融行业的创新。区块链技术的运用，为金融交易提供了更高的安全性和透明度；智能投顾、机器人客服等新兴服务模式，则为用户带来了更加智能化的金融服务体验。相关统计数据显示，全球金融科技产业近年来呈现出爆发式增长，越来越多的金融机构和科技公司开始涉足这一领域，推动金融科技不断创新和发展。可以预见，随着技术的不断进步和应用场景的拓展，金融科技将在现代金融体系中占据更加重要的地位，为全球金融行业的发展注入新的活力。

2.东盟金融科技发展现状

东盟国家在金融科技领域的发展近年来呈现出蓬勃态势，如图6-1所示。这些国家积极拥抱数字化浪潮，不仅在移动支付、在线借贷、区块链技术等方面取得了显著进展，还形成了各具特色的发展模式。

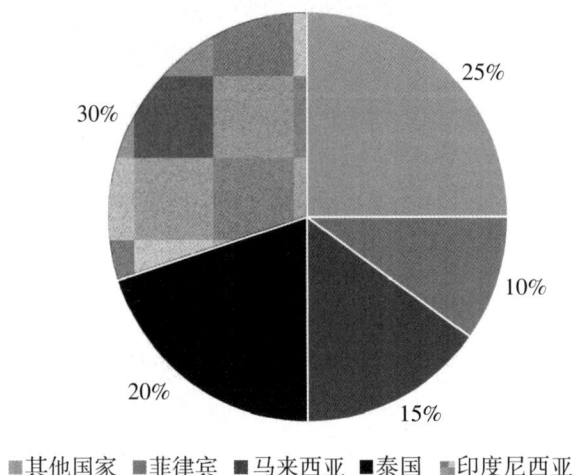

图例：■其他国家 ■菲律宾 ■马来西亚 ■泰国 ■印度尼西亚

图6-1　东盟国家金融科技发展比重

数据来源：《2024年东盟金融科技报告》。

以印度尼西亚为例，该国作为东盟最大的经济体，金融科技的发展尤为突出。印度尼西亚的金融科技公司数量众多，其中不乏在支付、贷款和理财等领域具有创新能力的企业。据统计，印度尼西亚的金融科技交易量和用户规模均位居东盟前列，显示出强大的市场活力和潜力。印度尼西亚政府也积极推动金融科技的发展，通过政策扶持和资金支持，为金融科技创新提供了良好的环境。

泰国在金融科技领域也取得了不俗的成绩。泰国的金融科技产业以普惠金融和跨境支付为特色，致力于为广大民众提供更加便捷、高效的金融服务。泰国的金融科技公司积极运用大数据、云计算等先进技术，提升金融服务的覆盖面和便捷性，为民众带来了实实在在的便利。

马来西亚、菲律宾等东盟国家也在金融科技领域不断探索和创新。这些国家通过与国际金融科技公司合作、引进先进技术等方式，加快金融科技产业的发展步伐。

值得一提的是，东盟国家在金融科技领域的发展并非孤立进行，而是与中国等周边国家保持着紧密的联系与合作。中国与东盟国家在金融科技领域的合作日益深化，双方在技术交流、人才培养、市场拓展等方面展开了广泛的合作。这种合作不仅促进了双方金融科技产业的共同发展，还为区域经济的繁荣注入了新的动力。总体来看，东盟国家在金融科技领域的发展呈现出多元化、创新化的特点。这些国家充分利用自身优势资源，结合国际先进技术和发展经验，不断提升金融科技产业的竞争力和影响力。未来，随着技术的不断进步和市场的日益开放，东盟国家的金融科技产业有望迎来更加广阔的发展空间。

（二）金融科技人才的重要性

1.人才在金融科技中所扮演的角色

金融科技人才作为行业的核心资源，在技术创新、服务优化和市场拓展中的重要作用日益凸显。随着金融科技的迅猛发展，这些专业人才不仅成为推动企业进步的关键力量，也是整个行业持续创新的源泉。

在金融科技领域，技术创新是行业发展的基石。金融科技人才通过运用大数据、云计算、人工智能等前沿技术，不断推动金融产品和服务的升级换代。他们具备深厚的技术功底和敏锐的市场洞察力，能够迅速捕捉技术发展的最新趋势，并将其转化为实际应用。例如，通过分析海量的用户数据，金融科技人才可以帮助企业更精准地定位客户需求，开发出更符合市场需求的金融产品。

服务优化是金融科技发展的另一重要方面。金融科技人才通过改进和优化服务流程，提升用户体验，从而增强企业的市场竞争力。他们利用技术手段简化操作流程，提高服务效率，使得金融服务更加便捷、高效。金融科技人才还致力于提升服务的安全性，通过加强风险控制和数据保护，确保用户信息的安全。

市场拓展也是金融科技人才发挥重要作用的一个领域。金融科技人才不仅具备丰富的市场营销知识，还能熟练运用数字营销工具，通过精准的市场分析和目标用户定位，为企业制定有效的营销策略提供重要参考，帮助企业扩大市场份额，提升企业的品牌知名度和影响力。

近年来，金融科技行业的增长速度远超传统金融行业，其中离不开金融科技人才的贡献。他们不仅在技术、服务、市场等方面发挥着核心作用，还是企业乃至整个行业持续创新和发展的关键所在。因此，对于金融科技企业而言，吸引和培养优秀的金融科技人才至关重要。

2.人才短缺的影响

金融科技行业的迅猛发展，对专业人才的需求日益旺盛。然而，当前金融科技人才短缺的问题日益凸显，这无疑对行业的持续发展构成了严峻挑战。人才短缺不仅影响了金融科技企业的创新能力和市场竞争力，更可能制约整个行业的未来发展。

从创新能力的角度来看，金融科技人才短缺直接导致了创新动力的不足。金融科技领域涉及众多前沿技术，如大数据、云计算、人工智能等，这些技术的深度融合与应用需要具备高度专业素养的人才。然而，目前市场上具备这种跨学科背景与实战经验的复合型人才供不应求。这种人才缺口限制了新技术在金融领域的应用广度和深度，使得许多潜在的创新点难以被发掘和实现。具体到市场竞争力方面，金融科技人才短缺同样带来了不小的冲击。在激烈的市场竞争中，拥有高素质人才是企业保持竞争优势的关键，然而人才短缺使得许多金融科技企业难以组建起具备强大战斗力的团队，从而在市场角逐中处于不利地位。由于缺乏足够的人才支撑，这些企业在面对市场变化时往往反应迟缓，难以迅速调整战略和业务模式以适应新的竞争环境。

为了缓解金融科技人才短缺带来的负面影响，行业内外需要共同努力。一方面，高校和培训机构应加大对金融科技人才的培养力度，通过优化课程设置、加强实践教学等方式，培养出更多符合市场需求的高素质人才。另一方面，企业也应积极参与人才培养工作，通过与高校合作、开展内部培训等方式，提升自身的团队和人才储备实力。政府和社会各界也应给予足够的支持和关注，共同推动金融科技人才培养事业的发展。

二、中国金融科技人才培养现状

（一）教育体系与课程设置

1.高校金融科技专业设置

中国高校在金融科技专业设置上，近年来呈现出了蓬勃发展的态势。随着金融科技的迅猛崛起，越来越多的高校认识到培养这一领域专业人才的重要性，纷纷设立金融科技专业，以满足行业发展的需要。

就课程内容而言，金融科技专业注重金融与技术的深度融合。课程设置涵盖了金融学、计算机科学、数据分析等多个领域，旨在培养学生具备扎实的金融理论基础和强大的技术应用能力。例如，一些高校开设了金融数据分析课程，教授学生如何运用大数据技术分析金融市场动态，为投资决策提供科学依据；区块链技术、人工智能在金融中的应用等课程也备受关注，这些课程不仅介绍了前沿技术的基本原理，还着重讲解了如何将这些技术应用于金融创新和风险管理中。

在教学方法上，高校金融科技专业注重理论与实践相结合。除了传统的课堂讲授外，实验教学、项目实训等教学方式也被广泛采用。通过模拟真实的金融环境，学生可以在实践中深化对理论知识的理解，提升解决实际问题的能力。许多高校还与金融机构、科技企业等建立了紧密的合作关系，为学生提供实习和就业机会，帮助他们更好地融入行业，实现学以致用。

截至2024年年底，中国共有124家本科院校开设金融科技专业，且这一数字还在不断增长中。这些高校分布在全国各地，既有综合性大学，也有专业性学院，形成了多层次、多元化的金融科技人才培养体系。部分高校及课程设置见表6-1。

表6-1　　　　　　　　中国金融科技人才培养课程设置与教学方法

高校名称	课程设置与创新	教学方法与实践	合作企业/机构
广西外国语学院	金融科技、互联网金融	校企合作、实践教学	广发证券、盛宝银行
电子科技大学	金融科技专业核心课程	案例教学、实验室实践	××金融科技公司
云南财经大学	金融科技与创新创业	项目驱动教学、企业实习	××银行、××金融科技公司
铜陵学院	金融数据分析与应用	大数据分析实践、校企合作	××大数据公司

数据来源：根据公开资料整理。

广西外国语学院在金融科技课程设置上，特别强调了互联网金融的重要性，这一领域的课程不仅涵盖了传统的金融知识，还融入了互联网技术、大数据分析等前沿内容。在教学方法上，该校通过校企合作的方式，在实际工作环境中进行实践教学；与广发证券、盛宝银行等机构的紧密合作，为学生提供了宝贵的实战机会。

电子科技大学的金融科技专业则通过案例教学的方式，使学生在分析真实案例的过程中，深入理解和掌握金融科技的实际应用。该校还设有专门的实验室，供学生进行模拟操作和实验，从而增强理论知识的实际应用能力。

云南财经大学在金融科技与创新创业方面有着独到的课程设置。该校采用项目驱动教学法，通过实际操作项目来提升学生的实践能力。与多家银行和金融科技公司的合作，为学生提供了更多的企业实习机会，使学生在校期间就能积累丰富的工作经验。

铜陵学院则侧重于金融数据分析与应用的教学。该校通过大数据分析实践课程，培养学生处理和分析大数据的能力，这对于金融科技领域中的数据驱动决策至关重要。通过校企合作，学生能够在真实的大数据环境中进行实践操作，极大地提升了实战技能。

中国高校在金融科技专业设置上正不断完善和优化，通过丰富的课程内容和多样的教学方法，致力于培养出既懂金融又懂技术的复合型人才，以推动金融科技行业的持续创新和健康发展。

2.职业培训与继续教育

职业培训与继续教育在金融科技人才培养体系中扮演着举足轻重的角色。随着金融科技的迅猛发展，传统金融体系与互联网技术的深度融合对人才提出了更高要求，这使得职业培训和继续教育成为提升从业人员专业素质与技能的关键环节。职业培训机构针对金融科技领域的特点和需求，设计了一系列具有针对性的课程。这些课程不仅涵盖了金融科技的基础知识，如大数据分析、区块链技术、人工智能在金融中的应用等，还包括与业务实践紧密相关的内容，如金融科技产品设计、风险管理与合规、客户体验优化等。通过系统的课程学习，从业人员能够更全面地掌握金融科技领域的核心知识和技能，为行业的创新发展提供有力支持。在培训方式上，职业培训机构也进行了大胆创新。除了传统的面对面授课，还引入了在线学习、模拟实操、案例分析等多种教学方法。这些灵活多样的培训方式不仅满足了从业人员不同时间、地点的学习需求，还有效提升了学习效果。特别是在线学习平台，通过整合优质教育资源，为学员提供了便捷、高效的学习体验。职业培训机构还与金融机构、科技企业等建立了紧密的合作关系，这种合作模式不仅为学员提供了更多实践机会，还有助于培训机构及时了解行业动态和人才需求变化，从而不断调整和优化课程设置。通过与企业的合作，职业培训机构能够更好地发挥桥梁作用，促进金融科技人才的供需对接。

近年来，参与金融科技职业培训的人数呈现出快速增长态势。这充分说明了职业培训与继续教育在金融科技人才培养中的重要性。随着行业的不断发展，职业培训机构将继续发挥重要作用，为金融科技领域输送更多高素质人才。

（二）实践与实习机会

1.企业实习项目

在金融科技领域，企业与高校的合作实习项目对人才培养起到了至关重要的作用。这种合作模式不仅为学生提供了实践机会，还帮助他们更好地理解和应用所学知识，同时也为企业输送了新鲜血液，促进了行业的创新发展。企业与高校合作的实习项目在金融科技人才培养中发挥着举足轻重的作用。这种合作模式不仅提升了学生的专业素养和实践能力，还为企业输送了优秀人才，推动了金融科技行业的持续发展和创新。

实习项目作为连接理论与实践的桥梁，其影响与效果是多方面的。对于学生而言，通过参与企业的实际项目，他们能够将课堂上学到的理论知识与实际工作相结合，这种实践经验的积累对于提升他们的专业素养和实际操作能力至关重要。例如，在数据分析、风险管理等金融科技核心领域，实习经历能够帮助学生熟练掌握相关工具和技术，为未来的职业生涯奠定坚实基础。对于企业而言，实习项目也是选拔和培养潜在人才的重要途径。通过实习，企业可以近距离观察学生的工作表现，评估他们的能力和潜力，从而为企业的长远发展储备人才。实习生还能为企业带来新的视角和创意，推动企业在金融科技领域的创新和发展。

在实习项目的设计和实施过程中，高校与企业的紧密合作是确保项目成功的关键。高校需要充分了解企业的需求和期望，制订出符合行业发展趋势的实习计划；企业则需要提供充足的实践机会和专业的指导，确保学生在实习期间能够真正学到东西，实现自我价值。实习项目的效果评估也是不可忽视的一环。通过对实习生的反馈、企业的评价以及项目成果的综合分析，高校可以不断优化实习项目设计，提高人才培养的质量。

2.创新创业实践

在金融科技领域，创新创业实践已成为提升学生能力、培养未来行业领军人才的重要途径。这种实践不仅让学生将理论知识应用于实际，还锻炼了他们的市场洞察力、团队协作能力以及解决问题的能力。金融科技领域的创新创业实践通常涵盖多个方面，如金融产品设计、风险管理、数据分析等。在这些实践中，学生需要综合运用金融、科技、法律等多学科知识，通过实际操作来理解和掌握金融科技的核心技术与应用场景。例如，在开发一款智能投顾产品时，学生需要研究市场动态，分析用户需求，设计产品功能，并进行风险评估。这一过程不仅加深了学生对金融科技的理解，还培养了他们的创新思维和实践能力。

创新创业实践对学生能力的提升作用显著。一方面，通过实践，学生能够更直观地了解金融科技行业的运作模式和业务流程，从而增强他们的行业认知感和归属感。另一方面，实践中的挑战和困难能够激发学生的求知欲和探索精神，促使他们不断学习和进步。与来自不同背景和专业的人合作，还能够拓宽学生的视野，提升他们的团队协作和沟通能力。

近年来，随着金融科技行业的快速发展，越来越多的高校和机构开始重视金融科技领域的创新创业实践。许多高校设立了金融科技实验室或创新中心，为学生提供实践平台和资源支持。各类金融科技竞赛和创业项目也层出不穷，为学生提供了展示才华和实现梦想的舞台。这些举措极大地促进了金融科技人才的培养和发展。金融科技领域的创新创业实践对学生能力提升具有重要作用。通过实践，学生不仅能够深化对金融科技的理解和应用，还能够锻炼多方面的能力，为未来的职业发展奠定坚实的基础。

三、东盟金融科技人才培养现状

（一）教育体系与课程设置

1.东盟国家相关教育政策

东盟各国在金融科技人才培养方面，纷纷推出了相应的教育政策，并积极落实，见表6-2。这些政策不仅体现了各国对金融科技领域的重视，更反映出对人才培养的深刻认识。

表6-2　　　　　　　　东盟国家在金融科技人才培养方面的教育政策

国家	教育政策	实施情况
新加坡	推出《金融科技人才发展计划》	建立金融科技培训中心，支持高校开设金融科技课程，累计培养超过1 000名金融科技专业人才
马来西亚	提出《金融科技发展蓝图》	成立金融科技学院，提供奖学金和实习机会，已培养超过500名具备金融科技技能的学生

续表

国家	教育政策	实施情况
印度尼西亚	实行《金融科技人才培养战略》	与国际金融机构合作，开展金融科技培训项目，已培训超过800名金融科技从业人员
泰国	推出《数字人才培养计划》	在主要大学设立金融科技专业，提供实践机会和资金支持，已有近600名毕业生投入金融科技行业
菲律宾	实施《金融科技教育及培训计划》	与私营培训机构合作，开展金融科技技能培训，已有超过400名学员完成培训并进入金融科技领域工作
越南	设立"金融科技人才培养项目"	政府支持建立金融科技实训基地，与高校和企业合作，已培养超过300名具备实战经验的金融科技人才

数据来源：根据公开资料整理。

新加坡在金融科技人才培养上走在了前列，通过推出《金融科技人才发展计划》，建立金融科技培训中心，支持高等院校开设金融科技相关课程，已累计培养出超过1 000名金融科技专业人才，这些人才在推动新加坡金融科技行业的发展中发挥了重要作用。

马来西亚也不甘落后，通过提出《金融科技发展蓝图》，明确了金融科技人才培养的方向和目标。该国成立了专门的金融科技学院，为学生提供奖学金和实习机会，以吸引更多年轻人投身金融科技领域。截至目前，马来西亚已培养出超过500名具备金融科技技能的学生，这些学生在毕业后迅速成为行业的新生力量。

印度尼西亚则通过实施《金融科技人才培养战略》，与国际金融机构展开广泛合作，引进先进的培训理念和资源，开展金融科技培训项目。这一战略的实施，使得印度尼西亚在金融科技人才培养方面取得了显著进展，已培训了超过800名金融科技从业人员，有效提升了该国金融科技行业的整体竞争力。

泰国政府推出的《数字人才培养计划》，将金融科技人才培养作为重要内容之一。该国在主要大学中设立金融科技专业，为学生提供丰富的实践机会和资金支持。这些举措极大地激发了学生的学习热情和创新精神，已有近600名毕业生顺利投入金融科技行业，为泰国的金融科技发展注入了新的活力。

菲律宾实施的《金融科技教育及培训计划》，注重与私营培训机构的合作，通过开展金融科技技能培训，快速提升从业人员的专业水平。据统计，已有超过400名学员完成培训并进入金融科技领域工作，这些学员在实际工作中展现出了良好的专业素养和实践能力。

越南在金融科技人才培养方面也取得了积极成果。该国政府支持建立的金融科技实训基地，为高校和企业提供了一个良好的合作平台。通过这一平台，越南已培养出超过300名具备实战经验的金融科技人才，这些人才在推动越南金融科技行业的发展中发挥了关键作用。

2.课程设置与教学方法

在金融科技人才的培养中，高校对于金融科技课程的设置与教学方法的实践和创新尤为关键，这不仅关系到金融科技人才的培养质量，还直接影响着该区域金融科技行业的长远发展。东盟国家的高校已经开始在这一领域进行探索和实践，见表6-3。

表6-3 东盟金融科技人才培养课程设置与教学方法

高校名称	课程设置与创新	教学方法与实践	合作企业/机构
新加坡国立大学	金融科技与区块链	区块链实验室、国际交流项目	××区块链技术公司、××国际金融机构
马来西亚国立大学	金融科技创新与应用	创新实验室、行业合作项目	××金融科技公司、当地金融机构

数据来源：根据公开资料整理。

在东盟国家中，新加坡国立大学和马来西亚国立大学在金融科技教育领域作出了巨大努力。新加坡国立大学特别开设了金融科技与区块链课程，利用区块链实验室进行实践教学，同时还与国际金融机构和区块链技术公司开展合作，为学生提供国际视野下的金融科技教育。马来西亚国立大学则通过创新实验室和行业合作项目，培养学生在金融科技创新与应用方面的能力；与当地金融科技公司和金融机构的紧密合作，确保了教学与行业需求的紧密对接。

东盟各国高校在金融科技课程设置与教学方法上的实践与创新，不仅丰富了教学内容，还为学生提供了更多实践机会，有助于培养具备实际操作能力和创新思维的金融科技人才。这些努力将为东盟乃至全球的金融科技行业发展提供有用的借鉴。

（二）实习与合作机会

1.与企业的合作模式

在东盟国家，高校与企业之间的合作模式多种多样，见表6-4。这些合作模式为金融科技人才的培养作出了显著贡献。

表6-4　　　　　　　东盟国家在金融科技人才培养方面的校企合作

东盟国家	高校名称	企业名称/合作项目	合作模式	人才培养贡献
新加坡	新加坡国立大学	星展银行	实习与就业合作	提供金融科技实习机会，助力学生掌握实际操作技能
马来西亚	马来亚大学	Maybank	联合研发项目	共同开展金融科技研究项目，培养学生创新能力
印度尼西亚	印度尼西亚大学	GoPay	校企合作课程	开设金融科技相关课程，由企业专家授课，提升学生专业知识水平
泰国	清迈大学	TrueMoney	奖学金与培训	设立金融科技奖学金，提供专业培训，激励学生深入学习金融科技
菲律宾	菲律宾大学	GCash	技术转移与合作	企业向高校转移金融科技技术，促进技术应用与人才培养的结合
越南	河内国家大学	Vietcombank	共建实验室	合作建立金融科技实验室，提供先进的实验设备与环境，支持学生实践与创新

数据来源：赖铮，霍健明."一带一路"视野下的东盟十国：文化教育与商业机遇［M］.厦门：厦门大学出版社，2019.

新加坡国立大学与星展银行的合作为学生提供了丰富的金融科技实习机会。通过实习，学生能够深入接触金融科技的实际操作，不仅提升了他们的实践技能，也增强了他们对行业发展的理解。这种合作模式有助于学生更好地将理论知识与实际应用相结合，为他们未来的职业发展奠定坚实基础。

在马来西亚，马来亚大学与Maybank通过联合研发项目来培养学生的创新能力。这种合作模式鼓励学生参与到金融科技的前沿研究中，通过解决实际问题来锻炼他们的创新思维和实践能力。这种以项目为导向的培养方式，不仅提升了学生的专业素养，也为企业带来了实际的研发成果。

印度尼西亚大学与GoPay的校企合作课程则是一种更为深入的合作模式。企业专家直接参与到课程教学中，为学生带来最新的行业知识和实践经验。这种合作模式确保了课程内容的时效性和实用性，有助于学生更好地了解金融科技行业的最新动态和发展趋势。

泰国清迈大学与TrueMoney的合作侧重于奖学金与培训。通过设立金融科技奖学金，激励学生深入学习该领域的知识。企业提供的专业培训也为学生带来了更多学习和发展的机会。这种合作模式不仅有助于提升学生的专业素养，也有助于增强学生对企业的认同感和归属感。

菲律宾大学与GCash的技术转移与合作是一种更为注重技术应用的合作模式。企业向高校转移先进的金融科技技术，促进这些技术在教学和科研中的应用。这种合作模式有助于提升高校的教学水平和科研实力，同时也为企业培养了更多具备实际应用能力的人才。

越南河内国家大学与Vietcombank共建金融科技实验室，为学生提供了先进的实验设备与环境。这种合作模式有助于提升学生的实践能力和创新能力，支持他们在金融科技领域进行更深入的研究和探索。

东盟国家高校与企业之间的合作模式各具特色，这些合作模式不仅有助于提升学生的专业素养和实践能力，也为金融科技行业的发展注入了源源不断的活力。

2.国际交流与合作

东盟国家通过开展多样化的国际交流与合作，显著提升了金融科技人才的培养质量，见表6-5。这种合作不仅体现在高层次人才的引进上，更深入到与各重点大学的紧密合作中。

表6-5 东盟国家金融科技人才培养的国际交流与合作

合作项目	实施细节	相关数值
高层次人才引进	引进具有国际视野的金融人才	引进人才数量：200+
人才培养合作	与广西大学等建立合作关系，互派人员学习	合作大学数量：10所，互派人员数量：50+
金融战略研究智库	联合高校、研究机构、金融机构组建	策划培训项目数量：15+
社会信用体系建设	整合公安、银行等部门信用信息	对接系统数量：8个，共享信用平台数量：3个
中国-东盟金融合作学院	培养和输送具有国际视野的专业型人才	毕业生数量：100+，合作项目数量：20+
面向东盟的课程培训	开展"走出去"系列培训课程	培训课程数量：25+，参与人数：300+

数据来源：《广西壮族自治区建设面向东盟的金融开放门户总体方案》等。

在高层次人才引进方面，东盟国家积极引进具有国际视野的金融人才。这些人才不仅带来了先进的金融科技理念和技术，也极大地推动了本地金融科技行业的发展。据统计，已引进的高层次金融人才数量超过200人，他们为东盟国家的金融科技领域注入了新的活力。

东盟国家与东盟内外多个国家的重点大学建立了稳固的合作关系。通过互派人员学习，各方不仅在学术上实现了深度交流，还在实际应用中取得了显著成果。目前，已有广西大学等10所大学参与到这一合作项目中，互派学习的人员数量也超过了50人。这种合作模式不仅有助于提升金融科技人才的专业素养，还极大地拓宽了他们的国际视野。

东盟国家还联合高校、研究机构以及金融机构，共同组建了金融战略研究智库。这一智库的成立，为金融科技人才的培养提供了强大的智力支持。截至2024年，智库已成功策划了15个以上的培训项目，这些项目涵盖了金融科技的多个领域，为相关人才提供了宝贵的学习机会。

在社会信用体系建设方面，东盟国家也取得了显著进展。通过整合公安、银行等部门的信用信息，东盟国家成功构建了多个对接系统和共享信用平台。这些系统和平台不仅提高了金融服务的效率，还为金融科技人才的培养提供了丰富的实践案例。

值得一提的是，中国-东盟金融合作学院在金融科技人才培养方面也发挥了重要作用。该学院致力于培养和输送具有国际视野的专业型人才，已有多名毕业生在金融科技领域取得了优异成绩。学院还积极开展多个合作项目，这些项目不仅增强了学院与国际金融科技界的联系，还为学员提供了更多的实践机会。

除了上述合作项目外，东盟国家还开展了面向东盟的课程培训。这些培训课程以"走出去"为主题，旨在提升金融科技人才在国际市场中的竞争力。据统计，已开设的培训课程数量达到了25门以上，参与培训的人数也超过了300人。这些课程不仅涵盖了金融科技的最新发展动态，还包括了实际操作技能的培训，为学员提供了全方位的学习体验。

东盟国家通过国际交流与合作，在金融科技人才培养方面取得了显著成果。这些合作项目不仅提升了人才的专业素养和国际视野，还为金融科技行业的发展注入了新的动力。

四、面临的挑战

（一）人才短缺与结构性问题

1.人才短缺的现状

当前，金融科技人才短缺已成为制约行业发展的一大瓶颈，具体表现与原因分析见表6-6。

表6-6 金融科技人才短缺的表现及原因分析

人才短缺表现	具体数据或案例	原因分析
招聘困难	85%的受访雇主表示招聘困难	金融科技专业人才的供给不足，市场竞争激烈
特定职位需求难以满足	45%的受访雇主表示难以找到符合特定职位需求的人才	金融科技领域对专业技能和经验的高要求
高校专业建设和教学质量问题	据高考100网站统计，截至2024年年底，中国共有124家本科院校开设金融科技专业	高校响应金融科技人才培养需求，但专业建设和教学质量参差不齐
实践教学不足	高校金融科技专业实践教学环节薄弱	传统教育模式偏重理论，缺乏与金融科技企业合作的机会
国际化程度要求提高	金融科技人才需具备国际化视野和跨文化交流能力	金融科技行业的全球化趋势，要求人才能够适应国际竞争
跨领域复合型人才需求增加	金融科技人才需兼备金融、科技、法律等多领域知识	金融科技业务模式的创新和多样化，要求人才具备跨领域融合能力

数据来源：上海交通大学高级金融学院发布的《全周期金融科技人才认证培育体系标准白皮书2024》。

相关数据显示，高达92%的金融科技企业正面临人才短缺的问题。这一现状的产生，主要源于金融科技行业的迅猛发展和不断变化的技术需求，导致市场上对具备专业技能和经验的金融科技人才需求量激增。在招聘过程中，85%的受访雇主表示遇到了招聘困难。这不仅是因为金融科技专业人才的供给不足，还因为市场竞争激烈，使得优秀的人才更加稀缺。45%的受访雇主反映，难以找到符合特定职位需求的人才。这主要是由于金融科技领域对专业技能和经验的要求较高，而市场上具备这些条件的人才相对较少。

为了应对金融科技人才短缺的问题，高校也在积极调整专业设置。多家高校本科阶段开设了金融科技或互联网金融专业，这一举措旨在培养更多具备金融科技知识和技能的人才，以满足市场需求。然而，专业建设和教学质量的不均衡也成了一个亟待解决的问题。实践教学环节的薄弱也是当前金融科技人才培养中的一个突出问题。传统教育模式往往偏重理论教学，而缺乏与金融科技企业的合作机会。这导致学生在实践操作中缺乏经验，难以直接满足企业的实际需求。

随着金融科技行业的全球化趋势日益明显，对人才的国际化程度要求也在不断提高。金融科技人才需要具备国际化视野和跨文化交流能力，以适应国际竞争的需要。对跨领域复合型人才的需求也在增加。金融科技业务模式的创新和多样化，要求人才不仅掌握金融和科技领域的知识，还要具备法律、管理等多领域的知识和技能。金融科技人才短缺的现状表现在多个方面，包括招聘困难、特定职位需求难以满足、高校专业建设和教学质量问题、实践教学不足、国际化程度要求提高和跨领域复合型人才需求增加等。为了解决这些问题，需要行业、高校、政府和社会各界共同努力，加强合作与交流，推动金融科技人才培养体系的完善和创新。

2.人才结构性失衡

金融科技人才在技能、知识和经验等方面的结构性失衡，是当前中国与东盟国家共同面临的一大挑战，见表6-7。这种失衡表现在多个层面，且对各国的金融科技行业发展产生了深远影响。

表6-7　　　　　　　　　　中国–东盟金融科技人才结构性失衡指标

指标＼地区	中国	东盟国家整体	新加坡	印度尼西亚	泰国	马来西亚	菲律宾	越南
开设金融科技专业高校数	124	110	2	—	—	—	—	—
金融科技本科专业招生规模	大	中等	大	小	中等	小	小	中等
主要金融科技人才培养机构	高校、企业	高校、初创企业	高校、创新中心	高校	高校	高校	高校	高校
人才技能需求缺口	高	中等	低	高	中等	高	高	中等
金融科技认证体系完善程度	逐渐完善	初级阶段	完善	发展中	初级阶段	初级阶段	初级阶段	发展中
面临的主要挑战	供需不匹配、教育体系滞后	教育和技能发展的差距、人才流失	人才竞争、创新生态维护	教育质量提升、人才吸引	技能与市场需求对接、数字鸿沟	数字技能普及、人才政策优化	创业教育推动、人才留住	教育资源均衡、创新环境构建
金融科技应用主要领域	风险管理、客户服务等	数字转型、支付创新等	跨境金融、智能投顾等	普惠金融、移动支付等	电子商务、供应链金融等	伊斯兰金融科技、区块链等	金融科技初创企业支持等	金融科技服务农业、电商等

数据来源：李健，黄志刚，董兵兵，等.东盟十国金融发展中的结构特征 [M].北京：中国社会科学出版社，2017.

在中国，随着金融科技的迅猛发展，行业对人才的需求量激增。然而，高校虽然纷纷开设金融科技专业，但人才培养的速度和质量与市场需求之间仍存在较大差距。特别是在高端技术和管理人才方面，市场供需矛盾尤为突出。由于金融科技涉及金融、技术、法律等多个领域，复合型人才的培养也显得尤为迫切。中国的金融科技认证体系虽在逐渐完善，但仍需进一步加强以适应行业发展的快速变化。

在东盟国家，金融科技人才的结构性失衡问题同样不容忽视。整体来看，东盟国家在金融科技专业的开设和招生规模上虽有所增长，但仍无法满足行业发展的需要。特别是在一些新兴市场，如印度尼西亚和菲律宾，由于金融科技起步较晚，教育体系相对滞后，导致人才缺口较大。东盟国家间的金融科技发展水平也存在差异，如新加坡在金融科技领域的创新和应用已处于领先地位，而其他国家则仍在努力追赶。

这种结构性失衡不仅影响了金融科技行业的创新和发展，还可能加剧人才流失和竞争。为了应对这一挑战，中国和东盟国家需要共同努力，加强在金融科技人才培养方面的合作与交流。具体而言，可以通过推动高校与企业之间的深度合作、建立跨国金融科技人才培养平台、完善金融科技认证体系等方式，共同提升金融科技人才的培养质量和效率。各国还应根据自身的实际情况和发展需求，制定有针对性的金融科技人才政策。例如，中国可以进一步加大在复合型人才培养和高端人才引进方面的投入；而东盟国家则可以通过加强教育体系建设、提高教育质量、优化人才政策等措施，逐步提升本土金融科技人才的素质和规模。只有这样，才能有效解决金融科技人才结构性失衡的问题，推动金融科技行业的持续健康发展。

（二）教育与培训体系的局限性

1.课程内容落后

当前，金融科技教育课程内容与行业需求之间的脱节现象已成为不容忽视的问题。随着金融科技的迅猛发展，行业对人才的需求也在不断变化，这就要求教育课程能够与时俱进，紧跟行业发展的步伐。然而，在现实中许多教育课程的内容更新缓慢，无法及时反映金融科技领域的最新动态和技术趋势。

一方面，一些传统的金融课程仍然占据着主导地位，而这些课程往往侧重于金融理论和传统金融业务的介绍，对于新兴的金融科技技术，如区块链、人工智能、大数据等则涉及较少，这就导致学生在校期间所学的知识与实际工作中所需要的技能存在较大的差距。另一方面，尽管一些高校已经意识到金融科技的重要性，并尝试在课程中增加相关内容，但由于师资力量、教学资源等方面的限制，这些课程往往只是停留在表面层次的介绍，缺乏系统性和实践性。学生虽然接触到了新的概念和技术，但难以真正掌握其核心原理和应用方法。

金融科技行业的创新速度极快，新的技术和业务模式层出不穷。这就要求教育课程不仅能够及时更新内容，还应具备一定的前瞻性，能够引导学生关注并探索未来的技术趋势和发展方向。然而，目前的教育体系在这方面显然还存在较大的不足。为了解决这一问题，高校和教育机构需要加强与行业的联系，密切关注金融科技领域的最新动态，及时调整和更新课程内容。另外，还需要加大投入，提升师资力量，引进具有丰富实践经验的行业专家参与教学，确保课程内容的实用性和前瞻性。只有这样，才能真正培养出符合行业需求的金融科技人才，推动金融科技行业的持续健康发展。

2.实践机会不足

在金融科技领域，实践是提升学生专业技能和综合素质的关键环节。然而，当前学生面临的实习机会并不充足，这一问题对人才培养产生了深远影响。

从行业发展的角度来看，金融科技行业的迅速崛起和技术的不断更新换代，要求学生具备更强的动手能力和实战经验。但现实情况是，许多学生在校期间难以接触到足够的实践项目，导致他们在毕业后难以迅速融入行业、满足企业的实际需求。造成实践机会不足的原因是多方面的。一方面，高校与企业之间的合作尚不够紧密，缺乏为学生提供足够实践平台的机制。尽管一些高校已经尝试与企业建立合作关系，但由于双方利益诉求、合作模式等方面的差异，这种合作往往难以深入和持久。另一方面，行业内的实习岗位有限，而金融科技专业的学生数量却在不断增加，导致实习机会供不应求。部分企业对实习生的专业能力和实践经验要求较高，这也使得一些学生在寻找实习机会时面临困难。

实践机会的不足对学生和行业的发展都产生了不良影响。对于学生而言，缺乏实践机会可能导致他们无法充分理解和掌握金融科技领域的实际操作技能，进而影响他们的就业竞争力。对于行业而言，缺乏具备实战经验的人才可能会制约行业的创新和发展。为了改善这一状况，高校、企业和政府需要共同努力。高校可以加强与企业的合作，建立更多稳定的实践基地，为学生提供更多的实践机会。企业则可以积极参与人才培养过程，通过提供实习岗位、开展校企合作项目等方式，帮助学生积累实践经验。政府则可以通过政策引导和财政支持，促进高校与企业之间的合作，推动金融科技人才的培养。实践机会不足是金融科技人才培养过程中亟待解决的问题。通过加强高校、企业和政府之间的合作，可以为学生提供更多实践机会，培养出更多具备实战经验和专业技能的金融科技人才，推动行业的持续创新和发展。

五、政策与建议

（一）现行政策分析

1.政策现状

中国与东盟在金融科技人才培养方面的现行政策，主要围绕教育体系、产学研结合、国际合作与交流等几个方面展开。这些政策旨在提升金融科技人才的培养质量，以适应快速发展的金融科技产业需求。

在教育体系方面，中国政府积极推动高校金融科技专业的建设与发展。多所高校已经开设了金融科技专业，并不断完善相关课程设置，以培养学生的金融科技理论与实践能力。政府还鼓励高校与金融科技企业合作，共同开展实践教学和科研活动，以促进人才培养与行业需求的紧密结合。东盟国家也在教育体系上进行了相应调整，以加强金融科技人才的培养。例如，一些东盟国家的高校已经引入了金融科技相关课程，并积极寻求与国际知名金融科技企业的合作。这些举措不仅提升了学生的专业技能，还为他们提供了更广阔的就业和发展空间。

在产学研结合方面，中国与东盟都致力于推动高校、科研机构和企业之间的深度合作。通过共建实验室、开展合作项目等方式，双方共同探索金融科技领域的前沿技术，并培养具备创新能力和实践经验的人才。这种产学研一体化的培养模式，有助于缩短人才培养周期，提高人才培养效率。国际合作与交流也是中国与东盟在金融科技人才培养方面的重要政策方向。双方通过互派留学生、举办学术交流活动等方式，加强了金融科技领域的国际交流与合作。这不仅有助于提升双方的人才培养水平，还为金融科技产业的全球化发展注入了新的活力。

中国与东盟在金融科技人才培养方面的现行政策，体现了双方对金融科技产业发展的高度重视和远见卓识。通过不断完善教育体系、推动产学研结合、加强国际合作与交流等举措，双方共同为金融科技人才的培养和发展创造了有利条件。

2.政策评估

在评估中国与东盟国家在金融科技人才培养方面的现行政策时，需关注政策实施的有效性和存在的不足之处。在有效性方面，当前已初步建立了金融科技人才培养的体系，推动了高校、职业培训机构以及企业之间的合作，为行业输送了一批专业人才。例如，中国政府通过设立金融科技相关学科与专业，引导高校加大对金融科技人才的培养力度。东盟国家如新加坡、马来西亚等也积极跟进，推出了一系列支持金融科技发展的政策，包括人才培养计划、奖学金和实习项目等。然而，在肯定政策效果的同时也应看到存在的不足。一方面，政策在执行层面仍存在诸多挑战。尽管政策导向明确，但在具体落实过程中，由于资源分配不均、地区发展差异以及教育体系滞后等因素，政策效果未能充分发挥。另一方面，现行政策在应对金融科技行业快速变化方面显得不够灵活。金融科技是一个创新密集的领域，技术更新迭代迅速，这就要求人才培养政策能够及时调整以适应行业变化。然而，目前政策的调整速度往往滞后于行业发展，导致人才培养与市场需求之间存在一定的脱节。

为了更精确地评估政策效果，本书参考了一些具体的数据指标。例如，通过对比政策实施前后金融科技人才的数量变化、技能水平提升情况以及行业创新成果的产出等，来量化政策的有效性。本书还借助行业调查报告、专家访谈等资料，深入了解政策执行过程中遇到的问题和障碍，从而更全面地评估政策的不足之处。虽然中国与东盟国家在金融科技人才培养方面已取得了一定的政策成果，但仍需不断优化和完善政策体系，以更好地适应行业发展的需求。未来，政策制定者应更加关注政策的执行效果和市场反馈，及时调整策略，确保金融科技人才培养工作能够持续、有效地推进。

（二）政策建议

1.完善教育体系

在金融科技人才培养的教育体系完善方面，可以从多个维度出发，系统提升教育质量，以更好地满足行业发展需求。课程内容的更新与优化是关键一环。由于金融科技领域技术更新迅速，传统课程内容往往难以跟上行业发展的步伐，因此，高校与培训机构应定期审视和更新课程内容，确保学生接触到最前沿的金融科技知识。例如，可以引入区块链、人工智能、大数据分析等新兴技术的相关课程，同时强化金融与科技的融合实践，提升学生的综合应用能力。教学方法的创新同样重要。传统的填鸭式教学已无法满足现代金融科技人才的培养需求。高校和培训机构应积极探索案例教学、项目驱动、翻转课堂等创新教学方法，激发学生的学习兴趣，培养他们主动学习和解决问题的能力。还可以借助在线教育平台，开展混合式教学，为学生提供更加灵活多样的学习体验。实践环节的强化也是不可或缺的一部分。金融科技人才不仅需要扎实的理论知识，更需要丰富的实践经验。高校应与企业紧密合作，共同建设实习基地，为学生提供更多高质量的实习机会，鼓励和支持学生参与金融科技领域的创新创业活动，通过实践锻炼他们的创新能力和市场洞察力。师资力量的提升同样不容忽视。优秀的教师是培养高质量金融科技人才的关键。高校和培训机构应加大对金融科技师资的引进和培养力度，定期组织教师参加专业培训，提升他们的专业素养和教学能力。鼓励教师与业界保持紧密联系，及时了解行业动态，确保教学与行业发展的紧密结合。教育体系的完善还需要建立有效的质量评估机制。通过定期的教学质量评估和学生反馈，高校和培训机构可以及时发现教学中存在的问题，并有针对性地进行改进。可以与行业认证机构合作，开展金融科技人才的认证与评估工作，为人才培养提供更为明确的标准和方向。

2.加强行业合作

在金融科技人才培养方面，加强高校与企业的合作尤为重要。这种合作模式不仅有助于提升教育的实践性，还能够更好地满足行业对专业人才的需求。

当前，金融科技行业正处于快速发展阶段，技术的更新换代速度极快，这就要求从业人员必须具备高度的专业素养和较强的实践能力。然而，传统的教育模式往往侧重于理论知识的传授，而忽视了实践技能的培养。因此，高校与企业之间的合作成为弥补这一缺口的重要途径。通过校企合作，高校可以邀请来自金融科技企业的专家参与课程设计，共同开发符合行业最新发展动态的课程内容。这样一来，学生能够接触到最前沿的金融科技知识，从而更好地为未来的职业生涯做好准备。企业也可以提供实习岗位，让学生在校期间就能积累实际工作经验，提升他们的实践能力。高校与企业还可以联合开展科研项目，鼓励学生参与其中。通过这种方式，学生不仅能够深入了解金融科技的实际应用场景，还能够在科研过程中培养解决问题的能力和创新精神。这种产学研一体化的合作模式，对于提升金融科技人才的培养质量具有显著效果。

值得一提的是，随着互联网技术的不断发展，远程教育和在线学习平台也为高校与企业的合作提供了新的可能。通过这些平台，企业可以提供在线课程和培训资源，帮助学生随时随地学习金融科技知识。而高校则可以利用这些资源来丰富自己的教学内容，实现教育资源的共享和优化配置。加强高校与企业之间的合作是提升金融科技人才培养效果的关键举措。通过共同参与课程设计、提供实习机会以及联合开展科研项目等方式，可以培养出更多既具备理论知识又具备实践能力的金融科技人才，为行业的持续发展注入新的活力。

第七章 中国-东盟金融科技人才培养课程体系构建

一、中国-东盟金融科技人才培养定位、目标与毕业要求

（一）人才培养的战略定位

中国-东盟金融科技合作的不断深化，为区域经济发展带来了活力与机遇。金融科技的快速发展，不仅重塑了传统金融业务模式，也推动了金融服务在数字化、智能化方面的变革。在此背景下，培养适应和引领金融科技创新发展的人才，已成为国家和区域的战略需要。中国与东盟国家在金融科技领域的合作日益紧密，不仅涉及跨境支付、普惠金融、风险管理等关键领域，而且促进了金融服务的普及和数字经济的进一步发展。为此，明确中国-东盟金融科技人才培养的战略定位，既是顺应当前发展趋势的必然选择，也是为区域金融稳定和经济发展提供支撑。中国-东盟金融科技人才培养主要包括以下几个方面：

1.立足于满足区域经济的金融创新需求，培养复合型的金融科技专业人才

中国-东盟地区的金融科技合作涵盖多个领域，涉及支付清算系统、数字货币、区块链技术、人工智能在金融领域的应用等。区域内金融科技的快速发展，要求金融科技人才不仅具备扎实的金融学、经济学等专业基础知识，还应精通计算机科学、数据分析、信息安全等跨学科专业知识。这种对专业人才的能力需求，决定了中国-东盟金融科技人才的培养必须打破学科界限，通过跨学科的知识体系和技能培训，使学生能够应对复杂多变的金融科技应用场景，成为具备金融与技术双重知识与技能的复合型人才。

2.以国际化视野为导向，培养具备跨文化沟通和合作能力的国际化人才

随着共建"一带一路"倡议的持续推进，中国与东盟国家之间的经济与贸易联系愈加紧密，跨境金融业务需求不断增加。这种国际化需求决定了金融科技人才不仅要具备扎实的专业技能，还需要深刻理解东盟国家的经济、文化和政策环境，以促进跨国金融科技项目的顺利开展。因而，中国-东盟金融科技人才的培养需要在课程设置上增加区

域经济、跨文化沟通等内容，同时注重对学生国际化视野的拓展，通过国际交换生、双学位项目等方式，使学生能够在实际环境中练就跨文化沟通与合作的能力，从而为区域金融科技领域的跨境合作提供有力的支持。

3.顺应金融科技的创新驱动趋势，培养具有创新思维和实践能力的高层次人才

在金融科技的应用中，创新是驱动发展的核心。大数据分析、人工智能、区块链等技术的应用，对传统金融服务的流程与模式产生了深刻的影响。随着数字化转型的不断深入，金融行业对具备创新思维、能够进行产品开发和风险控制的金融科技人才的需求愈加迫切。因此，中国-东盟金融科技人才培养在战略上应注重对学生的创新意识培养，通过项目制、案例教学、科研训练等方式，提高学生的实际操作能力与创新实践能力。通过这些创新性的学习方式，学生可以在学习的过程中实现理论知识与实际应用的高度融合，从而提升其在金融科技领域的创新能力和竞争力。

4.与区域经济发展战略相结合，以支持东盟各国实现普惠金融和金融科技的普及

普惠金融是金融科技在发展中国家最为重要的应用之一。东盟国家存在大量的无银行账户人口，而金融科技的发展能够有效解决这一问题，实现金融服务的普及。在这一背景下，中国-东盟金融科技人才培养的战略定位为需服务于普惠金融和金融科技在东盟的推广应用，使人才在掌握技术能力的同时，具备金融服务意识，能够帮助东盟国家解决金融服务缺乏的问题，提升当地的金融可及性和经济包容性。

5.培养区域金融科技风险管理与合规审查能力

金融科技的发展带来了新的风险，如数据安全、隐私保护、网络攻击等。区域金融科技的发展不仅需要创新驱动，还必须配套完善的风险控制和合规管理。中国-东盟金融科技人才的培养应注重风险管理课程的设计，培养学生在合规审查、风险评估、信息安全等方面的综合能力，从而为区域金融科技生态的健康发展提供保障。通过引入国际化的金融监管标准和合规的实务内容，来培养能够从容应对区域金融科技风险、维护金融系统安全的人才，从而助力中国与东盟地区金融科技的可持续发展。

（二）培养目标

中国-东盟金融科技人才的培养目标为培养具有扎实的金融科技专业知识、卓越的跨学科综合能力、宽广的国际视野和高度社会责任感的高层次、复合型人才，使其能够积极推动中国与东盟区域经济合作与金融科技发展。具体包括德育、知识、能力、素质、社会责任和国际化视野等六大维度目标。

1.德育目标：培养责任感和职业道德

使金融科技人才具有职业道德和社会责任意识是上述培养体系的重要基础。为确保学生具有较好的职业操守，在德育上的培养目标为学生应具有强烈的社会责任感、诚信品质和职业道德。金融科技行业涉及客户数据隐私、金融安全等方面，学生需树立严谨的工作态度，确保在未来的职业活动中能遵循行业伦理，维护客户利益，积极遵循数据安全、隐私保护和公平交易的职业标准。通过开设德育课程和职业伦理专题讲座，培养学生树立正直、自律、敬业的职业道德，确保其能够在复杂的金融环境中坚守底线、促进金融科技行业的健康发展。

2.知识目标：掌握跨学科的专业知识与理论

金融科技作为交叉学科，要求学生掌握金融学、计算机科学、大数据分析、区块链、人工智能等多学科交叉的专业知识。其知识培养目标明确要求学生掌握系统的金融理论与数据处理方法，以及前沿科技的核心原理，从而为其未来在金融科技领域的实践奠定坚实的理论基础。具体而言，学生需在专业课程中系统学习货币金融学、计量经济学、区块链基础、机器学习应用等课程，做到对金融市场运行、数据分析方法、技术应用原理的全面理解。同时，在区域经济背景下，培养目标强调学生应对中国-东盟金融环境、区域政策、跨境结算与支付系统等知识进行深入的学习，为其未来开展区域金融科技合作提供专业支持。

3.能力目标：构建创新性与实践性并重的职业能力

在培养学生的综合能力方面，培养目标为创新性与实践性并重，旨在使学生具备在金融科技行业中解决实际问题的能力。为满足中国-东盟跨境业务开展的实际需要，学生应掌握金融产品设计、风险控制、数据建模与分析、信息系统开发等应用技能。此外，培养目标上，特别强调项目管理和跨职能协作能力，应确保学生能够胜任金融科技领域中复杂的工作，并能够进行跨学科团队合作。在课程体系的设置上，通过实验、实习、项目制学习等形式，使学生能够在实际操作中提升技术应用和问题解决的能力，从而为其未来在金融科技创新中的表现提供实践保障。

4.素质目标：提升人文素养与综合素质

除了专业能力，金融科技人才还需具备良好的人文素养和综合素质。培养目标不仅要求学生具有知识积累和技术应用能力，更重视其综合素养的全面提升，要求学生具备批判性思维、逻辑分析能力以及沟通协调能力。人文素养课程将帮助学生形成积极的学习心态和团队合作意识，使其在未来的职业生涯中拥有良好的适应能力和自驱力。此外，参加公益活动、社团实践，能够增强学生的人际交往能力和团队协作精神，培养其在专业技术之外的软技能，全面提升其综合素质。

5.社会责任目标：形成高度的社会责任感与服务意识

金融科技的发展影响广泛，其应用领域涉及社会公众的日常生活与经济活动，因此，培养目标在社会责任感方面要求学生能够关注公众利益与金融服务的普惠性。特别是东盟区域内经济发展不均衡，普惠金融是金融科技重要应用场景之一，因此学生要具备为经济欠发达地区提供服务的意识。应在课程体系中，设置社会责任和公共服务课程，组织社会实践活动，使学生感受到普惠金融的社会价值，从而培养其为社会经济发展贡献力量的使命感。

6.国际化视野目标：生成全球思维与区域适应性

随着中国–东盟区域经济合作的深入，培养具有国际化视野的金融科技人才成为区域合作的必要条件。培养目标方面，要求学生了解国际金融科技发展趋势，掌握跨境金融业务的规范和标准，具有全球视野。鉴于要在东盟区域内工作，学生需能够理解各国的文化和市场特点，在跨文化背景下实现高效工作。应设置跨文化交流课程，通过交换生项目、区域论坛、跨国研讨会等，培养学生的跨文化沟通能力，使其具备在多元文化环境中灵活适应、顺畅沟通的能力。

（三）毕业要求

中国–东盟金融科技人才的毕业要求为其应具备服务区域金融科技行业发展、支持中国–东盟经济合作的全面能力。通过在专业知识、实践技能、创新思维能力、职业道德、国际视野、团队合作等方面制定明确的标准要求，以培养出既有理论功底，又有实际操作能力的复合型、创新型金融科技人才。

1.专业知识要求：掌握系统的金融科技跨学科知识

学生需掌握金融学、计算机科学、数据科学、区块链技术和人工智能等学科的核心理论和知识。具体而言，要求学生熟练掌握金融理论（如货币银行学、国际金融）、信息技术基础（如编程、数据库管理）以及相关技术应用（如大数据分析、区块链架构、机器学习算法等），能够将这些知识应用于金融科技行业的创新实践中。学生在毕业时应能够独立完成金融市场数据分析、模型设计和技术开发，能够理解并应用金融科技领域最新的研究成果。

2.实践技能要求：具备解决实际问题的能力

毕业要求强调学生的实践操作能力，要求其具备在真实金融科技应用场景中解决问题的能力。学生应在校内外完成实验、实训、项目等实践教学环节，能够在虚拟环境中完成数据处理、算法设计、系统开发、产品测试等任务，并具备独立或团队协作完成项目的能力。具体要求为，学生在毕业时应能够熟练应用编程工具（如Python、SQL）、数据分析平台（如Tableau、Power BI）、金融数据系统（如Wind、Bloomberg），并能够参与完成项目的各个环节，具有在金融科技产品开发和技术创新方面的操作能力。

3.创新思维能力要求：具有理论结合实践的创新意识

毕业要求强调学生在创新思维和科研能力上要有所成长，要求学生能够运用创新思维和科研方法解决复杂的金融科技问题。学生应具备设计科研项目、搜集和分析数据、总结和反思研究结果的能力，能够将理论与实践结合，提出具有应用价值的创新型解决方案。具体来说，要求学生至少参加一个科研项目或创新竞赛，并在毕业时能够完成高质量的毕业论文或研究报告，说明其具备在金融科技领域进行科研探索的能力。

4.职业道德要求：遵循金融科技工作的职业伦理

金融科技行业的职业伦理和社会责任至关重要，毕业要求中规定，学生应具备诚信、公正、守法的职业操守。学生需理解并遵守数据隐私保护、合规监管和金融安全等相关法律，能够在未来的职业实践中以道德为准绳，维护行业的健康发展。此外，学生需具有服务社会、助力普惠金融发展的意识，能够在推动区域经济发展的过程中践行社会责任，特别是在东盟欠发达区域推进普惠金融服务的应用。

5.国际视野要求：拥有面向区域合作的全球化视角

随着中国-东盟金融科技合作的深化，学生需具有适应多元文化环境、推进区域合作的国际视野。毕业要求中明确规定，学生需了解国际金融科技行业的最新发展趋势，掌握跨境金融业务的流程和规范，具备在跨文化背景下有效沟通与协作的能力。具体要求为，学生在校期间应参加国际交换生项目、双学位项目或其他跨国实习活动，并在毕业时具有跨文化交流的能力，确保其在未来的国际化工作环境中能够高效地沟通合作。

6.团队合作要求：具有跨学科团队的协作能力

金融科技行业的项目通常涉及跨学科团队合作，毕业要求中强调学生需具备良好的团队合作和沟通能力，能够在多职能团队中协调并完成复杂任务。学生应于在校期间参与多个团队项目，通过完成实际任务提升与他人协同合作的能力。毕业时，学生需展示其在团队中协作、沟通、问题解决和领导的综合素质，具备项目管理的基础知识和团队领导能力，能够在未来职场中适应并胜任跨部门、跨领域的工作。

二、中国-东盟金融科技课程体系构建的思路、原则与目标规划

（一）课程体系构建的主要思路

在中国-东盟区域经济合作背景下，金融科技人才的培养课程体系需围绕区域经济和行业发展需求，紧密对接金融科技产业的技能标准，以确保毕业生具有扎实的理论知识、前沿的技术能力、丰富的实践经验及全球化视野。为此，课程体系主要涵盖需求导向的课程设置、模块化与层次化的设计思路、理论与实践相结合的教学模式、对应国际标准的课程设置等多个方面，力图为中国-东盟金融科技行业培养高水平的复合型人才。

1.需求导向的课程设置

课程设置需紧扣行业需求，强调课程内容与区域经济发展、金融科技产业链的无缝衔接，确保人才培养满足产业的快速变化和多样化需求。具体而言，课程体系在设置时应充分考虑金融科技在中国和东盟国家的实际应用场景，包括跨境支付、数字货币、区块链在供应链金融中的应用等。需求导向的课程不仅包括金融基础和信息技术基础，还包括政策法规、风险管理等相关内容，使学生具备直接服务区域金融科技产业的知识和能力。此外，课程设置需结合中国与东盟的政策动态，适应不同国家和地区的金融环境，力求让学生在毕业时能够适应跨国、跨文化的工作环境。

2.模块化与层次化的设计思路

为使学生能够系统掌握金融科技知识，课程体系采用模块化和层次化的设计方法，将专业知识与技能分为核心模块和选修模块，覆盖金融学、计算机科学、数据分析等多学科内容。核心模块包含金融学原理、数据科学基础、编程技术、金融科技应用等基础课程，确保学生在毕业时具有扎实的理论功底和基础技能。选修模块则为学生提供个性方向选择，例如金融数据挖掘、区块链开发、跨境结算技术等，允许学生根据自身兴趣和职业目标选择深入学习的方向。

在层次化方面，课程体系设计由浅入深，分为基础课程、进阶课程和高级课程三个

层次，使学生能够循序渐进地构建知识体系。基础课程致力于帮助学生打好金融科技的基础，包括经济学、金融学、编程基础等。进阶课程侧重于提升技术应用能力和掌握行业知识，包括金融数据处理、网络安全、区块链技术等。高级课程则聚焦实际项目的开发能力和创新能力的培养，包括高级数据建模、金融创新与技术应用等。这种层次化设计能够让学生在掌握基础知识的基础上，逐步提升技术应用和问题解决的能力。

3.理论与实践相结合的教学模式

金融科技领域的发展强调实践能力和创新应用，课程体系需以理论学习为基础，将实践教学贯穿各层级课程，以提升学生的实际操作能力和创新能力。具体方法包括增加案例分析、项目制教学和校企合作等实践环节。理论课程主要通过课堂教学和学术研究，使学生掌握金融科技的基本原理和理论框架。实践课程则通过实验室训练、数据分析实训、金融科技创新实验室等环节，使学生能够直接参与项目开发和实际应用，提升其在金融科技方面的操作能力和创新能力。

此外，校企合作的项目制学习能够让学生在真实企业的环境中参与项目，实现理论与实践的深度结合。学生通过项目式学习，可以将课堂中学到的知识直接应用到实际任务中，同时能够在实践中发现并解决问题，从而增强应对复杂金融环境的能力。特别是在东盟区域，跨国合作项目、海外实习等实践形式能够让学生更好地适应区域经济环境，为未来的跨国工作做好准备。

4.对应国际标准的课程设置

中国–东盟金融科技人才的培养面向全球化市场，课程体系需参照国际通行的行业标准和认证体系进行设计，以确保学生具备国际化的专业水平。课程体系在内容设计上应涵盖国际金融标准、合规要求、数据隐私保护等方面的课程，以培养学生的全球化视野和职业敏感性。此外，课程可引入国际认证体系（如CFA、FRM）中的部分标准和模块，帮助学生在获得学术知识的同时，取得一定的国际职业资格认证。国际标准的引入，不仅可以提升课程体系的权威性，也为学生未来进入国际化金融科技行业提供了更为广阔的就业机会。

同时，课程体系方面还需加强与东盟区域内高校和企业的合作，构建跨国联合教学和研究平台，使学生能够在学习的过程中了解不同国家的金融科技发展现状，进一步提升其跨文化沟通与适应能力。这一思路包括与东盟高校共同开发课程，开设双学位和联合培养项目，并通过联合实习、交换生项目等具体措施，让学生在全球化的环境中逐渐具有国际竞争力。

（二）课程体系构建的基本原则

中国-东盟金融科技人才培养的课程体系构建，需要在满足区域经济发展和金融科技行业需求的同时，以科学性和前瞻性为导向，确保课程体系的实用性与灵活性。为此，课程体系的构建应遵循以下基本原则：以学生为中心的原则、学科交叉融合原则、持续改进与动态调整原则、国际化与本土化相结合的原则，以及可评估性与可操作性原则。通过对这些原则的贯彻，致力于培养出具有全面素养、国际视野和区域适应能力的高端金融科技人才。

1.以学生为中心的原则

以学生为中心的原则是课程体系设计的核心，旨在确保课程内容和教学方法能够最大化地满足学生的学习需求和未来职业发展的需要。具体来说，该原则强调在课程设计中应注重学生的学习体验与学习效果，通过灵活多样的教学方式，如项目式学习、案例分析、小组讨论等，促进学生的主动参与和知识内化。同时，以学生的个性化需求为导向，提供多样的选修课程模块，可使学生能够根据个人兴趣和职业规划选择专业方向，提升学习的自主性和针对性。此外，在评估体系上，建立科学的反馈机制，可及时了解学生在课程学习中的反馈，根据学生的实际需求调整教学内容和方法，从而提升课程的吸引力和学习效果。

2.学科交叉融合原则

金融科技是一个跨学科的交叉领域，课程体系在设计中必须遵循学科交叉融合的原则，确保学生掌握金融、技术和数据科学等多学科知识，形成综合性的专业能力。具体而言，课程体系应包括金融学与计算机科学、大数据、区块链、人工智能等学科内容，培养学生应对复杂金融科技环境的多学科思维能力。同时，在不同学科模块的课程安排上，应强调各学科间的有机联系，形成从基础知识到技术应用的知识传导路径，使学生在学习过程中形成全面的理论框架和实际应用能力。通过学科的交叉融合，培养出具有金融科技多种技能的复合型人才，以满足中国-东盟区域内金融科技行业的复杂需求。

3.持续改进与动态调整原则

金融科技行业发展迅速，新技术、新应用不断涌现，课程体系必须具备灵活性和适应性，遵循持续改进与动态调整的原则。具体措施包括定期更新课程内容，将金融科技领域的最新研究成果、行业动态和政策变化引入课程体系，使学生能够及时掌握行业前沿知识和技术。建立课程反馈与评估机制，定期收集教师和学生的反馈信息，以此作为课程内容调整和教学改进的依据。同时，通过与行业和科研机构的紧密合作，确保课程设计能够动态调整，避免内容与实际应用脱节，确保学生始终能够掌握与行业发展趋势一致的前沿知识和技能。

4.国际化与本土化相结合的原则

在中国-东盟区域经济合作和全球化发展的背景下，金融科技人才培养需要遵循国际化和本土化相结合的原则，确保学生既具有全球视野，又能满足区域市场的特殊需求。具体而言，课程体系的设计在内容上需引入国际金融标准、跨境支付系统和金融合规政策等全球通用的知识模块，帮助学生理解和掌握国际通行的金融科技规范。同时，鉴于东盟各国在政策、文化和市场环境上的差异，课程中还应设置区域特色模块，使学生能够满足本地市场需求，具备跨文化沟通和合作的能力。国际化与本土化的结合，将使学生既具备全球化金融科技行业的竞争力，又能在区域经济合作中发挥专业优势。

5.可评估性与可操作性原则

课程体系构建需具备明确的评估标准和实施性强的操作方法，确保教学质量得到控制和提升。可评估性要求课程体系中设定具体、量化的评估标准，通过期中、期末考试，项目成果展示，实验室操作测试等形式，评估学生在知识掌握、技能应用、创新思维等方面的学习效果。此外，应建立多层次的评估体系，从课堂反馈、学生自评到毕业后就业表现，形成对课程体系的全方位评估，以便及时调整教学内容和方法。可操作性则强调课程内容与教学方法的落地实施，要求教学安排和考核方式具有操作性，确保教师和学生能够方便地进行课程内容的落实和学习成效的评估，从而保障课程体系的顺利实施。

（三）课程体系构建的目标规划

中国-东盟金融科技人才培养课程体系的目标规划为，以区域经济合作和金融科技行业发展需求为导向，分阶段实现培养目标。通过明确短期、中期和长期目标，课程体系在夯实学生知识基础的同时，着重提升其职业能力，最终使学生具备引领金融科技创新的综合素质。

1.短期目标：夯实基础，构建系统的知识体系

短期目标旨在帮助学生建立系统的金融科技基础知识体系，确保其掌握未来工作所需的核心知识和基本技能。课程体系在短期内应注重金融科技学科的基础知识的传授，包括金融学、计算机科学、数据科学、区块链技术等多学科的核心内容。通过经济学、

金融原理、编程基础、数据库管理、基础统计等课程的讲解，使学生全面而系统地掌握金融科技的关键知识点。

短期目标的核心在于夯实理论基础，使学生能够熟练掌握金融科技的基本概念、模型和方法，为其后续深入学习和技能提升奠定坚实的基础。课程内容上应注重知识的系统性和逻辑性，帮助学生构建完整的知识框架。此外，短期内还应注重对基本实践技能的培养，通过实验课程、案例分析和小组讨论等形式，使学生将理论应用于具体的情境，提高学习的有效性。这一阶段的教学质量通过期中和期末考核、课程作业和实验报告等方式进行评估，以确保学生能够将学科基础知识掌握并内化。

2.中期目标：提升能力，强化综合应用技能

中期目标注重在夯实的基础之上，提升学生的应用能力和跨学科综合素养，使其具备金融科技方面的实际操作能力和解决问题能力。随着区域经济合作和行业需求的日益复杂，课程体系在中期目标上强调学生在数据分析、金融建模、系统开发、项目管理等方面的专业能力。通过数据处理、区块链应用、机器学习、金融风险管理等进阶课程，培养学生在真实的工作情境中应用知识的能力。

在中期目标的实施过程中，课程体系将以实训课程、校企合作项目、行业实践等形式，帮助学生在真实的应用环境中练习和提升技能。学生通过参与项目、解决实际问题，能够逐渐形成金融科技领域的项目管理能力、团队合作能力和跨学科协调能力。此外，课程体系在中期目标中还引入区域特色模块，使学生能够掌握中国–东盟区域内的金融科技政策、法规和市场环境，以培养其具有适应跨文化环境的能力。这一阶段的评估体系注重学生的实践能力，通过项目报告、技能测评和案例分析等方式，确保学生能够熟练应用所学知识，具备较强的实践操作能力。

3.长期目标：引领创新，培养行业发展的领军人才

长期目标在于培养具有创新思维、研究能力和全球视野的高端金融科技人才，使学生日后能够引领区域金融科技的创新发展。在金融科技的快速变革中，行业对创新型人才的需求尤为迫切，课程体系在长期目标中注重学生的创新意识和科研能力的提升，使其具备发现问题、提出创新解决方案的能力。通过金融创新、数据科学研究方法、前沿技术专题等高级课程，使学生在行业发展前沿领域具备深厚的理论素养和较强的研究能力。

在长期目标的实现过程中，课程体系注重培养学生的独立科研能力和跨学科的创新能力。通过设置研究性课程和创新创业课程，鼓励学生在自主设计项目、探索新技术的过程中，将理论知识与实际应用相结合，形成敏锐的创新意识和前沿技术的应用能力。

通过校内外资源的支持，学生还可以参与国际科研合作和跨国实习项目，从而进一步开阔国际视野，提升在区域合作背景下的创新应用能力。

此外，长期目标上，还将学生的社会责任和职业道德纳入课程体系，使其具备推动行业健康发展的使命感。学生在具备创新能力的同时，通过参与公益项目、普惠金融实践等活动，将创新成果应用于区域经济的可持续发展，从而履行金融科技行业的社会责任。长期目标的评估方式更加多样化，包括毕业论文、创新项目成果展示、国际会议论文发表等，确保学生在毕业时具备引领金融科技行业发展的专业素养和创新能力。

三、中国-东盟金融科技跨学科课程模块设计

（一）金融学科核心课程模块

金融学科核心课程模块是中国-东盟金融科技人才培养课程体系的基础模块，旨在为学生提供系统的金融理论知识和方法论工具，构建扎实的专业基础。该模块注重覆盖现代金融学的核心理论，同时结合金融科技的实际应用需求，为学生奠定从事跨境金融业务、进行金融创新和风险管理的能力基础。在全球化和区域经济一体化的背景下，金融学科核心课程模块将传统金融学的理论体系与东盟区域特色和国际化视角相结合，力求培养学生成为能够应对复杂多变的金融市场环境的人才，尤其是具有跨境和跨文化适应能力的复合型金融科技人才。

1.货币金融学

货币金融学是金融学科核心课程模块中的基础课程，旨在帮助学生了解货币和金融体系的运作原理，分析货币政策与金融市场的互动关系。该课程涵盖货币供给与需求、货币政策工具、金融机构运作机制等内容。学生将学习中央银行在调控货币供给、稳定物价方面的政策工具及其对经济的影响，同时学习金融市场如何通过利率、汇率、资本流动等渠道响应政策变化。货币金融学还将结合东盟区域内各国货币政策的差异，为学生提供区域性和国际性政策背景下的比较视角，使其理解不同金融体系的特点和政策效应。

2.公司金融

公司金融课程主要研究公司资金的筹集、投资决策、资本结构优化、企业并购等内容。该课程通过讲解资本成本、资本结构理论、现金流管理等核心概念，使学生掌握企业财务决策和投融资分析的基本框架。此外，公司金融课程还将加入有关跨国公司财务

的实际应用，探讨东盟区域内的跨国企业在投资、融资、并购等方面面临的机遇与挑战。通过案例分析和实战模拟，学生能够提高对公司财务管理的实际操作能力，理解公司在金融科技快速发展的环境中如何提升财务效率和资本运营能力。

3.金融市场与机构

金融市场与机构课程主要讲解不同类型的金融市场（如货币市场、资本市场、外汇市场）及金融机构（如商业银行、投资银行、保险公司）的运作原理与业务结构。课程内容涵盖金融市场的结构、功能、交易机制，金融机构的业务模式与监管框架等，使学生能够系统地理解金融市场的运作模式和金融机构的角色。结合中国与东盟的金融市场特征，课程还将分析区域内的资本流动、跨境投融资、汇率波动及其影响因素，帮助学生在区域经济背景下掌握金融市场的基本规律和操作要点。

4.投资学

投资学课程聚焦金融资产的估值、投资组合的构建与管理、风险评估与管理等方面的内容。该课程以资产定价理论、资本资产定价模型（CAPM）、有效市场假说等核心理论为基础，帮助学生掌握证券分析和投资决策的框架和方法。在课程中，学生将学习股票、债券、衍生品等不同金融资产的定价方法与投资策略，了解如何通过分散投资降低投资组合的系统性风险。结合东盟区域市场的实际情况，课程还将引入区域股市、债市的投资案例，为学生提供有关区域性投资决策的模拟实战经验。

5.国际金融

国际金融课程旨在帮助学生掌握跨境资本流动、汇率形成机制、外汇交易、国际收支等方面的理论与实务知识。该课程通过讲解汇率理论、开放经济下的货币政策、国际资本流动等内容，使学生理解在国际经济环境中如何应对外汇风险和政策冲击。课程结合中国与东盟的经济联系，分析两地的资本流动、外汇交易规则和跨境金融合作的政策背景，为学生理解国际金融市场的复杂性提供具有区域特色的背景知识。通过本课程，学生能够掌握管理外汇风险和跨境资本流动的技巧，从而为未来从事跨国金融业务奠定了基础。

6.金融风险管理

金融风险管理课程主要介绍金融机构和企业面临的市场风险、信用风险、操作风险等核心风险，以及风险的识别、衡量和控制方法。该课程通过风险测量模型（如VaR、CVaR）、衍生品对冲策略、风险管理工具的应用等，使学生具备管理和控制金融风险的能力。此外，课程还将结合区域金融市场的特殊性，讲解东盟国家在风险管理方面的监管要求与实践案例，使学生能够应对区域性金融市场的风险。通过模拟实战与案例分析，学生将获得识别、分析并控制风险的能力，从而为未来在金融机构的风险管理岗位上工作做好准备。

7.金融科技应用

金融科技应用是金融学科核心课程模块中的创新课程，旨在帮助学生理解和掌握金融科技在传统金融业务中的应用，如大数据分析、区块链、人工智能等技术对金融服务的改造。该课程讲解金融科技在支付、信贷、资产管理、风控等领域的创新模式，探讨金融科技如何提升金融服务效率和风险控制能力。结合东盟区域内的实际应用，课程将引入中国−东盟在金融科技方面的合作案例，使学生理解区域内金融科技的发展现状和未来趋势，为其未来在金融科技创新领域中的工作奠定知识基础。

（二）计算机学科核心课程模块

计算机学科核心课程模块在中国−东盟金融科技人才培养课程体系中占据重要地位，旨在使学生掌握计算机科学与技术方面的基本理论和应用技能。该模块的设计不仅涵盖程序设计基础、数据结构与算法、数据库管理系统、计算机网络基础等计算机科学的核心知识，还包括大数据技术与分析、机器学习、区块链技术基础等现代金融科技的应用技术，以确保学生具备在复杂技术环境中解决金融科技问题的能力。通过该模块的系统学习，学生将掌握跨学科的技术知识和工具，从而能够满足金融科技领域的多样化需求。

1.程序设计基础

程序设计基础是计算机学科的入门课程，主要讲授编程思维与计算机语言的基础知识。课程内容涵盖数据类型、控制结构、函数、数组、指针、文件操作等基本概念，并逐步引导学生掌握Python、Java、C++等常用编程语言的基本语法和编程技巧。通过程序设计基础课程，能够培养学生形成严谨的逻辑思维和代码编写能力，从而为后续的高阶课程奠定良好的编程基础。在课程实践中，学生通过参与小型项目，能够解决基本金融计算问题，逐步适应程序设计在金融科技领域中的应用场景。

2.数据结构与算法

数据结构与算法课程是计算机学科核心课程模块中的重要课程，为学生提供组织数据和解决复杂问题的基本工具。课程主要介绍链表、栈、队列、树、图等数据结构，以及常用的排序、查找、图算法等基本算法。通过学习数据结构与算法，学生将掌握在大数据处理中优化计算效率和资源利用的基本方法，并具备解决复杂数据分析问题的能力。金融科技应用中，如风控模型的设计、实时数据分析等，均依赖高效的数据结构和算法。课程实践部分将通过编程任务和算法设计，让学生在解决金融数据问题的过程中掌握算法应用的基本操作。

3.数据库管理系统

数据库管理系统课程主要讲解数据存储、检索和管理的基本理论与应用。课程内容涵盖关系数据库的基本原理（如数据建模、SQL查询、数据完整性与安全性）、数据库设计与优化，以及NoSQL数据库等非关系型数据库的应用。学生通过对该课程的学习，将掌握在金融科技数据管理中的实际应用技能，能够为大规模数据的处理和分析提供支持。此外，结合金融业务的实际案例，学生还将学习如何设计高效的数据存储结构，优化数据查询和安全性管理，从而提升其在金融科技系统中的数据管理能力。

4.计算机网络基础

计算机网络基础课程主要讲授计算机网络的基础知识和通信协议，使学生了解网络结构、网络协议、数据传输、安全通信等方面的基本概念。课程内容包括TCP/IP协议、OSI七层模型、路由与交换技术、网络安全等，帮助学生理解计算机网络的基本构造及其在金融科技中的应用。金融科技系统中如跨境支付、电子交易平台等均需依赖高效稳定的网络基础设施。通过对课程的学习，学生将掌握网络配置、数据传输、网络安全等知识，从而为其后续在金融科技领域从事网络开发和运维工作打下基础。

5.大数据技术与分析

大数据技术与分析课程是计算机学科核心课程模块中的高级课程，旨在使学生具有处理海量数据和复杂数据分析的能力。课程内容涵盖Hadoop、Spark等大数据处理框架的原理与应用，数据清洗、数据建模、数据可视化等大数据分析的基本方法，以及金融科技应用中的实际案例。通过对大数据技术的学习，学生将掌握批处理与流处理技术，能够进行金融科技领域的大规模数据采集、存储和分析。在实践中，学生将对真实的金融数据进行分析，掌握数据挖掘、数据建模等技术，从而为其在金融科技领域进行数据驱动的决策分析奠定基础。

6.机器学习

机器学习课程主要介绍机器学习的基础算法及其在金融科技领域的应用。课程内容涵盖监督学习、非监督学习、深度学习等机器学习的基本方法，以及决策树、支持向量机、神经网络等常用算法。通过对该课程的学习，学生将掌握机器学习在金融数据分类、预测、推荐等方面的应用技术，能够在金融科技业务中开发智能化的金融产品和服务。例如，在金融风控、量化交易、信用评估等场景中，学生将学会如何利用机器学习算法提升金融系统的智能化水平。课程实践部分将通过实际数据的算法应用，使学生具备基本的模型训练与调优能力。

7.区块链技术基础

区块链技术基础课程旨在帮助学生理解区块链技术的基本原理及其在金融科技中的应用。课程内容涵盖区块链的分布式账本、共识机制、加密算法、智能合约等核心技术，并引入在跨境支付、供应链金融、数字资产等领域的应用案例。学生通过对该课程的学习，能够理解区块链技术在数据安全、交易透明度和系统去中心化等方面的优势，具备在金融科技应用中开发区块链技术的能力。课程实践中，学生将通过模拟区块链的设计和智能合约的开发，获得在实际项目中应用区块链的技能。

（三）区域特色课程模块

区域特色课程模块旨在帮助学生深入了解中国与东盟国家在金融科技发展方面的特殊需求、政策环境及合作机遇，使学生在掌握基础学科知识与技能的基础上，具备区域经济背景下的适应性和应用能力。通过学习该模块，学生将对中国-东盟区域的经济特点、政策环境、金融科技需求和跨文化沟通策略有更深入的了解，能够应对在不同国家的市场环境中开展金融科技工作的挑战。该模块的设置不仅关注区域金融环境的知识体系，还强调学生在多元文化和跨国背景下的实践能力，涵盖区域经济与金融合作、中国-东盟跨境支付系统、东盟金融法规与合规管理，以及跨文化沟通与合作等核心课程。

1.区域经济与金融合作

区域经济与金融合作课程帮助学生深入了解中国-东盟经济合作的背景、政策推动以及现状。课程内容涵盖中国与东盟的贸易与投资关系、一体化进程、金融科技在区域经济一体化中的作用，以及对区域内金融合作机制的分析，如亚洲基础设施投资银行（AIIB）、东盟金融合作框架等。学生在学习过程中，将能够了解东盟各国的经济特点、主要金融科技应用场景以及跨境金融合作的挑战与机遇。课程结合区域实际案例和政策分析，致力于提升学生对中国与东盟区域经济金融合作的认知，为其未来开展区域金融科技项目提供宏观视角。

2.中国-东盟跨境支付系统

跨境支付系统是中国与东盟区域内金融科技合作的核心领域之一。关于中国-东盟跨境支付系统的课程主要讲解跨境支付的基本概念、支付结算系统的技术原理、风险控制机制和跨国交易中的法规要求。通过该课程，学生将学习跨境支付中的常见模式，如SWIFT支付系统、区块链技术在支付结算中的应用等。此外，课程还将结合中国在东盟区域内的跨境支付合作案例，如微信支付和支付宝在东南亚的推广，探讨其成功的经验和面临的挑战。课程实践部分，让学生参与虚拟跨境支付系统的操作流程，理解结算中的技术难点和合规要点，从而培养其在区域内金融科技应用的实战能力。

3.东盟金融法规与合规管理

在跨国金融科技应用中，了解并遵循东盟各国的金融法规与合规管理至关重要。东盟金融法规与合规管理课程聚焦东盟区域内主要国家的金融监管框架、数据保护规定、反洗钱法规等。课程内容包括东盟主要国家的金融市场监管结构、银行业与非银行金融机构的合规标准、跨境数据传输的法规要求等。学生将通过该课程学习如何应对不同国家的金融科技监管政策，并掌握金融科技合规管理的基本流程和方法。结合实际案例分析，课程还将讲解东盟国家在数字身份认证、数据隐私保护等方面的具体法律要求，帮助学生了解区域内合规管理的关键领域与挑战。

4.跨文化沟通与合作

跨文化沟通与合作课程旨在培养学生在跨文化环境中进行有效沟通和合作的能力。课程内容涵盖跨文化沟通的基本理论、多元文化理解、跨国团队协作等，通过讲解东盟各国的文化背景、商业礼仪、沟通风格，使学生能够有效适应区域内多样化的文化环境。该课程特别注重实际交流技巧的培养，如跨文化谈判、冲突管理、团队建设等。此外，课程将通过模拟国际商务会议、跨文化谈判案例分析等实践活动，让学生提升沟通技巧，为其未来在东盟区域内工作适应跨文化环境打下基础。

5.东盟普惠金融与数字金融服务

东盟区域内的普惠金融需求旺盛，数字金融服务逐渐成为普惠金融的重要手段。东盟普惠金融与数字金融服务课程介绍东盟在普惠金融发展过程中的金融科技应用，包括小微金融、移动支付、数字信贷等内容。课程分析东盟各国金融基础设施的现状及普惠金融政策，如菲律宾的移动钱包应用、印尼的数字贷款平台等。通过该课程，学生将了解如何利用金融科技手段实现普惠金融的广覆盖和低成本，同时掌握在普惠金融应用中所需的技术和政策知识，从而提升其在东盟区域内推广普惠金融服务的能力。

6.中国–东盟绿色金融合作

绿色金融是中国–东盟金融科技合作的重要领域之一，尤其在共建"一带一路"倡议推动下，绿色金融服务对环境友好项目的资金支持日益增长。中国–东盟绿色金融合作课程聚焦绿色金融产品的设计、绿色债券的发行、环境风险评估等内容，同时讲解绿色金融的国际标准与评价体系，如赤道原则、环境社会治理（ESG）标准等。学生通过该课程学习如何在金融科技手段的支持下进行绿色金融创新应用，例如通过区块链追踪绿色债券的使用情况，或利用大数据技术评估环境风险，从而提升学生在绿色金融领域的项目设计与管理能力。

四、中国–东盟金融科技实践教学课程设计

（一）校内实验实训课程

校内实验实训是中国–东盟金融科技人才培养的重要实践环节，旨在为学生提供将理论知识与实际操作相结合的学习机会，提升其在真实业务场景中的应用能力和技术水平。该模块设计通过多层次、多维度的实验和实训内容，使学生在校内便能掌握金融科技的核心技术应用和业务流程。实验实训课程涵盖金融科技实验室、金融数据分析与建模实验、区块链与智能合约实训、金融风险管理与合规实验等核心模块，致力于构建从基础到高级、从理论到应用的渐进式学习路径。

1.金融科技实验室

金融科技实验室是校内实验实训课程的核心教学基地，提供从基础实验到高阶研究的多层次平台。实验室配备高性能计算机、大数据处理软件、机器学习和人工智能工具、金融市场模拟系统等，模拟金融科技行业中的实际业务环境。学生在实验室中能够通过实践掌握编程、数据处理、金融建模等核心技能，熟悉金融科技应用中的常见技术工具和系统架构。在金融科技实验室中开展的课程包括编程实践、金融系统开发入门、金融数据可视化等，确保学生在毕业前具备较高的金融科技技术水平。

2.金融数据分析与建模实验

金融数据分析与建模实验课程旨在提升学生的数据处理能力与金融建模技能。课程内容涵盖数据清洗、数据挖掘、统计分析、机器学习模型构建等。通过 Python、R、

SAS等数据分析工具的操作实践，学生将学习如何在真实的金融数据中发现问题并提出解决方案。该实验还会加入基于案例的建模任务，如信用风险评估模型、股票市场预测模型等，使学生能够在操作中理解金融建模在风控和投资决策中的重要作用。同时，课程还强调数据可视化和报告撰写，确保学生能够清晰传达数据分析结果并作出合理的业务决策。

3.区块链与智能合约实训

随着区块链技术在金融科技中的广泛应用，区块链与智能合约实训课程为学生提供了实际进行区块链应用的机会。课程内容包括区块链基础、分布式账本系统、加密算法、共识机制、智能合约编程（如Solidity语言）等。通过开发模拟应用，学生将了解区块链技术的基本原理及其在跨境支付、数字货币、资产管理等金融场景中的应用。学生还将设计并部署智能合约，理解其在自动化流程和信任机制构建中的作用。该实训课程不仅可以帮助学生掌握区块链技术的基本操作，更为他们未来在区块链应用领域工作打下坚实的技术基础。

4.金融风险管理与合规实验

金融风险管理与合规实验课程致力于培养学生在风险识别、量化分析和合规管理方面的能力。课程内容涵盖市场风险、信用风险、操作风险等风险的识别和量化模型（如VaR、信用风险评分模型等），以及金融合规的基本框架和操作流程。学生在实验中将学习如何使用统计工具对金融风险进行量化和评估，并掌握相应的对冲策略与风险控制方法。通过真实案例和虚拟仿真平台，学生可以通过操作了解监管合规的重要性，逐渐形成在复杂的风险环境中合理管理和控制金融风险的能力，为未来在金融机构中从事风险管理奠定基础。

5.金融市场仿真交易实训

金融市场仿真交易实训课程模拟实际的金融市场环境，使学生能够在仿真系统中进行交易操作和决策实践。课程提供股票、债券、期货等多种金融产品的模拟交易，学生可以在虚拟市场中操作并评估其交易策略。通过上述模拟交易，学生能够体验金融市场的动态变化，并理解市场行为与投资心理的相互影响。仿真交易实训还包括投资组合管理与风险控制练习，使学生掌握资产配置、仓位管理、止损策略等，在交易过程中培养其形成判断市场趋势和管理投资组合的能力。

6.综合项目实践

综合项目实践是实验实训课程的终极环节，作为课程体系的总结实践，通常要求学生独立或以小组形式完成一个完整的金融科技项目。综合项目实践包括金融系统开发、数据分析平台搭建、风险管理系统设计等。学生需通过需求分析、方案设计、项目开发、测试与优化等流程，在实践中运用所学的理论知识和技术技能，解决金融科技应用中的实际问题。综合项目实践不仅训练学生的技术操作能力，还培养其项目管理、团队协作、解决问题的能力，为其提升相关综合素养提供全方位的实践支持。

7.课程评价与反馈机制

校内实验实训课程设有课程评价与反馈机制，以确保学生在每个实验课程中都能获得有效的知识积累和技能提升。评价体系涵盖实验操作、结果展示、报告撰写等方面，综合评估学生的技术熟练度、问题解决能力和成果展示能力。通过阶段性测评、教师反馈、同学互评等方式，及时发现并解决学生在实验中遇到的问题，确保实验教学的实效性。同时，学生在课程结束后，需要撰写实验报告和反思总结，这有助于其巩固知识并进行自我评价，不断提高实践操作和反思能力。

（二）校外实践教学安排

校外实践教学安排是中国–东盟金融科技人才培养体系的重要组成部分，旨在为学生提供真实的工作环境和业务场景，通过校企合作、行业实习、国际化交流等途径，让学生在实际金融科技项目中积累经验，提升应用能力。通过校外实践，学生能够接触到前沿的金融科技技术、业务流程和管理机制，能够有效地将理论知识转化为实际操作技能，从而增强对金融科技领域的理解和适应性。校外实践教学安排包括企业实习、行业导师指导、国际交换生与访学项目、专题研讨会与行业论坛、项目结业报告与成果展示等五大核心内容，力求为学生提供全面而多样的实践机会。

1.企业实习

企业实习是校外实践教学的重要环节，通过与金融机构、科技公司和监管机构等合作伙伴的合作，学生能够在真实的工作环境中进行金融科技业务的操作。实习期间，学生将被安排在不同部门，如大数据分析、风控管理、产品开发、跨境支付等。企业实习时间通常为6~12个月，分为短期和长期两种，既可满足不同学年学生的实习需要，也能为其提供比较深入的工作体验。

在企业实习中，学生将通过参与项目、独立完成任务和与行业专家互动，深入理解金融科技在业务流程、技术实现和市场需求中的应用。金融科技企业实习特别关注项目制工作方式，学生将学习如何在团队中协同工作、解决问题，以及如何在实际操作中应对金融风险。在此过程中，学生的职业素养和行业适应能力也会得到提升，从而为其未来的职业生涯奠定实践基础。

2.行业导师指导

行业导师指导是校外实践教学中的一项重要安排，旨在通过行业导师的经验分享与定期辅导，帮助学生更好地理解金融科技行业的动态和实践应用。校企合作单位将安排具有丰富行业经验的导师担任学生的实践指导人，通过定期的交流和研讨，为学生提供个性化的指导。行业导师指导的内容包括行业发展趋势、企业文化、职业规划、项目实施技巧等，帮助学生在校外实践中明确学习目标并逐步提升专业能力。

行业导师指导在学生实习期间进行，其会安排每月一次的辅导会谈，导师会根据学生的实习进度和表现给予反馈和建议。学生还可以在导师的帮助下，探讨金融科技创新和前沿技术的应用案例，从而加强其对行业新趋势的敏感性。通过行业导师的指导，学生能够深入学习金融科技实际操作，提高在校外实践中的问题解决能力和职业素养。

3.国际交换生与访学项目

国际交换生与访学项目是校外实践教学的重要国际化环节，旨在提升学生的跨文化沟通能力和国际视野。中国-东盟金融科技合作的深化需要学生具备应对不同国家市场环境的能力。通过与东盟及其他地区的合作高校建立联合培养机制，学生可以选择在东盟或其他金融科技发达地区开展为期1~2个学期的交换生或访学项目。

在国际交换生项目中，学生将有机会参加跨文化课程，深入了解东盟国家在金融科技应用、政策法规、市场需求等方面的实际情况。同时，学生还可在海外企业或机构中进行实习，体验不同的金融科技应用环境和操作流程。国际交换生项目不仅拓宽了学生的国际化视野，增强其跨文化沟通能力，还为学生在跨国金融科技项目中从事实际工作奠定了实践基础。

4.专题研讨会与行业论坛

专题研讨会与行业论坛是校外实践教学中提供知识共享和行业对话的重要平台。通过组织或参与国际性和区域性的金融科技研讨和行业论坛，学生能够与业内专家、学者和政府代表交流最新的技术动态、行业发展趋势和政策动向，了解当前的技术热点和政策变化。

在专题研讨会和行业论坛上，学生将了解真实的行业痛点和未来发展趋势，通过与行业专家的讨论，学生能够提升分析问题和提出解决方案的能力。同时，学生还可以将自己的项目实践成果在论坛上展示，获取业界反馈与建议，从而提升其创新思维和实践效果。此外，学校还应鼓励学生参加国际性金融科技比赛和项目展示，以增强其在专业领域的表现力和影响力。

5.项目结业报告与成果展示

在校外实践教学结束后，学生须提交项目结业报告，系统总结实践期间的学习收获和心得。项目结业报告需涵盖实践任务的完成情况、项目参与过程中的具体职责和成果展示等内容，并对所遇到的挑战和改进建议进行分析。学校将根据学生的实习报告、行业导师评价和企业反馈，进行综合考核，确保学生在校外实践中达到预期的学习效果。

项目结业报告还需附带实践成果展示环节，学生可通过公开展示、演讲、汇报等方式，将实习期间的实践经验与学习成果与教师和同学分享。通过这样的成果展示，学生不仅能够巩固其实践学习的内容，还能在展示与交流中提升总结与表达能力。

五、中国-东盟金融科技课程体系的评估与持续优化

（一）课程评估体系

课程评估体系是中国-东盟金融科技人才培养中保障教学质量、优化课程内容的关键环节。一个完善的课程评估体系，需要通过科学的评价指标、反馈机制和持续改进策略来确保教学效果。该体系包括教学质量评价指标体系、学生满意度调查、同行评教与专家评估、毕业生跟踪调查等方面，从多维度全面评估课程设计的合理性、教学方法的有效性，以及学生的学习体验和职业发展成效。

1.教学质量评价指标体系

为了科学、全面地评估课程的教学质量，需建立一套多维度的教学质量评价指标体系。该指标体系主要包括教学目标达成度、课程内容的前沿性、教学方法的有效性、学生知识掌握情况、实践技能发展情况和创新能力培养效果等，其具体情况如下：

教学目标达成度：通过学习目标与实际教学效果的比较，评估课程是否达到了预期的教学目标。

课程内容的前沿性：通过对比行业发展动态和学科前沿研究，评估课程内容是否涵盖金融科技领域最新的技术、方法和应用。

教学方法的有效性：通过对教学方法（如案例教学、实验教学、项目制学习等）的

反馈和评价，考察其在提高学生学习兴趣和学习效果方面的作用。

学生知识掌握情况：通过作业、测验、期末考试等，评估学生对课程内容的理解和掌握情况。

实践技能发展情况：通过实验、实训和实习表现，评估学生在实际操作中掌握的金融科技技能水平。

创新能力培养效果：评估课程在培养学生创新思维和解决复杂问题方面的成效。

教学质量评价指标体系应由教学管理部门汇总评价结果，予以改进后引入下学期的优化课程中。

2.学生满意度调查

学生满意度调查是课程评估的重要组成部分，直接反映学生对课程设计、教学内容、教学方法和学习效果的感受和评价。学生满意度调查的内容主要包括课程内容与教学方法、教学态度和专业能力、学习资源与支持和课程管理与组织等。通过问卷、访谈、座谈会等多种方式获取学生反馈，确保调查的全面性和准确性。

课程内容与教学方法：调查学生对课程内容的接受度，其是否认为课程难度适中，教学方法是否符合课程特点和学生需要。

教学态度与专业能力：评价教师的授课态度和专业能力，及学生是否感受到教师在教学中展现出充分的专业性和责任心。

学习资源与支持：收集学生对学习资源（如教材、参考资料、实验设备）的满意度反馈，确保资源的充足性和可获得性。

课程管理与组织：了解学生对课程时间安排、课程评价方式的意见，确保课程管理和组织流程能够提升学生的学习体验。

调查结果由教学管理部门进行汇总和分析，其会针对学生提出的主要问题与建议进行改进，从而逐步优化课程结构，提高学生满意度。

3.同行评教与专家评估

同行评教和专家评估是课程评估中确保课程内容具有科学性和教学方法具有先进性的关键环节。同行评教主要通过同专业或相关领域的教师对课程的评价，分析课程内容的合理性、教学方式的适用性以及教学资源的配置情况；而专家评估则邀请行业内资深专家或知名学者，从行业需求和学术前沿的角度对课程的专业性和实用性进行评价。

同行评教：通过定期组织同行教师旁听授课、参加教学研讨会、阅读教学材料等方式，对课程进行全面的反馈。同行教师能够基于对教学内容的深入了解，提出科学的改进意见。

专家评估：邀请学界和业界的资深人士作为外部专家，从金融科技行业需求的角度出发，对课程设置的适应性、前沿性、实用性等方面进行评价。专家评估尤其要关注课程内容的行业应用性和学生未来职业发展中的应用潜力。

通过同行评教和专家评估的双重机制，课程评估体系能够保持教学内容的科学性和实用性，确保学生在学习中掌握的知识和技能符合行业标准与市场需要。

4.毕业生跟踪调查

毕业生跟踪调查旨在从职业发展的角度长期评估课程效果，通过收集毕业生在工作岗位上的实际表现及用人单位的反馈，反映课程体系对学生职业能力培养的成效。毕业生跟踪调查的内容主要包括实际工作中的课程应用、毕业生职业发展情况、用人单位对毕业生知识技能的评价和行业需求与课程更新等。

实际工作中的课程应用：了解毕业生在工作中应用课程知识的频率和效果，以评估课程内容的实用性。

毕业生职业发展情况：收集毕业生的职业发展轨迹，包括职业升迁、工作成就等，评估课程体系对学生长远职业发展的支持情况。

用人单位对毕业生知识技能的评价：通过访谈和问卷等形式，了解用人单位对毕业生的知识掌握情况、工作能力和创新思维的评价，并根据反馈调整课程设置。

行业需求与课程更新：基于用人单位和毕业生的反馈，评估行业需求的变化情况，为课程内容的定期更新提供数据支持，确保课程内容具有前瞻性，和行业需求匹配。

（二）课程优化机制

课程优化机制在中国-东盟金融科技人才培养中起着关键作用，通过不断调整和完善课程内容、教学方法和教学资源，确保课程体系始终保持前沿性、适应性和高质量。一个有效的课程优化机制需涵盖定期课程审查与更新、教师培训与教学能力提升、行业反馈与课程调整、学生参与课程改进、动态反馈与持续优化机制等，形成一个多层次、动态化的优化闭环，以支持人才培养目标的实现。

1.定期课程审查与更新

定期课程审查与更新是确保课程体系保持学科前沿性和行业适应性的核心环节。每学年或每两学年，课程管理团队应组织一次全面的课程审查，分析课程内容的适用性、教学方法的有效性以及学习效果的达成情况。其内容具体包括：

课程内容的前沿性：随着金融科技行业的快速发展，新技术、新业务模式和新应用不断涌现，课程体系必须及时更新，以反映行业动态和学术前沿。例如，随着人工智能和区块链技术的迅速发展，需要将最新的理论和技术实践逐步融入相应的课程中，确保学生能够掌握适应未来发展的技能。

审查流程的标准化：为使课程审查更具操作性，需建立标准化的审查流程，包括课程内容的全面审核、教学案例的有效性评估和实践教学资源的配置等，形成涵盖课程目标、内容、资源、方法的系统性审查机制。

2.教师培训与教学能力提升

教师是课程优化的核心推动力，教师的教学水平和科研能力直接影响课程实施效果。因此，持续提升教师的专业能力、教学技巧和行业实践经验，是实现课程优化的重要途径。其内容具体包括：

专业培训与进修：学校应鼓励教师定期参加专业培训、学术研讨会和行业会议，使其及时了解和掌握学科最新进展和金融科技前沿技术。通过鼓励教师进行进修或参加学术和行业交流活动，确保教师能够将最新的理论与实践引入教学。

教学方法培训：随着教育模式的日益多样化，教师的教学方法也需不断优化。通过开展教学方法培训、教学工作坊、教学观摩等活动，可提升教师在项目式学习、案例教学、翻转课堂等创新教学方法方面的应用能力，从而提高课堂教学的互动性和学生参与度。

行业实践经验的积累：为增加教师的行业实践经验，学校应与金融科技企业和机构合作，鼓励教师定期到行业一线参与实践。通过这种"学术–行业"的双向交流，教师能够将实际业务经验融入教学，为学生提供更具应用性的课程内容。

3.行业反馈与课程调整

行业反馈是课程优化机制中的重要环节，它能够为课程内容的更新提供实际需求方面的参考。通过与企业、行业协会和金融科技机构的紧密合作，收集行业对金融科技人才技能和知识结构的最新需求，确保课程内容和教学方法符合行业发展的需要。其内容具体包括：

行业咨询委员会：学校可成立由行业专家、企业代表、学术专家组成的行业咨询委员会，由其定期提供行业前沿发展趋势、用人需求等信息，并对课程体系提出优化建议，确保课程内容与行业标准保持一致。

行业实践案例的引入：根据行业反馈，优化课程中应不断引入和更新行业实践案例，将课程内容与真实的金融科技项目和应用场景相结合，使学生能够理解理论与实践之间的关系。尤其是区块链应用、跨境支付、智能投顾等快速发展的领域，案例的更新频率需与行业变化同步。

行业反馈渠道的多样化：行业反馈应通过多种渠道收集，包括企业调研、用人单位座谈会、校企合作项目等，形成多维度的行业需求评估，从而推动课程的动态优化。

4.学生参与课程改进

学生是课程的直接受益者和评价者，学生参与课程改进可以有效反映课程在教学过程中的实际效果，为教学方法和课程内容的优化提供第一手数据。其内容具体包括：

学生反馈调查与座谈会：定期组织学生开展反馈调查，通过问卷和座谈会等形式收集学生对课程内容、教学方法、实验实训等的意见。学生的反馈能够揭示课程设计中的盲点、课堂教学的不足之处和学生的实际需求，为课程优化提供具体建议。

学生在校实践经历的反馈：学生在校内实验和校外实习中的实践经历也可以成为课程优化的重要依据。通过总结学生的实习报告和实践经历反馈，可以更好地理解课程在技能培养中的作用，并根据学生在实践中遇到的问题，调整课程内容和实训环节。

学生代表参与课程设计与改进：邀请学生代表参加课程设计与改进讨论会，倾听学生在学习过程中的真实感受，确保课程优化措施更加贴近学生的需要，提升课程的实际教学效果。

5.动态反馈与持续优化机制

课程优化应当形成动态反馈机制和持续优化闭环，通过定期评估与反馈、阶段性调整和长期改进策略，使课程内容与行业需求和技术发展始终保持同步。其内容具体包括：

动态反馈机制：通过引入定期和不定期的动态反馈机制，使课程优化的响应更加及时。动态反馈包括学生学习效果的阶段性测试、教师的教学反思记录、课程评估数据的持续监测等，确保在课程实施中能够快速发现并解决问题。

持续优化闭环：课程优化需形成从反馈收集、问题分析、方案制订，到实施再评估的闭环。每学期结束后，将反馈和评估结果汇总，制订具体的优化方案并在下学期实施，可确保优化措施的有效性和可操作性。通过多次优化闭环，课程内容和教学方法可以在积累的反馈和改进中得到不断完善。

（三）教学成果推广与共享

教学成果推广与共享是中国-东盟金融科技人才培养体系中重要的延伸环节，其目的是充分发挥优质教学资源的辐射作用，促进教学创新经验的共享与传播，提高整个区域内高校的教学水平和人才培养质量。通过优秀教学案例库建设、教学成果展示与交流、区域内高校合作与资源共享、教学研究与论文发表等措施，使教学成果的推广和共享有效促进中国与东盟高校之间的教学协同，助力培养符合区域需要的高水平金融科技人才。

1.优秀教学案例库建设

建设优秀教学案例库是推动教学成果共享的基础工作，通过汇集和整理各院校的优秀教学案例，可以为区域内高校提供可参考和借鉴的教学资源。优秀教学案例库的构建需涵盖金融科技领域的核心课程内容，包括大数据分析、人工智能在金融中的应用、区块链技术、跨境支付系统等关键技术模块。每个教学案例应包含案例背景、教学目标、实施步骤、教学效果等详细内容，便于教师在实际教学中直接应用。其内容具体包括：

案例选择与整理：筛选在教学中实践效果较好、能够反映金融科技发展前沿水平的教学案例，确保案例的实用性与创新性。案例需具有理论、实验、项目实训等不同的教学形式，以满足多样化的教学需求。

案例库管理与更新：优秀教学案例库应为动态数据库，定期更新案例内容，以适应技术发展与行业需求的变化。教学管理部门负责案例库的管理和维护，确保教师能够随时获取最新、最优质的案例资源。

开放性与共享机制：案例库应采取区域共享模式，允许东盟高校教师访问和使用，建立区域内教学资源的共享机制。通过开放案例资源，各高校的教学水平将共同提升，并实现教学成果的跨区域推广。

2.教学成果展示与交流

教学成果展示与交流能够有效推动教学经验的传播，为区域内教师提供展示教学创新和获取改进建议的机会。教学成果展示可以采用线上和线下结合的方式，每年定期举办。通过教学成果展示，各院校可以互相学习，了解不同教学方法的实际效果和创新之处，从而为改进教学方式提供参考。其内容具体包括：

年度教学成果展示会：举办年度教学成果展示会，鼓励教师展示自己在教学设计、实验实训、课程建设中的创新成果。展示内容包括教学方法创新、教学工具创新、评估体系创新等，应进一步丰富交流内容，扩大教学成果的辐射范围。

线上平台支持：建立区域内的线上交流平台，通过提供线上展示、资源共享、问题讨论等功能，方便教师随时分享教学经验。线上平台具有支持资源上传和教学成果评价等功能，可为教师提供便捷的分享渠道。

跨校教学观摩与互访：组织区域内高校的教师进行跨校教学观摩与互访活动，通过亲身观摩和交流，了解其他高校的教学组织形式和创新方法。跨校互访不仅可以提升教师的教学水平，也能形成区域内高校之间的合作纽带。

3.区域内高校合作与资源共享

在中国与东盟区域内，高校间的教学资源共享与协作可以实现教育资源的优势互补，提高金融科技人才培养的整体质量。通过区域内高校的合作，可优化教学资源配置，使各高校能够共享图书资源、实验设备、课程教材等。其内容具体包括：

联合教学资源平台：构建区域内高校共享的教学资源平台，汇集教材、视频资源、教学案例、研究报告等教学材料，便于高校教师获取和利用。通过共享平台，各高校教师可以获得多样化的教学资源，避免资源的重复投入，实现资源的高效配置。

共建实验中心：区域内高校可共建金融科技实验中心，通过设立联合实验项目，让学生跨校参与，提升其实验技能和实践经验。联合实验中心可为学生提供高质量的实践平台，同时通过多校师生的参与，增加了教学互动和资源共享的机会。

教师交流与互访计划：推动区域内高校教师的交流与互访，促进不同学校间的教学交流和经验分享。通过教师互访和交流，高校可以共享教师的专业知识和教学经验，从而提升区域内金融科技教学的整体水平。

4.教学研究与论文发表

教学研究和论文发表不仅是教学成果推广的重要渠道，也有助于深化教学创新和理论研究。通过将教学成果总结和提炼为学术研究成果，并在学术期刊中发表，可以经一部提升教学创新的价值。其内容具体包括：

支持教学研究项目：鼓励教师在课程建设、教学方法、评估体系等方面进行深入研究，学校可以为教师提供教学研究资助和项目支持，确保教学研究能够顺利开展。研究成果可以进一步应用到课程教学中，以实现理论与实践相结合。

发表教学成果论文：鼓励教师将教学成果、教学案例总结成学术论文，在国内外高水平学术期刊上发表，从而扩大教学成果的学术影响力。教学论文的发表不仅提升了高校的学术地位，也有助于推动区域内金融科技教育的整体发展。

教学研讨会与学术交流：定期组织教学研讨会或学术会议，为教师提供学术交流和研究成果展示的平台。通过学术交流，教师可以学习其他高校的研究成果和经验，受到启发，从而得出教学创新新思路。

第八章 中国-东盟金融科技人才培养的模式与路径

一、校企合作培养模式

(一) 模式概述

校企合作培养模式在中国-东盟金融科技人才培养中具有重要的现实意义，是推动产学研深度融合、培养高素质应用型人才的有效途径。该模式通过高校和企业的资源共享与深度合作，将金融科技行业的实际需求、技术前沿和高校的学术资源、教学力量相结合，形成一套集知识传授、技能训练和实践应用于一体的人才培养体系。随着中国与东盟经济合作的深入发展，对能够适应金融科技行业需求、具备实践技能和创新能力的复合型人才的需求不断增加，校企合作培养模式不仅契合了这一背景要求，还是金融科技学科发展和教育改革的必要路径。

1.校企合作培养模式的背景与意义

当前，金融科技行业的快速发展和金融服务模式的变革对金融科技人才的专业能力和实践经验提出了更高要求。传统的高校金融科技教育往往局限于理论讲授和实验室模拟，难以充分满足行业对复合型、实践型人才的需求。校企合作培养模式的引入，能够有效弥补这一不足，通过在真实的行业环境中培养学生的实践能力和创新意识，缩小学校教育与市场需求之间的差距。

校企合作培养模式在中国-东盟区域中更具现实意义。随着中国-东盟自贸区的推进，区域内跨境支付、数字货币等金融科技应用逐渐增多，人才需求旺盛。校企合作培养模式不仅能使学生接触到区域内最新的金融科技技术和应用场景，还能帮助企业获得更多的技术支持和人才储备，实现双赢。因此，校企合作培养模式在中国-东盟金融科技教育体系中具有独特的战略价值，是推动区域金融科技创新、提升人才国际竞争力的重要途径。

2.校企合作培养模式的分析

目前校企合作培养模式在具体实践中有多种形式，主要包括订单式培养、联合实验室、项目实训和企业导师制等。

订单式培养：订单式培养是指高校根据企业需求定制培养方案，企业参与制定教学内容和课程设置，并在人才培养的过程中提供指导。学生毕业后直接进入合作企业工作，企业也因此获得了符合其要求的技能型人才。订单式培养能够实现学校与企业之间的无缝衔接，使学生的知识和技能符合企业的实际需求。

联合实验室：联合实验室是校企双方共同投入资源建立的教学和科研基地，主要用于金融科技新技术的开发和应用实验。高校通过联合实验室获得先进的实验设备和技术支持，企业则借助高校的科研力量推动技术创新。联合实验室还为学生提供了真实的实践环境，能够有效提升其动手能力和解决问题能力。

项目实训：项目实训是指学生在校期间直接参与企业项目，或基于企业项目的需求完成任务。在这种模式下，学生将理论知识应用于实际项目，通过亲身实践提升分析和解决问题的能力。项目实训的优势在于学生可以在真实的业务背景中学习，同时企业也能借此发现和培养潜在人才。

企业导师制：企业导师制是指由企业资深技术专家或管理人员担任学生的导师，指导学生的学术研究或项目实践。企业导师能够将行业经验和技术动态带入学生的学习过程中，并通过一对一或小组指导的方式，帮助学生理解实际应用中的难点和关键点。该模式能够增进学生与行业之间的联系，使学生在校期间就能接受专业的行业指导。

3.校企合作培养模式的主要特点

校企合作培养模式在金融科技人才培养中具有资源共享、学用结合、创新驱动等显著特点，能够更好地适应金融科技行业的快速发展。

资源共享与优势互补：校企合作培养模式能够整合高校的教学资源和企业的行业资源，实现资源共享。高校提供学术资源和教学力量，企业则提供行业实践资源和技术支持。通过共享实验设备、项目资源、行业案例等，校企合作培养模式充分利用了双方的优势，提升了学生的学习体验和实践能力。

理论与实践结合：校企合作培养模式注重理论知识与实践技能的结合，在校内教学和校外实践之间形成双向互动。学生不仅在课堂上学习金融科技的理论知识，还在校外实践中将这些知识应用于实际问题上。理论与实践结合的培养模式，使学生不仅掌握了金融科技的基础知识，还具备在真实的业务场景中应用这些知识的能力，显著提升了学生的职业竞争力。

创新驱动与需求导向：校企合作培养模式鼓励创新，通过参与企业项目和联合实验室研究，学生能够在企业真实需求的驱动下展开学习和实践。尤其是在金融科技创新和应用场景层出不穷的情况下，学生通过校企合作项目可以直接参与新产品、新技术的研发，培养其创新思维和实践能力。此外，校企合作培养模式还能够根据行业发展变化及时调整课程内容，使人才培养符合市场需求。

灵活性与适应性：校企合作培养模式具有高度的灵活性，合作方式可以根据不同企业的需求和高校的教学特点进行定制化设计。例如，不同规模的企业可以选择适合的合作方式，订单式培养可以适应大型企业的稳定需求，而中小企业则可选择灵活的项目实训或企业导师制。校企合作培养模式的灵活性使其能够适应不同类型的合作需求，并在不断变化的行业环境中保持适应性。

（二）实施路径

为实现校企合作培养模式的深度落地，确保人才培养的实践性与针对性，需要制定系统化的实施路径，涵盖联合制订人才培养方案、共建校企合作实践基地、企业导师参与教学、开展校企联合科研项目及保障机制的建立。这一实施路径不仅关注于校企双方的资源整合，还从制度层面推动了校企合作培养模式的长期发展，为培养金融科技人才提供全方位支持。

1.联合制订人才培养方案

人才培养方案的制订需要结合高校的学科优势和企业的行业需求，校企双方应紧密合作，共同设计适应市场需求的人才培养方案。具体而言，人才培养方案应具备以下特征：

行业需求导向：企业提供最新的行业动态、技术需求和业务应用场景，确保课程内容具有前沿性和实用性。同时，高校在教育目标和学术规范方面提供指导，确保课程体系的科学性。

课程内容优化：高校与企业共同选择和设计核心课程，确保课程体系中既涵盖金融理论、数据分析、区块链等核心内容，也涵盖金融科技行业的应用模块，如大数据金融、智能投顾等。

动态调整机制：为了及时适应行业需求的变化，高校与企业需要建立动态更新机制，通过定期反馈和市场调研，适时调整课程内容和教学重点，确保课程体系的前沿性和实用性。

2.共建校企合作实践基地

实践基地的建设是校企合作的重要实践环节。通过校企合作实践基地，为学生提供真实的金融科技实践环境，有效整合高校的教育资源和企业的技术资源，确保学生在学习过程中能够将理论知识应用于实际操作。

基地规划与设备配置：实践基地应具备金融科技实验室、数据分析实验室、模拟交易中心等功能区域，以满足多样化的教学需求。同时，校企双方应共同承担实践基地的建设成本，企业可以提供行业前沿的实验设备和技术支持，高校则可以负责实践基地的日常管理。

轮岗实习与长期实践：实践基地的业务操作安排应兼顾短期轮岗实习和长期项目实践，确保学生能够体验多样化的业务操作。轮岗实习通常以基础技能培养为主，而长期实践则聚焦于项目开发和技术应用，帮助学生在更深层次上理解业务逻辑和技术操作。

基地开放与资源共享：实践基地定期开放基地资源，允许教师和学生使用企业提供的工具和数据，企业则可以利用高校的实验设施进行技术验证和应用开发，提升基地资源的使用效率。

3.企业导师参与教学

企业导师的参与是校企合作的核心内容之一，企业导师的行业经验和技术知识能够弥补高校教师在业务操作和实践应用方面的不足。通过企业导师制，企业导师能够将实际案例和操作流程带入课堂，为学生提供真实的行业视角。

"双导师制"模式：在部分课程或项目中，实行高校教师和企业导师共同授课的"双导师制"，由高校教师负责理论讲解，企业导师负责案例分析和实际应用。"双导师制"不仅拓宽了学生的知识面，还增强了课程的实践性。

个性化指导：企业导师可以根据学生的学习需求，提供一对一或小组辅导，为学生解答专业问题，分享行业经验。在指导过程中，企业导师能够帮助学生理解市场趋势、识别行业痛点，从而提高学生的实践能力和创新思维。

定期讲座与互动课堂：企业导师可以通过定期讲座或互动课堂的形式，向学生讲解行业新技术、业务模式和市场动态，进一步丰富教学内容。互动课堂使学生能够及时获取行业资讯，增强对金融科技行业的敏感度。

4.开展校企联合科研项目

校企联合科研项目的开展是推动高校科研与行业需求接轨的有效途径，也为学生提供了直接参与科研工作的机会。校企联合科研项目的内容应围绕金融科技的关键技术和实际应用展开，如区块链支付系统、大数据风控、人工智能投资模型等。

确定研究方向：研究方向的选择应基于行业需求和学术前沿，校企双方在项目初期共同制定研究方向，并结合企业的技术需求和高校的学科优势，确保科研项目的创新性和可行性。

科研团队组建：科研团队由高校教师、企业专家及学生共同组成，分工明确。教师负责理论研究和项目管理，企业专家负责技术支持和业务指导，学生则参与具体的研究和开发任务，提升其科研能力和实践技能。

科研成果应用：项目的最终成果需要应用于企业的实际业务中，即在项目结题后由企业负责技术落地和后续维护。科研成果的实际应用不仅增强了高校科研的实用性，还促进了企业的技术创新。

5.校企合作机制的保障措施

校企合作培养模式的顺利实施离不开科学的保障机制。通过合作协议、联络机制和定期评估机制等措施，可以确保校企双方的长期稳定合作，为合作项目的实施提供保障。

合作协议：校企双方在合作之初应签订合作协议，明确合作目标、双方权责、合作方式等关键条款，确保双方的权益和义务得到保障。合作协议还应涉及合作的实施周期、评估方式和成果分享机制等内容，以确保校企合作的透明性和规范性。

联络机制：校企合作培养模式需要建立有效的沟通机制，以确保信息流通顺畅和问题的顺利解决。双方可设立联络专员或组建合作团队，定期进行沟通和协调，确保合作项目的顺利推进。在关键阶段的项目会议上，双方可以交流进展，探讨项目中的挑战和改进措施。

定期评估机制：为确保校企合作培养模式的有效性，需要建立定期评估机制。每学期或学年进行一次评估，考察合作项目的实施效果和人才培养的达成情况。通过评估，校企双方可以总结经验、发现不足，并对未来的合作提出改进建议，保障合作项目的质量和效果。

二、项目制培养模式

（一）模式概述

项目制培养模式是现代教育体系中广泛应用的一种实践导向型教学方式，其理念源于CDIO模式，强调通过项目设计、项目实施和项目运营的全过程，让学生在真实场景中获得知识应用、问题解决和创新能力。项目制教学尤其适用于金融科技等高技能要求的专业领域，它不仅能够帮助学生将理论知识转化为实际操作，还能够培养学生的团队协作能力、沟通能力和应变能力，从而全面提升其职业竞争力。

1.项目制教学的理念：CDIO 模式

CDIO 模式，即构思（Conceive）、设计（Design）、实施（Implement）、运作（Operate），是由麻省理工学院等世界知名高校倡导的一种创新教育理念，专注于在项目中培养学生的全流程思维。该模式认为，学生在接触到一个问题或项目时，应通过构思阶段深入分析问题的背景和需求，在设计阶段规划出实现目标的方案，在实施阶段完成项目的具体操作，在运作阶段进行效果评估和反馈。CDIO 模式的核心在于让学生参与项目的每一个环节，使其在真实项目中获得完整的学习体验。

在金融科技人才培养中，CDIO 模式能够很好地融入项目制教学。例如，在数据分析、金融模型开发、跨境支付系统设计等项目中，学生可以通过 CDIO 模式实现从概念构想到实际应用的全过程。CDIO 模式还要求学生在项目中不断反思和调整，以应对项目过程中的不确定性，这种能力对于适应快速发展的金融科技行业具有重要价值。

2.项目制教学的优势

相较于传统的课堂教学，项目制教学在培养学生的综合能力和创新思维方面具有显著优势。以下是项目制教学的主要优势：

理论与实践的紧密结合：项目制教学通过真实项目场景，使学生能够将课堂上学到的理论知识应用于实际问题中。对于金融科技这一实践性很强的学科，项目制教学能够帮助学生快速掌握复杂的技术和方法，并在实践中发现理论知识的应用局限和拓展空间。

多维度能力的培养：项目制教学要求学生在项目中扮演多个角色，如项目策划者、团队协作者、实施者和问题解决者，这种多角色体验能够培养学生的团队协作能力、沟通能力和领导能力。同时，在金融科技项目中，学生需要处理复杂的金融数据、开发技术解决方案，这一过程能够显著提升学生的分析能力和决策能力。

创新思维的激发：项目制教学注重解决真实问题，鼓励学生在面对项目需求时自主探索、创新解决方案。在金融科技行业，由于技术变化迅速，创新是行业发展的重要推动力。项目制教学通过为学生提供创新的空间和机会，使其能够在技术开发和应用中保持敏锐性和创新力。

自我管理与责任感：在项目制教学中，学生需要在既定时间内完成项目目标，并对项目的成果负责。这种自主学习和自我管理的模式，有助于培养学生的时间管理能力和责任感，为其未来的职业生涯奠定基础。

3.项目制教学在金融科技领域的应用

金融科技领域的项目制教学在应用范围广泛，涵盖大数据分析、人工智能、区块链技术、金融系统安全等多个方向。以下是项目制教学在金融科技领域中的典型应用：

大数据分析与风控项目：金融科技领域的数据分析和风险控制对技能要求较高，项目制教学能够让学生在项目中体验真实的风险控制过程。例如，校企双方可以设计一个银行客户信贷风险评估项目，学生通过构思数据分析模型、设计风险评分系统、实施模型训练与验证，最终运用所学知识完成风险评估。在这个项目中，学生可以将大数据分析和金融知识结合起来，提升在实际操作中的风控能力。

人工智能技术应用项目：人工智能是金融科技的核心技术之一，项目制教学可以帮助学生在具体应用场景中掌握人工智能的实际应用。例如，校企双方可以设计一个智能投顾系统的开发项目，让学生构思系统架构、设计算法模型，并将人工智能技术与市场数据结合，提供投资建议。此类项目能够帮助学生理解人工智能算法在金融市场中的应用，培养学生算法设计与技术实现的能力。

区块链技术应用项目：区块链技术在金融科技中有着广泛应用，尤其是在支付系统和数字货币方面。通过区块链支付系统的项目制教学，学生可以学习区块链的基本原理，构思去中心化系统的架构，设计支付流程并实施测试。学生在项目中将理论知识与技术操作结合，进一步理解区块链技术在金融科技应用中的优势和挑战。

金融系统安全与合规项目：随着金融科技的发展，金融系统的安全性和合规性显得尤为重要。通过设计金融系统安全评估和合规检查项目，学生可以在项目中学习到数据加密、身份验证和合规框架的应用。通过项目制教学，学生能够掌握金融系统设计的核心要素，具备防范技术风险和应对安全挑战的能力。

跨境支付系统的开发项目：跨境支付是中国-东盟金融科技合作的重点方向，通过设计跨境支付系统项目，学生可以体验跨境交易的流程和复杂性。该项目的内容包括构思支付系统架构、设计交易流程、完善支付系统的安全性和合规性。此类项目能够培养学生在跨国金融环境中的系统开发和运维能力。

（二）实施路径

项目制培养模式的实施路径需要从教学设计、项目选择、项目管理和评估机制等方面入手，确保项目制教学的有效性和系统性，以培养学生的实践能力、创新思维能力和团队协作能力。以下是项目制教学在金融科技人才培养中的具体实施路径，涵盖项目主题的设计与选择、教学过程的项目管理与团队协作、校企资源的整合与共享，以及项目评估与反馈机制的建设，确保学生能够在真实项目中深度学习和应用所学知识。

1.项目主题的设计与选择

项目主题的设计是项目制教学实施的核心环节，需要结合行业前沿发展和学生的学习需求，确保项目的实际应用价值和技术性，满足学生知识的跨学科融合和应用要求。

行业导向的项目设计：在项目主题设计阶段，应优先选择与金融科技领域密切相关的项目主题，如大数据风控系统、区块链支付系统、智能投顾系统等。通过引入真实的行业案例或企业的技术需求，帮助学生了解当前金融科技行业的发展，激发其实践兴趣和动手能力。

跨学科融合：金融科技领域要求学生具备金融学、计算机科学和区域经济学等多学科知识，因此在项目设计中需要考虑跨学科内容的融合。例如，校企双方可以设计一些有关数据分析和金融风控的项目，让学生在项目学习或操作的过程中运用数据建模、金融理论和编程技术，达到对不同学科知识的整合性运用。

分级项目与个性化选择：考虑到学生的知识水平和专业背景的差异性，项目主题应设计为多个层次，从简单到复杂，逐步提升项目的难度，使学生能够根据自身的学习情况选择适合的项目，以实现个性化学习。

2.教学过程的项目管理与团队协作

项目制教学需要合理的项目管理和团队协作机制，使学生能够在清晰的流程和团队分工中高效完成项目。

项目计划的制定与跟踪：在项目启动时，要求学生制订详细的项目计划，包括项目目标、进度安排、任务分配和资源需求等。学生定期提交项目进展报告，教师根据报告内容提供指导和建议，帮助学生及时解决项目中遇到的问题。

团队分工与协作机制：项目制教学强调团队协作能力的培养，因此项目实施中需要合理的团队分工。团队成员可分别承担数据收集、系统开发、数据分析、报告撰写等任务，而团队负责人需要负责团队的沟通协调与任务衔接，以增强团队的协作能力。

阶段性反馈与指导：在项目的不同阶段安排定期的项目进度汇报和教师指导，通过反馈机制及时调整项目方向。教师可以通过小组讨论、课堂交流等方式，帮助学生从多个角度分析项目的技术难题和实现路径，提高项目的完成度和学生的学习效果。

3.校企资源的整合与共享

为提高项目制教学的实践性和行业适应性，项目制教学需要整合高校和企业的优质资源，为学生提供真实的技术支持和项目指导。

企业导师的引入：引入企业导师指导学生项目实施，特别是在技术细节、市场需求和项目实施路径上提供专业支持。企业导师能够带来真实的行业视角，使学生在项目开发中更好地理解市场需求。

校企共建项目实验室：高校与企业合作建立金融科技项目实验室，提供大数据分析平台、区块链应用开发环境等实验资源，为校企合作项目提供技术支持。项目实验室的建设可以让学生在实际操作中掌握前沿技术，提高项目实践的有效性。

项目资源的共享与开放：整合校内外项目资源，特别是在实验设施、技术设备和数据资源方面，为学生提供充足的资源支持。同时，鼓励校内外团队之间分享项目经验，促进学生在项目实施中实现资源的高效利用和技术交流。

4. 项目评估与反馈机制的建设

项目评估和反馈机制是保障项目制教学质量的关键，系统的评估机制不仅能够衡量学生的学习效果，还能够为后续项目优化提供数据支持。

多维度的项目评估体系：构建覆盖项目计划、实施过程、项目结果和团队协作等方面的多维度评估体系。评估指标应包括学生的专业知识应用、项目创新性、技术实现难度、团队沟通效果等，确保学生的全方位发展。评估过程中不仅要关注项目的完成情况，还要考查学生在项目中是否能够独立思考和解决问题。

学生自评与团队互评：在项目完成后，安排学生自评和团队互评环节，学生通过自评和互评反思项目中的不足之处和改进空间，并为后续项目提供建议。团队互评不仅有助于学生之间的相互学习，还有助于培养学生的反馈意识和团队责任感。

教师和企业导师的评估反馈：教师与企业导师共同参与项目的最终评估，全面评价学生的表现，并结合项目完成情况提供详细反馈，指出学生在技术应用、问题解决、团队合作等方面的优劣之处，帮助学生明确改进方向。

5. 项目成果的展示与总结

项目成果展示和总结是项目制教学中不可或缺的环节，通过展示活动和总结报告，学生能够在反思和讨论中进一步巩固项目经验，增强自信心。

项目展示与答辩：在项目结束时，高校可以组织项目展示和答辩环节，学生通过展示和答辩介绍项目背景、项目目标、实施方法和成果等。项目展示活动还可以邀请企业导师、其他教师和同学参加，鼓励学生进行跨团队的学习和交流。

项目总结与文档归档：学生在项目完成后需要撰写项目总结报告，系统整理项目实施过程中的经验和教训，形成文档并归档，为后续课程提供参考。同时，项目总结报告的归档能够为高校构建完善的项目库提供数据积累，方便后续课程的调整和优化。

三、国际交换生模式

（一）模式概述

国际交换生模式是当代高等教育中培养学生全球视野和跨文化沟通能力的重要路径，尤其在金融科技这一跨学科、跨国界的领域中，交换生项目的开展具有特殊的现实意义。国际交换生模式不仅能够拓展学生的学术知识和专业技能，还能够增强学生对不同国家经济、法律和文化环境的适应力。通过国际交换生模式，学生可以深入了解东盟地区的金融科技市场环境、政策和技术应用，形成更为全面的知识结构，为未来在国际市场中的职业发展打下坚实基础。

1.国际交换生模式的意义

国际交换生模式在中国–东盟金融科技人才培养中具有多层次的积极意义，不仅对学生个人的成长和发展有着深远影响，还对中外高校之间的教育交流和资源共享有着促进作用。

提升学生的全球视野：国际交换生模式让学生在跨国学习和生活中接触到多元化的文化和经济背景，这种浸入式的学习体验能够开阔学生的国际视野，帮助学生理解金融科技行业在全球范围内的发展趋势。例如，东盟在跨境支付、数字货币和电子商务领域的快速发展，为学生提供了不同于国内的实践和应用视角，学生可以了解区域一体化的特殊需求。

增强学生的跨文化沟通能力：在国际交换生项目中，学生需要适应不同的教学模式、学术风格和社交方式，这不仅能够提高学生的语言能力，也能够增强学生在多元文化环境中的沟通能力和适应能力。这种跨文化沟通能力对金融科技行业的从业者尤为重要，因为行业的国际化发展使得从业者必须具备与来自不同国家和地区的合作伙伴、客户沟通的能力。

促进高校之间的学术合作：国际交换生模式为高校之间的学术合作搭建了桥梁，不同高校在交换生项目中的合作可以推动教师交流、联合科研和课程共享，从而实现教育资源的高效配置。此外，交换生的回国反馈和学术报告能够为高校的课程设置和教学内容提供参考，使课程内容更加多元化和国际化。

2.国际交换生模式的特点

国际交换生模式在金融科技人才培养中具有独特的特点。与传统的国际留学和访学模式相比，国际交换生项目更注重双向性、短期性和多样性，以满足学生快速适应、多维度学习的需求。

双向交流：国际交换生项目通常采用双向交流的模式，即中国与东盟的高校互派学生，双方学生在对方院校中进行一定时期的学习或实践。这种双向交流不仅可以让学生学习到新知识，还可以让高校对外展示各自的金融科技教育成果。

短期高效：与传统留学模式相比，国际交换生项目的周期通常较短，多为一学期或一个学年，适合在校生在不影响学业进度的前提下参与。这类短期项目能够使学生在短时间内获取多样化的知识和技能，同时降低了经济和时间成本。此外，这类短期项目的高密度安排也使学生能够集中精力，迅速适应新的学习环境，取得良好的学习效果。

多样化的学习与实践形式：在国际交换生项目中，学生不仅可以选修对方高校的课程，还可以参加实习、项目研究、企业参访等实践活动，深入了解金融科技行业的工作环境和职业要求。这种多样化的学习与实践方式帮助学生将理论与实践紧密结合，获得更为全面的知识和技能。

（二）实施路径

国际交换生模式的成功实施需要一个全面而严谨的流程，从合作院校的选择到交换生的选拔和管理、课程衔接与学分互认、访学期间的支持与管理，以及交流成果的总结与推广，每一个环节都需要精心设计，以确保国际交换生项目的顺利进行和教育目标的达成。以下是具体的实施路径，涵盖了国际交换生项目中重要的管理流程和支持机制。

1.合作院校的选择与合作协议的签订

合作院校的选择是国际交换生项目实施的基础，需要确保合作院校在学术水平、课程体系和行业资源方面与本校具有较高的匹配度。同时，签订正式的合作协议是项目规范化和长期稳定的重要保障。

合作院校的选择标准：首先，考虑合作院校在金融科技领域的学术实力、行业声誉和教学质量。其次，考察合作院校在跨境金融和金融科技应用等方面的专长，以便学生在合作院校获得与中国–东盟金融科技发展相适应的学术和实践机会。最后，综合考虑合作院校间的区域背景和文化互补性。

合作协议的签订：在确定合作院校后，双方需要签订正式的合作协议。合作协议的内容包括交换生人数、项目期限、课程设置、学分互认、学生管理、生活支持等。合作协议还应明确双方的责任和义务，确保国际交换生项目能够按计划有序实施，并为学生提供稳定的学习和生活环境。

2.交换生选拔与派遣流程

国际交换生项目的选拔流程应严格、公正，以确保选拔出的学生具有一定的学术水平、语言能力和适应能力，能够充分发挥交换学习的效果。同时，国际交换生项目的派遣流程也应合理、高效，以确保学生安全、有序地到达合作院校，顺利进入学习状态。

选拔标准与流程：制定详细的选拔标准，包括学术成绩、外语能力、专业技能和个人综合素质等方面。选拔流程一般包括提交申请、面试、语言测试等环节，以确保学生具备在国外学习和生活的基本素质。面试环节还可以考查学生的跨文化沟通能力和独立适应能力。

派遣前的准备：在选拔结束后，对交换生进行系统的行前培训，内容包括合作院校的学术要求、文化习俗、安全事项等。此外，学生还需要办理相关的签证和保险，确保访学期间的合法性和安全性。高校可以安排以往交换生的经验分享会，帮助学生做好心理准备和学术准备。

3.课程衔接与学分互认机制

为确保学生的学习成果得到双方高校的认可，需要建立科学的课程衔接和学分互认机制，使学生在交换学习期间的课业成绩可以顺利转换为本校学分，不影响学生的正常学习进度。

课程内容对接与认可：双方高校应事先对课程内容进行对接和比较，确保学生在合作院校选修的课程能够在本校得到认可。关于课程内容的对接，双方高校需要关注金融科技核心课程的匹配度，并确保课程内容的学术水平和严谨性。

学分互认机制：为确保国际交换生项目的顺利进行，双方高校需要在合作协议中明确学分互认的标准和流程。学分互认机制一般包括成绩单审核、课程内容对比和评估等内容。通过这一机制，学生在合作院校获得的学分可以直接转换为本校的相关学分，从而避免延误学业进度。

4.访学期间的支持与管理

为了保障学生在访学期间的顺利生活和学习，双方高校应提供多方面的支持和管理服务，包括学术支持、生活指导和心理辅导等，确保学生能够充分融入新环境，并顺利完成学习任务。

学术支持与辅导：合作院校可为交换生指定学术导师，帮助学生适应新的学习方式，并提供课程内容的补充指导。学术导师可以根据学生的学习进度和个人需求提供一对一辅导，帮助学生解决学习中的疑难问题。此外，合作院校还可以安排语言课程或学习小组，帮助学生提高语言沟通能力，以便学生更好地融入课堂。

生活指导与文化适应支持：在访学初期，合作院校可以为学生安排生活指导和文化适应培训，帮助学生了解当地文化和风俗，增强文化适应能力。此外，合作院校还可以安排与当地学生的结对活动，让学生在校内外获得更多的社交机会，加速学生融入新环境的过程。

安全保障与心理支持：在访学期间，合作院校需要提供紧急联系人和心理咨询服务，以确保学生在遇到安全问题或心理问题时能够及时获得帮助。同时，高校内的安全管理部门应定期检查学生的访学情况，并提供必要的支持和帮助。

5.交流成果的总结与推广

在国际交换生项目结束后，双方高校需要对项目效果进行总结和推广，整理学生在学习和生活中的收获，以进一步完善项目管理流程，并推动国际化教育成果的应用。

访学报告与经验分享：在学生完成交换学习后，要求学生撰写访学报告，记录访学期间的学习成果、实践经验和文化体验。高校可以组织访学经验分享会，让学生在校内分享自己的访学心得，激励其他学生参与国际交流。同时，访学报告可以为项目管理者提供反馈，帮助项目管理者优化项目设计。

项目成效评估与优化：通过收集学生的反馈信息、访学报告和学术成绩等，系统评估国际交换生项目的成效，识别项目中的优点与不足之处，以便在后续项目中进行优化。评估指标包括学生的学术成绩、语言能力、跨文化适应性，以及学生对金融科技领域的实践理解等。

合作成果的长期推广：在国际交换生项目中取得的经验和成效可以通过高校的宣传渠道，如校园媒体、校友会等进行推广。合作院校可以进一步探索长效合作机制，将国际交换生项目的成功经验扩展到更多的国际化教育项目中，以提升中国-东盟金融科技教育的整体水平，助力培养面向全球的高素质人才。

四、双学位联合培养模式

（一）模式概述

双学位联合培养模式是指学生同时完成两所高校的学位课程，获得两个不同的学位。双学位联合培养模式在国际化人才培养中扮演着重要角色，尤其适用于金融科技这一多学科交叉、知识体系庞杂的领域。中国与东盟高校间的双学位项目不仅拓宽了学生的学术视野，还提高了学生在国际舞台上的竞争力。

1.双学位项目的意义

双学位联合培养模式在推动中国与东盟教育合作、促进学生跨文化交流和丰富学术经验方面具有重要意义。对学生而言，双学位项目能够提供深度的学术训练和多元化的知识背景，帮助学生在职业市场中脱颖而出。对高校而言，双学位项目有助于提升学校的国际化水平，推动区域内教育资源的整合与共享，增强高校的学术影响力。

推动区域教育一体化：双学位项目是区域内高校在教育层面实现一体化的具体体现，通过共同制定课程标准、学术规范和培养目标，双学位项目有效促进了高校间的协同发展，增强了区域教育体系的竞争力。

增强学生的跨文化适应能力：通过在两个不同的文化和教育体系中学习，学生不仅能够拓宽学术视野，还能够锻炼跨文化沟通能力。在双学位项目中，学生能够深入体验彼此的文化习俗和商业环境，这种浸入式学习为其未来的国际职业发展奠定了基础。

提升学术与职业竞争力：双学位项目的参与者不仅能够获得两所高校的学术资源，还能够通过整合双方高校的知识体系形成独特的竞争优势。特别是在金融科技领域，双学位项目培养的学生能够快速适应不同国家的技术标准、市场规则和金融体系，成为备受行业青睐的复合型人才。

2.双学位项目的特点

相较于普通的国际交流或交换项目，双学位项目在培养金融科技国际化人才方面具有独特优势。

跨学科、跨文化的学术训练：双学位项目通常涵盖多个学科领域，尤其适合金融科技这样需要多领域融合的学科。双方高校在课程设计上往往注重金融、科技、区域经济的结合，帮助学生掌握跨学科的专业知识。

多层次的课程设计：双学位项目的课程设计通常较为复杂，不仅包括专业必修课程，还包括研究型课程和实践项目，旨在系统性地提升学生的专业能力、研究能力和应用能力。学生需要在不同教育体系下适应不同的学习方式，增强其适应能力和自我管理能力。

双校认证与学分互认机制：双学位项目的特点之一是双校认证和学分互认。双方高校会在项目开始前共同制定学分互认标准，确保学生在两所高校学习的课程能够顺利地互相承认。这种学分互认机制能够帮助学生有效完成学业，确保双学位的价值和学术含金量。

3.双学位项目的优势

双学位项目相比单一学位教育项目在多个方面具有显著的优势，尤其在培养具备国际视野和跨学科能力的高素质人才方面发挥了重要作用。

获取双重学术资源：双学位项目使学生能够接触到两所高校的学术资源，包括图书馆、实验室、课程教材和导师团队等。通过整合双方的学术优势，学生可以更全面地了解学科前沿动态，并获得更高水平的学术支持。例如，在金融科技双学位项目中，中国高校的金融理论优势和东盟高校的科技应用优势互补，学生能够获得金融与科技的全方位学术训练。

增强实践能力与创新思维：双学位项目中的课程设计通常包括实践项目或企业实习。通过实践项目或企业实习，学生能够将所学的理论知识应用于真实场景。这种实用导向的教育方式可以帮助学生提升实际操作能力、解决问题能力和创新能力，以适应金融科技行业不断变化的技术需求。

拓宽职业发展路径：双学位证书为学生提供了更广阔的职业选择机会，帮助学生在职业市场中脱颖而出。双学位项目的学生具备跨国学习和工作经历，能够更快地适应不同国家的职业环境，尤其在跨国金融科技、区域金融等领域具备显著的竞争优势。此外，学生的双学位证书使其简历具有独特亮点，增加了学生未来职业发展的多样性。

培养跨文化沟通与协作能力：在双学位项目中，学生需要在两种不同文化背景中学习和生活，这有助于提升学生的跨文化沟通能力。金融科技领域的国际化趋势日益显著，跨文化沟通与协作能力已成为金融科技人才的核心竞争力。通过双学位项目，可以帮助学生习得并理解不同文化背景下的思维方式、商业模式和客户需求，使学生在未来的工作中能够更好地与来自不同文化的同事和客户沟通与协作。

深化专业领域的国际化理解：金融科技领域的全球化发展对从业者的国际化理解和跨国技术应用提出了更高的要求。双学位项目能够帮助学生从两个国家的不同视角深入理解金融科技的运作逻辑、技术发展方向和监管要求。例如，中国高校的学生在东盟高校的学习中，可以了解东盟金融市场的政策框架、监管体系和技术创新趋势，为未来在东盟市场中的实践打下基础。

（二）实施路径

双学位联合培养模式的实施路径需要双方高校在学术规划、课程设置、师资调配和学生管理等方面进行系统性的合作。实施路径的成功与否，直接关系到双学位项目的质量和学生的培养成效，因此双方高校需要在联合制订培养计划、课程体系的协调整合、师资互派与资源共享、学位授予条件的确定，以及学生管理和服务保障等方面全面布局，以确保双学位联合培养模式的高效运行。

1.联合制订培养计划

培养计划的制订是双学位联合培养的首要任务。双方高校需要在培养目标、课程要求等方面达成共识，以确保双学位项目的科学性和合理性。

课程标准的统一：在制订培养计划时，双方高校需要在课程标准上达成一致。具体包括学习要求、课程难度、课程考核标准等，以保证学生在两所高校中学习的连续性和协调性。

培养目标的明确化：双学位项目的培养目标应明确针对金融科技行业的国际化需求，重点培养学生的跨学科能力、跨文化沟通能力和创新实践能力。因此，双方高校需要在项目的初期就明确培养目标，并在各自的课程和教学活动中贯彻这一目标。

培养计划的灵活调整：考虑到双方高校在课程设置、学期安排等方面的差异，培养计划应具备一定的灵活性，以便在实施过程中根据实际情况进行调整，从而更好地满足学生的学习需求。

2.课程体系的协调与整合

双学位项目的核心在于实现课程体系的协调与整合，确保学生能够在不同的教育体系中无缝衔接知识内容，并获得相应的学术认证。

课程内容的匹配与对接：双方高校需要对课程内容进行深入对接，确保学生在双方高校修读的课程能够相互匹配。特别是在金融科技领域，双方高校需要将金融学、计算机科学、区域经济学等不同学科的核心课程进行整合，为学生提供全面的知识体系。

课程学分互认机制：为避免重复学习和学业压力，双方高校需要建立学分互认机制，确保学生所修的学分能够在另一所高校得到承认。学分互认的依据可基于课程大纲、学习时长、考试方式等内容，保障学分的透明性和互认的合理性。

选修课程与实践模块的设置：为提升双学位项目的实际应用价值，可在课程体系中增加选修课程和实践模块，以帮助学生灵活选择自己感兴趣的领域。东盟高校可开设侧重区域特色的课程，而中国高校则可提供金融科技核心技术课程，丰富学生的国际视野和实践经验。

3.师资互派与资源共享

师资力量的互派与学术资源的共享是双学位项目得以高质量运行的关键环节，通过师资互派和资源共享，学生可以接触到多元化的教学资源和学术指导。

师资互派与学术指导：在双学位项目中，双方高校可以选派优秀教师互访，分别负责在对方高校开设专业课程或指导研究项目。师资互派不仅能够帮助学生获取多样化的学术视角，还能够促进双方高校在学术理念和教学方法上的交流。

资源共享与数据支持：双方高校应共享图书资源、数据库、实验室设备等，以支持学生的学术研究和实践活动。例如，东盟高校可以提供区域经济与政策研究的数据，而中国高校则可以共享金融科技研发的技术工具，帮助学生在跨文化背景下进行专业学习和技能训练。

"双导师制"的实施：为增强学生的研究能力，双方高校可以实行"双导师制"，即每名学生在双方高校各配备一名导师，共同负责指导学生的学术研究和实践项目。"双导师制"可以帮助学生在学术研究中获得更具深度和广度的支持，提升学生在金融科技跨学科领域中的研究能力。

4.学位授予条件与标准

学位授予条件和标准的制定是双学位项目的核心环节，明确的授予条件不仅保障了双学位项目的学术含金量，还确保了双学位项目的规范化和质量。

双重毕业考核与评估：在双学位项目中，学生需要满足双方高校的毕业考核标准，才能获得双重学位认证。毕业考核内容包括学习成绩、研究能力、实践技能等方面。考核标准的制定需要综合双方高校的要求，确保学生的知识水平符合双学位的授予标准。

论文或项目要求的对接：对于金融科技专业的双学位项目，学生可能需要完成毕业论文或项目研究。双方高校应就论文或项目的格式、内容要求和评审标准进行对接，确保学生的研究成果能够获得双方高校的认可。学生可选择在一所高校完成论文并接受另一所高校的联合评审，以确保论文的质量和研究的深度。

学位授予程序的统一：为确保学位授予的顺利进行，双方高校需要在学位授予程序上达成一致，包括答辩时间、评审委员会的构成、学位授予仪式等。学位授予程序的统一可以确保学生顺利获得学位证书，保障双学位项目的顺利运行。

5.学生管理与服务保障

在双学位项目中，学生需要跨越不同的教育体系和文化环境，完善的学生管理与服务保障机制是项目成功的基础，因此双方高校需要在学生管理与服务方面提供全方位支持。

入学与在校管理：双方高校需要建立统一的学生管理制度，确保学生能够在不同校区无缝衔接学习任务。管理内容包括学籍注册、课程选修、考勤记录等，避免因管理差异造成学生的学业困扰。

生活支持与心理辅导：为帮助学生适应不同的文化环境和学习方式，双方高校可提供生活支持与心理辅导服务。例如，东盟学生在中国高校学习时可以获得适应性指导和生活帮助，而中国学生在东盟高校学习时也可获得相应的支持。此外，心理辅导服务可以帮助学生缓解跨文化适应中的压力和焦虑，确保学生的身心健康。

安全保障与紧急应对机制：跨国学习涉及学生安全管理问题，双方高校应建立有效的安全保障机制，其内容包括紧急联系人、定期安全培训和紧急应对方案等，以确保学生在突发事件中的人身安全。

五、职业资格认证与"1+X"证书模式

（一）模式概述

职业资格认证与"1+X"证书模式是金融科技人才培养体系中的重要组成部分，旨在通过学位教育与职业资格认证的结合，使学生在毕业时既具备学术知识，又获得行业认可的职业证书，从而提高学生的就业竞争力。"1+X"证书模式是在获得学位证书（1）的基础上，通过技能培训获得多项职业技能证书（X），以提升学生的实践能力和职业素养。"1+X"证书模式强调"学历教育+职业资格"的双重培养，为金融科技专业学生提供全面的技能认证。

1. "1+X"证书模式的含义

"1+X"证书模式是教育部提出的一项创新人才培养模式，适用于加强学生的技能教育，缩短教育与就业市场的衔接。具体而言，"1+X"中的"1"代表高等教育提供的学历证书，是学术能力的基本体现；"X"则代表职业技能证书，是对学生在某一职业领域掌握实际操作技能的证明。通过将学历教育与职业技能教育培养相结合，学生在完成学业后不仅具备了理论知识，还能够直接适应行业需求。

提高学生的职业适应性："1+X"证书模式让学生在专业学习过程中，既能够获得理论知识，又能够通过实际操作课程提升技能水平，使得学生进入金融科技行业后更具备适应性，能够快速融入职场。

推动高校和行业的深度合作：推行"1+X"证书模式，高校需要与金融科技行业密切合作，共同开发技能课程和培训项目，确保教学内容与行业需求相符。这种合作不仅能够帮助学生更好地理解行业动态，还能够让高校的教学内容紧跟行业的发展。

构建终身学习体系：金融科技行业技术更新迅速，通过"1+X"证书模式，学生能够在职业生涯中继续学习和考取新的职业证书，实现知识更新和技能提升，形成终身学习的体系。

2.职业资格认证的重要性

在金融科技行业中，职业资格认证是一种关键的能力证明，通过认证考试和培训，学生能够获得相应的职业资格证书，体现了学生在专业领域的技能水平。随着金融科技的迅速发展，各种新兴技术和业务需求不断涌现，职业资格认证不仅是从业者进入行业的"敲门砖"，还是从业者证明其掌握特定技术能力的重要依据。

增强学生的职场竞争力：拥有职业资格证书的学生在求职时可以展现更强的实践能力和专业素养，使其在人才市场中更具竞争优势。金融科技行业的用人单位更青睐于在金融、数据分析、区块链等领域获得了职业资格认证的学生，因为这些证书能够反映学生的实际操作能力。

满足行业的专业需求：金融科技领域的职业资格认证课程一般是围绕行业所需的技能设置的，如大数据分析、区块链技术应用、信息安全等。通过职业资格认证，学生能够掌握最新的行业标准和技能，为企业的技术需求提供有力支持。

确保专业水准的规范：通过职业资格认证，金融科技从业人员的专业水准得以规范，有助于提升整个行业的服务质量和业务水平。职业资格认证的存在，促使学生在进入职场前达到统一的技术标准，保障金融科技行业从业者的职业素养。

3.金融科技领域的职业证书

金融科技领域的职业证书种类多样，以下是金融科技领域中常见的职业证书，这些证书为学生提供了深入掌握行业核心技能的途径。

特许金融分析师（CFA）：CFA证书是全球金融分析领域的权威认证，涵盖投资分析、资产管理、金融道德等培训内容。在金融科技专业中，CFA认证能够帮助学生掌握金融市场的运作机制，培养学生的分析和决策能力。

金融风险管理师（FRM）：FRM认证专注于金融风险管理，包括市场风险、信用风险和操作风险的分析与控制等培训内容。FRM证书对金融科技从业人员来说尤为重要，因为在金融科技的发展过程中，风控是关键环节，FRM认证能够帮助学生在风险评估和管理方面具备实务能力。

数据分析师（CAP）：CAP聚焦于大数据分析领域，其培训内容包括数据建模、统计分析、预测性分析等。金融科技行业对数据处理和分析的需求日益增长，CAP认证使得学生在金融数据分析和决策支持方面具备实务能力。

区块链证书：随着区块链在金融科技中的应用扩大，一些权威机构推出了区块链认证，其培训内容涵盖区块链技术原理、应用案例和技术实现等。区块链认证使学生对该项技术的核心原理和应用场景有深入理解，能够将区块链技术有效应用于支付、清算、数字身份等金融科技场景中。

信息系统审计师（CISA）：CISA证书在信息技术与审计领域具有较高的权威性，其培训内容涵盖IT治理、信息安全、风险管理等。对金融科技专业的学生来说，CISA认证不仅可以增强自身的信息安全和IT管理能力，还可以为自己将来在金融科技领域的就业提供支持

深港澳金融科技师（SHMFTPP）：SHMFTPP证书是由深圳市地方金融监督管理局联合香港财经事务及库务局、香港金融管理局、澳门金融管理局，依托行业协会、高等院校和科研院所，在三地推行"深港澳金融科技师"专才计划，建立"考试、培训、认定"为一体的金融科技人才培养机制。这是三地互通的职业认证，旨在培养金融科技领域的人才，增进金融科技行业人员对应用场景和技术原理的理解。

（二）实施路径

为成功实施职业资格认证与"1+X"证书模式，高校需要从课程设置、认证考试组织、师资培训、学生取证率提升策略及证书与就业的对接等方面建立全面的支持体系。通过系统化的实施路径，确保学生在学术知识的基础上获得职业技能的认可，满足金融科技行业对复合型人才的需求。

1.联合制订培养计划

为了保证学生在取得学位的同时，获得与行业需求一致的职业资格认证，高校与金融科技行业需要联合制订培养计划，将学术课程与职业技能训练有机结合。

设置学术课程与职业课程的衔接：在培养计划中，高校可设置与职业资格认证紧密相关的课程模块。例如，在数据分析课程中融入CAP认证的考核内容，在金融风险管理课程中设置FRM认证的知识体系，使学生在完成学业的同时，有望直接通过职业资格认证考试。

灵活调整课程进度与证书考试时间：考虑到部分职业资格认证的考试时间分布，高校可以在培养计划中设置灵活的课程进度安排，使学生能够在不同学期完成职业证书的相关课程，并在学期末或学年末进行证书考试，减少学业压力。

提供校内外的技能培训支持：高校可联合企业开设职业认证培训班，邀请行业专家进行指导，并开放实验室和技术设备支持学生的技能实践，提升学生职业认证考试的通过率。

2.职业资格课程的设置

职业资格课程是"1+X"证书模式的重要基础。课程设计应紧密围绕金融科技领域

的实际技能需求，设置涵盖不同职业资格认证的核心内容，为学生获得资格认证奠定知识基础。

结合职业认证需求：在课程设置上，高校需要参照不同认证机构的标准和内容，确保课程内容与行业标准保持一致。课程的核心模块包括数据分析、区块链技术应用、金融产品设计与管理、信息安全等，帮助学生逐步积累认证考试所需的技能。

模块化和灵活化的课程安排：将课程分为不同模块，使学生能够根据自己的职业目标灵活选择相关课程。例如，计划获取FRM证书的学生可以重点学习风险管理和金融衍生品课程，而对数据分析感兴趣的学生可以选择大数据和机器学习相关模块。课程的模块化设计不仅有助于学生提升学习的灵活性，还有助于学生有针对性地备考。

加强实践课程：针对金融科技行业，课程设置应注重理论与实践结合，增加实训课程和项目。例如，通过模拟交易平台、数据分析工具和区块链开发环境的应用，使学生在实战中掌握职业技能。

3. 认证考试的组织与实施

高校需要在职业资格认证考试的组织环节提供完善的支持服务，以帮助学生顺利通过考试，包括组织考前培训、安排模拟考试等。

考前集中辅导：在认证考试前，高校可以组织集中培训，由专业教师和行业专家对考试内容进行详细讲解，帮助学生梳理知识结构和应试技巧。辅导内容包括考试要点、题型分析、答题策略等，以提高学生对考试的适应性。

模拟考试安排：模拟考试是帮助学生熟悉认证考试流程的重要环节，学校应定期举行职业认证的模拟考试，模拟考试环境和题型，使学生提前适应考试的节奏和难度。同时，模拟考试还能够帮助学生找到自身的薄弱点，以便在正式考试前集中复习。

考试流程指导与后勤支持：职业资格考试涉及报名、资料审核、考试安排等多个流程。学校应设立专门的咨询服务部门，帮助学生完成考试报名、资料提交等流程，确保学生顺利参加考试。此外，学校应提供考前心理辅导，帮助学生调整心态，提升自信心。

4. 师资培训与认证

实施"1+X"证书模式需要一支具备行业经验和认证资质的师资团队，因此高校应加强师资培训，鼓励教师考取相关职业资格证书，提升教学能力和行业知识的更新速度。

定期开展教师培训：高校可以定期举办教师培训班，邀请行业资深专家和认证机构的培训师为教师讲解最新的行业发展动态和技术前沿，帮助教师提升授课水平和实际操作能力。通过定期培训，教师能够不断更新知识体系，从而在授课过程中为学生提供更权威的指导。

鼓励教师考取职业资格证书：教师不仅需要具备与金融科技相关的学术知识，还需要掌握行业所需的专业技能。高校可以为教师提供职业认证的考前培训和费用支持，鼓励教师考取 FRM、CFA、CAP 等证书，为学生的职业认证培训提供更权威的教学资源。

校企合作交流：通过与金融科技企业的合作，高校教师可以前往企业进行短期学习或实习，掌握行业实际操作流程和技术，进一步提升教学实践性。校企合作培养模式能够为教师带来宝贵的行业经验，提升教学水平。

5.证书与就业的对接

职业资格认证不仅是对学生技能的认证，还是学生进入职场的"敲门砖"。高校应建立证书与就业市场的对接机制，使学生的职业认证能够真正为就业提供帮助。

构建就业合作网络：高校可以与金融科技行业的知名企业建立长期的合作关系，了解企业对证书的认可度，协助学生在相关领域的就业。通过就业合作网络，高校不仅可以向企业推荐持证毕业生，还可以收集企业对职业技能需求的反馈，从而进一步优化课程内容。

设置职业发展指导与招聘活动：职业资格证书的获得只是职业发展的第一步，高校应为学生提供长期的职业发展支持，包括定期举办招聘会和就业指导活动，帮助学生将职业认证应用到实际岗位。通过邀请持证专业人士和企业 HR 举办职业讲座和咨询会，帮助学生更好地规划职业道路。

搭建校友资源平台：高校可以建立校友资源平台，通过邀请已取得职业认证的优秀校友分享经验，帮助在校学生了解职业认证的行业应用，并借助校友资源拓宽就业渠道。校友资源平台是知识和经验分享的平台，可以促成校友与学生之间的实习和就业合作。

六、创新创业孵化培养模式

（一）模式概述

创新创业孵化培养模式在现代高等教育中扮演着重要角色，尤其在金融科技迅速发展的背景下，培养具备创新意识和创业能力的人才成为高校的重要任务。创新创业孵化培养模式通过在校内外构建支持体系和资源平台，将创新创业教育与学术学习、实践训练、行业资源相结合，使学生能够在学习期间探索并实现创新想法，从而推动学生的个人成长与职业发展。创新创业孵化培养模式在教育层面上具有重要意义，通过实践积累、项目孵化和市场探索等环节提升学生的综合能力，为金融科技行业注入新生力量。

1.创新创业教育的意义

创新创业教育在高等教育体系中的地位日益凸显，其主要目标是培养具有创新思维、市场敏感性和实践能力的人才，使其能够应对复杂多变的社会需求并推动行业发展。尤其是在金融科技这一跨学科、跨领域的前沿行业，学生在掌握专业知识的同时，具备创新和创业能力，不仅有助于学生未来的职业发展，还为金融科技行业的技术和商业模式创新注入了活力。

提升学生的创新能力：创新创业教育帮助学生培养创造性解决问题的思维，使学生在面对复杂的金融科技问题时能够提出新的解决方案。这种能力对于金融科技行业尤为重要，因为该领域快速发展的技术和市场需求需要不断创新。

增强学生的市场意识和企业家精神：创新创业教育通过引入市场分析、项目管理和企业运作等课程，帮助学生了解创业过程中的关键环节和挑战，提升学生的市场敏感性和企业家精神，为日后的职业生涯打下基础。

促进高校与产业的紧密联系：创新创业教育模式鼓励高校与企业合作，构建校企协同的创新体系。通过与金融科技企业合作，学生能够接触到真实的行业项目，增强学生在学术之外的实际操作能力，缩短教育与市场需求的差距。

2.创新创业孵化培养模式的特点

创新创业孵化培养模式区别于传统的学历教育，其教育特点在于将理论与实践、知识与应用紧密结合，为学生提供从创意到实践的完整教育路径。这一模式强调在教育过程中通过实践和项目支持学生的创新探索，使学生不仅掌握创业技能，还能够在实际项目中得到锻炼，提升创业成功率。

多层次的教育内容：创新创业孵化培养模式涵盖了从创新思维启蒙、项目构想到创业实践的全过程。高校可以通过基础创新课程培养学生的创新思维，并在项目孵化阶段提供专业指导与支持，确保学生能够将学术知识转化为实际应用。

跨学科与跨界资源整合：金融科技领域的创新创业孵化需要将金融学、计算机科学、市场营销学等多个学科内容进行整合，因此该模式在课程设计和项目支持上注重跨学科融合。高校不仅需要提供金融科技领域的专业知识，还需要联合其他学科，帮助学生掌握多维度的知识，形成全面的创业能力。

实践与市场导向：创新创业孵化培养模式注重市场需求，通过市场调研、竞赛和实习项目等形式，使学生的创业构想更贴合实际需求。同时，创新创业孵化培养模式通过项目孵化和投资指导，帮助学生在真实市场环境中探索项目的可行性。学生在项目实践中得到反馈，并在导师的指导下调整方案，提高创业项目的可持续性。

完善的支持体系：创新创业孵化培养模式通常具备系统的支持机制，包括资金支持、导师指导、项目孵化平台等。在高校的创业园区或创新实验室，学生可以获得从技术支持、团队合作到商业模式设计的全方位支持，使学生能够集中精力进行创业探索。通过提供丰富的资源，高校能够有效降低学生的创业风险，提高创新实践的成功率。

3.创新创业教育对学生的综合影响

创新创业孵化培养模式不仅提升了学生的创业能力，还促进了学生的综合素质全面发展。学生在参与创业实践的过程中，能够锻炼项目管理能力、团队协作能力、市场应变能力等，为其未来的职业生涯奠定基础。

增强决策与执行力：创新创业教育要求学生在项目孵化中制定决策、落实执行，培养其高效的执行力和科学的决策能力。这种实践能力对学生未来在金融科技行业从事管理和决策岗位具有重要作用。

提高跨文化沟通与协作能力：中国-东盟创新创业项目往往需要跨越文化与语言的障碍，学生在项目实践中需要与来自不同文化背景的团队成员合作，提升跨文化沟通能力。这种跨文化协作能力在中国-东盟金融科技合作中尤为重要。

塑造积极进取的创新精神：创新创业教育不只是职业技能的提升，更注重塑造学生的创新意识和进取精神。通过参与创业孵化项目，学生能够培养出面对挑战积极进取的精神品质，这对于金融科技行业的不断创新具有深远影响。

（二）实施路径

创新创业孵化培养模式的实施路径旨在通过建立全面的教育支持体系，为中国-东盟金融科技人才提供丰富的创新创业资源，使学生在校期间具备探索创业实践的条件和能力。具体而言，实施路径包括创新创业课程的开发、孵化基地的建设与运营、创业导师团队的组建、创业项目的遴选与培育和投融资支持与政策保障等方面。

1.创新创业课程的开发

创新创业课程是创新创业孵化培养模式的理论基础，其设计应面向金融科技行业的需求，结合创新创业教育的前沿理念，为学生提供从基础到高级的系统性学习。

基础理论课程：该课程包括创新思维与方法、创业管理基础、金融科技市场分析等课程，帮助学生掌握创新创业的基本概念和逻辑。学生通过这些课程能够了解创业的基本流程和核心技能，形成初步的创业思维。

专业技术课程：该课程结合金融科技的特点，涵盖了数据分析、区块链技术应用、智能投顾等课程，为学生提供行业前沿的专业知识支持。这类课程不仅提升了学生的技术能力，还增强了学生在金融科技领域的创新能力。

项目驱动课程：通过项目制教学模式，将创业项目引入课堂，使学生在学习过程中直接参与项目的开发和运营。这类课程通过实战经验帮助学生将理论知识应用于实际问题，培养其解决复杂问题的能力。

2.孵化基地的建设与运营

孵化基地作为创新创业教育的重要载体，为学生提供创业资源和实践空间，是推动创业项目发展的核心平台。高校应在校园内建设高标准的创业孵化基地，为创业团队提供场地、设备和网络等基础设施的同时，搭建一个开放的创业生态系统。

多功能的办公与实验空间：孵化基地应提供集办公、实验和展示功能于一体的多功能空间，为创业团队提供便捷的工作条件。金融科技领域的孵化项目往往需要技术支持，因此实验室和技术平台是孵化基地的重要设施。

资源共享与行业对接：孵化基地应注重资源整合，与校内外资源建立共享机制。例如，孵化基地可与金融科技企业合作，引入专业设备和技术支持，使学生能够在实训环境中进行项目开发。同时，通过与行业协会、投资机构的联系，建立外部资源的对接机制，增强孵化基地的综合服务能力。

持续的基地运营与管理：孵化基地的管理团队需要具备创业教育和项目孵化的经验，确保基地的日常运营和资源管理的高效性。同时，通过设立入驻考核和定期评估机制，保障孵化基地资源的有效利用。

3.创业导师团队的组建

优秀的导师团队是创新创业孵化培养模式成功的关键。高校应从金融科技企业、投资机构、科研机构中遴选经验丰富的专业人士，组成多学科、多领域的导师团队，为学生提供全方位的创业指导。

企业导师：来自金融科技企业的导师可为学生提供市场和行业知识，帮助学生了解行业需求，制订符合市场需求的创业计划。企业导师通过分享自身经验，引导学生规避创业过程中的常见风险。

学术导师：高校教师和科研人员作为学术导师，为学生提供理论知识和学术指导，帮助学生在创业过程中掌握金融科技领域的核心技术。同时，学术导师的参与还能够提升项目的技术创新能力。

投资人导师：具有投融资经验的导师能够为学生的创业项目提供资金规划和融资建

议，引导学生在创业过程中获得资本支持。此外，投资人导师的参与还能够提高项目的市场适应性，提升项目吸引外部投资的能力。

4.创业项目的遴选与培育

创业项目的遴选与培育是创新创业孵化培养模式中的重要环节。高校需要制定项目筛选标准，通过专业评审选择具有创新性、市场潜力和技术可行性的项目，并提供一系列支持措施，推动项目的稳步发展。

项目遴选标准：在遴选项目时，应考虑项目的创新性、市场前景、技术可行性和团队执行力等因素。遴选过程可以通过项目路演、专家评审等形式进行，以确保遴选出的项目具备孵化潜力。

项目培育流程：对于入选的项目，应提供系统的培育计划，包括技术支持、市场调研、商业模式设计等内容。通过阶段性目标设定和定期评估，使项目团队明确发展方向并有效实施。

项目进展的监控与反馈：孵化基地应建立项目的进展监控机制，定期向团队提供反馈，并根据项目进展调整支持策略。这一机制能够确保项目的顺利进行，并在遇到问题时及时采取改进措施。

5.投融资支持与政策保障

投融资支持和政策保障是推动创新创业孵化培养模式的强力支撑。高校应通过内部资金支持和外部融资对接，为学生创业项目提供足够的财务保障。同时，高校应制定相应的政策措施，激励和支持学生创业。

校内创业基金：高校可以设立专门的创新创业基金，为优秀项目提供种子资金或小额资助，帮助团队进行早期开发。这类基金不仅能够降低学生的创业成本，还能够吸引更多的学生参与创业实践。

融资对接平台：高校可以通过建立投融资对接平台，与投资机构、风险投资人、天使投资等建立合作关系，帮助学生在项目后期获得更高额的融资。通过举办创业项目路演、投资人对接会等活动，促进项目团队与资本市场的直接联系。

政策支持与激励措施：高校可以制定相关政策鼓励学生参与创新创业，如学分转换、奖学金、创业假期等政策。通过这些政策支持，激励更多的学生参与创业项目。此外，高校还可以联合政府提供税收减免、工商登记便利等措施，确保学生创业的顺利进行。

第九章 中国–东盟金融科技人才培养改革典型案例

金融科技人才既要深度探索金融市场的运作规律、金融机构的管理与运营以及金融政策的制定与实施，又要与现代数学、统计学、计算机科学与技术相结合，还要研究投资决策和资产管理，掌握投资分析、投资组合管理、风险管理等方面的知识和技能，为金融机构从事投资分析和资产管理工作提供有力保障。目前，中国–东盟金融科技人才培养改革研究成果尚少，典型案例不多，但完全可以参考其他地区的研究成果、成功经验和案例。本章节主要介绍一些成功经验，阐述中国–东盟金融科技人才培养改革典型案例。

一、怎样才能成功地培养出金融科技人才

在分析金融科技人才培养改革典型案例之前，我们先来看一个话题：怎样才能成功地培养出金融科技人才呢？

想回答这个问题，要做到以下三点：首先，要认识到金融科技人才的重要性。随着科技的不断发展，金融科技已经成为一个非常重要的领域，对企业的竞争力有着至关重要的影响。因此，培养金融科技人才成为企业发展的关键。其次，要为金融科技人才提供良好的发展环境。这就需要企业在组织架构、业务流程等方面进行优化，以适应金融科技的发展需求。同时，企业还需要为金融科技人才提供足够的资源和支持，让他们能够在工作中充分发挥自己的能力，企业要关注金融科技人才的职业规划和发展，要为他们提供各种培训和学习机会，帮助他们提升技能和知识水平，并提供晋升和奖励机制，让他们在职业生涯中不断成长。最后，要重视金融科技人才的创新能力和实践能力。企业要通过设立创新项目、鼓励他们参与实际项目等方式，激发他们的创新意识和实践能力。同时，企业还需要为金融科技人才创造一个开放、包容的工作氛围，让他们敢于尝试和创新。

培养金融科技人才需要付出一定的努力，有研究表明：要想成功培养一个金融科技人才，至少需要五年的时间。一是要有一个金融老师，帮助学生理解金融知识，这是基础；二是要有一个熟悉计算机编程基础知识的计算机老师，帮助学生理解算法和数据结构，这是核心；三是要有一个金融行业的从业者，帮助学生理解金融市场的实际运作，

这是关键；四是要有一个金融科技公司的从业者，帮助学生理解金融科技的实际应用，这是重点；五是要有一个有丰富经验的导师，帮助学生在学习过程中遇到的问题，并提供实际的指导和建议，这是保障；六是要有一个良好的学习环境，包括实验室、图书馆、研讨室等，这些都是必不可少的条件；七是要有一个丰富的课程体系，包括理论课程、实践课程、讲座、研讨会等，让学生全面地了解金融科技；八是要有一个强大的校友网络，让学生可以与其他毕业生交流，获取更多的资源和机会；九是要有社会持续的关注和支持，包括就业指导、职业规划、创业支持等，这样才能让学生在毕业后也能得到持续的帮助。

当前，新一轮科技革命和产业变革加速演进，人工智能作为引领未来的战略性技术，正在深刻改变人类生产生活方式，有力地推动经济社会发展。近年来，中国人民银行按照党中央、国务院的决策部署，坚持创新驱动发展，持续深化金融科技应用，取得积极进展。金融科技在提高金融服务效率、扩大服务半径、降低服务成本等方面发挥了积极作用，同时也为金融高质量发展提供了重要的动力。

但是，我们也要看到，金融科技的发展还面临一些挑战，比如数据安全、隐私保护、算法歧视等，这些问题需要我们共同关注和研究解决。第一，要继续加强金融科技审慎监管，完善相关制度规则，促进公平竞争，防止资本无序扩张，切实维护消费者权益和人民群众的财产安全。第二，要强化金融科技风险管控，加强金融科技创新产品管理，完善金融科技创新产品认证体系，健全风险评估、预警、处置机制，确保金融科技安全、稳定、可控。第三，要持续深化金融科技赋能，探索科技与金融融合发展的新模式，提升金融服务实体经济的能力，助力经济高质量发展。

案例一：构建数智化教学资源库，赋能金融科技人才培养①

郑州财税金融职业学院以"数字赋能、产教融合"为核心理念，构建起具有金融科技特色的数智化教学资源库，为区域经济发展培养复合型高素质技能人才。该校依托省级高水平专业群建设契机，通过精准对接产业链需求、创新课程思政育人模式、深化实践教学改革，形成了"三位一体"的人才培养体系。

一是精准定位产业需求，构建"三维立体"课程体系。学校基于《郑州市重点产业急需紧缺人才需求指导目录》，运用现代爬虫技术锁定物流金融管理服务岗、金融数字营销等 14 个核心岗位群。通过关键事件分析法、岗位胜任力模型构建和完成了"职业素养—专业知识—技能提升—价值塑造"四维人才画像。以此为基础，重构"平台基础课程+专业方向课程+拓展模块"的立体化课程体系，将区块链金融、大数据分析等前

---

① 案例来源：赵碧漪.构建数智化教学资源库，赋能金融科技人才培养［EB/OL］.［2025-02-26］.http://www.chinajy.org.cn/article/7162.html.

沿技术融入专业核心课程，开发"区块链金融""财务大数据"等创新课程，形成全省首个金融科技特色资源库。

二是创新"红色基因+数字赋能"育人模式。学校以红色金融发展历程为主线，构建"一体双线"课程思政体系。通过开发"红色金融史"特色课程，将红色金融精神与社会主义核心价值观深度融合，实现专业课程思政元素全覆盖。同时，运用数字技术构建线上思政资源库，通过 VR 红色金融馆、AI 情景教学等数字化手段，打造沉浸式育人场景，使金融为民理念入脑入心。

三是深化"岗课赛证"融合机制。学校构建"三师三实"实践教学模式，组建由企业导师、优秀毕业生助理、专业教师构成的实践教学团队。建设"校内实训—项目实践—顶岗实习"三阶培养体系，将 14 个岗位标准、5 大赛项内容、3 类职业证书要求转化为模块化教学资源。通过供应链金融沙盘、智能投顾模拟等数字化实训平台，实现教学过程与生产过程实时对接，毕业生双证获取率提升至 92%。

四是加强数智化资源库建设。学校已建成覆盖 5 个专业的 13 门核心课程资源库，开发 4 门跨专业共享课程，形成 3 000 余条颗粒化教学素材。通过"智慧职教"平台实现资源共享，每年服务在校生 1.2 万人次、社会学习者 2.3 万人次。项目建设带动教师团队获省级教学能力大赛一等奖 3 项，学生在全国智慧金融赛项中获金奖 2 项。

未来，学校将持续深化产教融合，推进"金融+科技+产业"协同创新，打造国内一流的金融科技人才培养高地，为区域经济高质量发展提供强有力的智力支撑。

二、以科研成果激励金融科技人才成长

如果要培养出顶尖的金融科技人才，光靠金钱是不够的，还必须让这些人才看到工作带来的价值，而不是让他们觉得自己只是在为公司赚钱。因此，需要建立一套以科研成果为导向的激励机制。一方面，要给予研究人员足够的资源和支持，让他们能够在研究过程中充分发挥创造力。另一方面，要设立一系列的奖项和荣誉，以表彰那些在金融科技领域取得突出成就的研究人员，让这些人才感受到他们的工作是有意义的，从而激发他们更大的热情和动力。

同时，还需要加强与国际顶尖金融科技机构的合作，吸引全球范围内的人才，让我们的研究人员接触到最新的研究成果和技术，进一步提高他们的专业素养。此外，还要注重培养金融科技领域的复合型人才，不仅需要懂技术，还需要懂经济、法律等方面的知识。因此，我们需要加强跨学科的教育和培训，培养出更多具备综合能力的人才。

总之，我们需要从多方面入手，建立一套以科研成果为导向的激励机制，加强国际合作和人才培养，真正吸引和留住这些人才。

案例二：广西民族大学相思湖学院金融科技学院的成功经验①

广西民族大学相思湖学院金融科技学院立足国家战略与区域发展需求，创新构建"产教融合+数字赋能+国际视野"三位一体培养模式，形成了独具特色的金融科技人才培养体系。

一是建立政产学研协同创新机制。学院依托中国-东盟金融科技研究院平台，与全球金融科技领军企业盛宝银行共建广西首个中外合办金融科技学院，成为教育部金融科技专业虚拟教研室成员单位。通过"政府+高校+企业+科研机构"四方联动机制，构建起"学科建设——科研创新——产业应用"的全链条培养生态。研究院发布跨境金融、绿色金融等九大研究课题，汇聚国内外专家智库资源，推动产学研用深度融合。

二是打造学科交叉融合培养体系。学院以"新文科+新工科"为核心理念，打造"金融+科技+人文"复合型课程矩阵。投资学专业引入盛宝银行全球领先的金融科技课程体系，开设智能交易、区块链金融等前沿课程，同时依托吉利控股集团产业场景资源，建立多资产智能交易实验室、金融大数据分析中心等实践平台。在课程设计中强化东盟区域特色，设置跨境金融、RCEP规则等特色模块，培养通晓国际金融规则的复合型人才。

三是构建产教深度融合育人模式。学院构建"校内实训——企业实习——国际竞赛"三级实践体系，与国海证券、广发证券等20余家金融机构建立校外实践基地，实施"双导师制"培养。2024年金科大师班的设立开创了行业导师全程参与的先河，来自金融科技领域的领军人物通过"交谈式教学"指导学生开展课题研究，将真实商业案例融入课堂。这种模式显著提升了学生的实践创新能力，其代表队在金砖国家职业技能大赛中荣获国际二等奖。

四是推动数字科技赋能教学创新。学院建设智能金融实验室、超算中心等先进教学设施，运用AI技术构建智慧教学平台。通过虚拟仿真实验、区块链金融实训等数字化教学手段，实现"教、学、练、测"一体化。投资学专业开发的智能交易系统，可模拟全球金融市场实时动态，学生在虚拟环境中完成资产配置、风险对冲等实战操作，有效提升金融科技应用能力。

五是拓展国际化特色发展路径。依托中国-东盟金融开放门户建设，学院构建"东盟+国际"双循环培养格局，与泰国华侨崇圣大学等高校开展数字科技研学项目，开设东盟金融专题课程，培养具有跨文化沟通能力的国际化人才。通过引入国际认证课程、组织海外研学等方式，学生的国际视野持续开阔，竞争力持续增强。

---

① 案例来源：佚名.我院积极推进产教融合 培养高素质金融人才［EB/OL］.［2023-11-15］. https://jkxy.gxxshxy.edu.cn/info/1032/1176.htm。

该培养模式成效显著，2022年以来毕业生就业率连续三年位居广西同类院校前列，毕业生多数进入金融科技企业、跨境金融机构及政府部门，为中国-东盟金融合作提供了有力的人才支撑。学院正以"数字金融创新人才培养高地"为目标，持续深化教育改革，为区域经济高质量发展注入新动能。

三、打造金融科技人才培养"新高地"

金融科技的发展离不开人才，而要培养高质量、高水平的金融科技人才，就必须跳出传统的教育思路，在校企合作的基础上，探索更深度的产教融合模式。

2024年2月，中国银联携手上海交通大学成立金融科技联合实验室，并与上海交大安泰经济管理学院签署战略合作协议，以期通过深度产教融合，共同推进金融科技领域的学术研究和技术创新，加速科研成果的转化应用，为行业输送更多复合型金融科技人才。在合作过程中，中国银联发挥自身产业优势，围绕金融科技创新前沿方向，从技术开发、标准制定等方面提供资源支持；上海交大凭借学科及人才优势，聚焦金融科技领域开展前瞻性基础理论研究和关键核心技术攻关。同时，双方还建立了长效沟通机制，定期举办各类活动，促进产教深度融合，共同推动金融科技领域产学研用一体化发展。这样的强强联手，将为中国金融科技的发展注入强劲动力。

当前，我国正处于全面建设社会主义现代化国家的新征程上，既需要科技自立自强的创新人才，也需要专业技能型人才。期待更多的企业能像中国银联一样，主动承担起社会责任，携手高校等机构，不断探索产教融合新模式，助力我国经济社会高质量发展。

案例三：深圳大学和微众银行共同培养金融科技人才[①]

2018年10月30日，由深圳大学和微众银行共同创办的"深大-微众金融科技研究院"成立。深圳是改革开放排头兵、先行地、实验区，金融和科技一直是深圳的支柱产业和发展引擎。近年来，随着金融科技的快速发展，培养符合需求的金融科技人才已成为创新发展的关键。站在改革开放40周年的新起点，深圳大学与微众银行锐意进取、勇于创新，结合各自特色和优势成立金融科技研究院，旨在响应粤港澳大湾区建设金融科技人才的需求，致力于打造深圳金融科技人才培养"新高地"，以金融科技学科建设勾勒创新发展的"蓝图"，助力大湾区金融产业转型升级，也为改革开放新时代提供"深圳范本"。

---

① 案例来源：华青剑.打造金融科技人才培养"新高地" 深圳大学携手微众银行创办金融科技研究院［EB/OL］.［2018-10-31］. http://finance.ce.cn/bank12/scroll/201810/31/t20181031_30670453.shtml.

（一）引入国际优质教育资源

金融科技研究院充分发挥深圳本土金融科技资源优势，引入国际优质教育资源，以"协同研发、协同创新"为指导，由深圳大学和微众银行共同承担科研和开发项目、聘任高水平研究人员，共同培养硕士、博士、博士后人才，推动教师基础研发实践、学生科技创新锻炼和企业技术项目研究，促进产学研深度融合，实现多方共赢。

据了解，此前深圳大学与微众银行就金融科技专业人才培养体系方面签订了战略合作协议。双方将充分利用深圳大学的教学体系资源、招生渠道和品牌优势，以及微众银行在金融科技领域的实践经验、企业资源、创新实践基地和创业孵化器，采取"协同办学、协同育人"的形式，探索共建金融科技本、硕、博不同层次的人才培养；双方共同制订人才培养方案和教学计划，合作开发实务课程、案例和教材，共建学生实习实践基地、金融科技教学实践基地和金融科技实验室，合作开展学生创业孵化，采取与行业师资联合授课等形式，打造理论与实践并重的教师队伍，创新产教融合的人才培养机制。

（二）引领金融科技创新

深圳大学与微众银行共同致力于探索和梳理金融科技领域的产业链、政策链，协同研究金融科技产业政策，探寻金融科技领域相关标准制定，为政府决策提供智库的作用。

金融科技研究院的建立对深圳大学的学科建设、人才培养，以及微众银行的发展都具有重大意义，更对整个深圳市特别是未来以科技创新为驱动发展的金融产业产生了非常深远的影响。研究院全方位地推动金融科技创新、人才培养和科学研究，希望可以引领大湾区乃至全国的金融科技创新，为社会发展作出贡献。研究院利用微众银行金融科技企业优势，借助深圳大学的综合性大学教育平台，联合市政府、国内外金融科技机构，以双一流"金融科技学科群"建设为中心，打造全方位的产学研体系，为世界经济特区发展中遇到的问题与挑战提供人才智库。

作为国内首家互联网银行，微众银行自成立以来，坚持创新驱动业务发展，在人工智能、区块链、云计算、大数据等前沿金融科技领域探索创新，成功打造了多个国际和行业领先的创新性技术应用，成为国内外金融科技与普惠金融领域的先行者。

（三）培养高精尖、国际化金融科技人才

随着粤港澳大湾区发展国家战略的实施，粤港澳大湾区将逐渐成为孕育科技、国际贸易、金融、创新产业发展的优质土壤。2018年全国两会期间，在参加广东代表团审议时，习近平总书记强调"发展是第一要务、人才是第一资源、创新是第一动力"。大湾区的创新发展之路，人才的吸引和培养是核心基础。微众银行联手深圳大学建立金融科技研究院，共同培养高精尖、国际化金融科技人才，推动粤港澳大湾区金融科技方面的产学研体系建设，助力粤港澳大湾区成为国际科技创新中心。

金融科技研究院的发展规划主要推动四个方面的工作：一是围绕粤港澳大湾区的发展规划，引入国际优秀教育资源，构建金融科技本科、硕士、博士全层次的学科建设体系，打造"校企协同育人"特色学科。二是在全球范围内招聘既有学术知名度又有丰富业界经验的金融科技领军人才，从事科研与学生培养工作。三是设立金融科技博士后流动站和科研工作站，招揽一批从事金融科技前沿研究的高端人才。四是联合市政府、国内外金融科技机构在金融科技行业领域一起制定有影响力的研究成果与行业标准，服务行业发展，发挥智库作用。

深圳大学与微众银行共同以金融科技研究院为载体，在粤港澳大湾区框架下支持重点区域发展，积极投入金融科技人才国际化培养。

四、赋能金融职教数字化转型，写好"金"字文章

当前，我国金融职业教育的数字化转型已经进入一个全新的阶段，中国金融教育发展基金会携手腾讯、平安银行等多家单位，共同启动了"数字金融产教融合创新发展工程"。这个工程的核心目标是为我国金融行业培养大量的数字化人才。

当下，数字化能力已经成为一种必备的能力，对于金融机构来说，数字化更是他们的核心竞争力。"数字金融产教融合创新发展工程"，就是把数字化的能力植入职业教育当中，让更多的年轻人通过接受专业的培训具备这方面的技能。这样，既能解决企业的用人需求问题，也能够帮助更多的人找到好工作。

作为一家负责任的企业，腾讯在这个过程中承担起了自己的社会责任。从 2019 年开始，腾讯就和平安银行一起打造了"星云筑梦计划"，助力西部地区的职校生提升数字化技能。经过四年多的努力，已经有超过 3 000 名学生获得了认证证书，未来这个数字还会继续增长。有了这样的项目的推动，我国的金融职业教育将会迎来蓬勃的发展，也会进一步促进整个金融行业的高质量发展。

案例四：广西金融职业技术学院写好"金"字文章[①]

广西金融职业技术学院以中国人民银行总行于1952年创办的广西银行学校和1953年设立的广西银行干部学校为基础，于2014年1月组建，是广西唯一的一所以培养、培训银行、证券、保险等金融经济类人才为任务的全日制高等职业教育学院。学院先后为社会培养合格毕业生6万余名，遍布广西及全国各地，70%的毕业生成为广西各大银行的行长和业务骨干，享有"广西金融人才的摇篮"之美誉。

---

① 案例来源：李琴.赋能金融职教数字化转型 广西金融职业技术学院写好"金"字文章［EB/OL］.［2024-06-21］. https://news.qq.com/rain/a/20240621A06W9C00.

学院积极推动校际间的国际交流与合作，先后与美国、白俄罗斯、波兰、斯里兰卡、泰国、老挝、缅甸、文莱等"一带一路"共建国家以及中国香港、中国台湾地区建立友好合作关系，共推学分互换、学生交流、教师互访、学术教学合作、科研共建等项目；在印度尼西亚和柬埔寨建成了两个中国-东盟商科技术创新与职业教育合作中心，多次承办广西-台湾高校大学生创新创业大赛，开展了与印度尼西亚的国际交流线上对话会等活动；与广西区内多家金融机构建立校行、校企合作，培养实用型、技能型人才。

（一）数字技术赋能，培养高质量"金"字人才

在数字贸易学院RCEP数字跨境电商虚拟仿真实训基地，经常举行内容丰富的培训课，有来自马来西亚拉曼理工大学等校的师生分散在3D交互式大屏区域、VR实训区域、虚拟仿真研创区域、数字人实训区域四大区域，体验不同的课程内容。

"现在模拟对中欧班列列车车厢进行安全检验，主要目标是要确保跨境列车的安全运行。"在VR实训区，有老师指导学生进行虚拟仿真实训。VR技术应用对教学有多方面的益处，VR虚拟仿真实训就像是一个超级强大的学习工具，VR技术通过还原现场工作场景，可以帮助学生克服因环境受限导致实操困难等诸多不便，能够有效提升学生的团队协作能力，增强他们在实际工作中的安全意识。

AI数字人直播可以与其他领域进行跨界合作，例如与电商、旅游等领域结合，打造全新的商业模式。随着全球化的加速推进，AI数字人直播有望在国际市场上取得更大的突破和发展。

据了解，RCEP数字跨境电商虚拟仿真实训基地主要依托职业教育教学数字化改革，是围绕RCEP区域产业发展趋势，根据跨境电商各环节数字贸易流通领域的核心工作环节、岗位职业能力要求，企业人才需求，运用虚拟仿真、虚拟现实、人机交互、AI等数字技术建立的实践教学基地。除了用于日常教学以外，基地还会开展一些特色学生活动、协助师生开展互联网+创新创业项目、校园开放日、接待中小学生研学等。

（二）开放引领发展，擦亮国际交流"金"字品牌

马来西亚拉曼理工大学市场营销系协理院长黎美玲表示："学生到广西金融职院进行培训，既为了学习中国先进的电商直播技术和教学方法，也为了了解中国市场需求。"拉曼理工大学师生代表在培训中接触我国地域特色的美食和服饰等文化，促成两国师生在教育、科技、语言等方面的交流与碰撞。

"中文+职业技能"项目主题，是由广西金融职业技术学院和拉曼理工大学以及启迪创新跨境、启迪之星（马来西亚）共同创建的中国—马来西亚数字经济现代工匠学院（以下简称"工匠学院"）发起的，来自马来西亚拉曼理工大学的32位师生将在这里进行为期7天的学习，主要针对电商直播营销、图形和图像处理等内容进行专门训练。据

介绍，工匠学院于2023年8月创建，是广西首批"中国–东盟现代工匠学院特色项目"建设单位。

近年来，广西金融职业技术学院按照"有国际视野人才、有国际化课程、有跨国企业合作、有国际合作项目、有国际合作成效"的开放办学思路，打造高质量对外办学，广泛开展国际交流，拓展对外交流网络。学院先后和美国、白俄罗斯、波兰、马来西亚、泰国、印度尼西亚、柬埔寨等26个国家和地区的院校建立了友好合作关系，积极推广"中文+职业技能"项目，开展伴随桂企"出海"东盟专场培训、面向柬埔寨教师开展"中文+专业技能"培训、面向印尼高校开展电商领军人才培训等，目前已完成45家东盟企业培训，课时超10 000节。近8年来，该校与印尼、柬埔寨等东盟国家共同建立了中国–东盟商科技术创新与职业教育（印尼）合作中心、（柬埔寨）合作中心、海外"丝路金融学院"等对外交流项目，为广西打造面向东盟的职业教育开放合作创新高地及国内国际双循环市场经营便利地注入源源不断的创新活力。

（三）培根铸魂，打造创新党建"金"字样板

带领师生参观"百年党史，百年红色金融史"教育基地，是金融学院党支部的创新做法。每当学校引进新老师，就会带他们来到这个场馆，汲取百年红色金融史的精华，锤炼他们的思想。学生对人民币比较感兴趣，学校就开辟金融学基础的教育基地，收集第一套到第五套人民币，为学生讲述其背后的故事。

依托学校"双高计划"建设，该校建成了虚拟仿真思政课实践教学体验中心，充分利用数字化体验式教学系统和思政课三维虚拟仿真实践教学资源库，辅助思政课的实践教学。作为该校两个入选"全国党建工作样板支部"培育创建单位之一，马列学院党支部积极创新工作模式，精心打造特色品牌，持续提升党支部的凝聚力和战斗力。

广西金融职业技术学院作为引领新一轮科技革命和产业变革的战略新技术，发展新质生产力的主要阵地，成功地聚焦数据赋能中小企业数字化转型的人才培养、培训和服务，在经济发展和技术更新中找准定位，促进专业与产业的深度融合，加速进入提质培优、增值赋能的快车道。

五、以"人才+项目+产业"模式培养金融人才

"人才+项目+产业"的金融人才培养模式，就是我们常说的产教融合、校企合作。它把企业真实遇到的问题搬到课堂里，让学员带着问题去学习，用学到的知识来解决问题，再以项目的成果对接产业，实现真正的学以致用。

比如，一家券商想招聘一个做海外投资业务的人才，它可以把需求告诉学校，并且把这个岗位放到学校的实习实训平台中。学生看到招聘信息后，可以直接投简历应聘。

如果被录取，那他就成为一个准职场人，可以一边读书，一边在证券公司实习。这家公司也就有了自己的储备人才。在毕业的时候，学生可以选择留在这家公司工作，或者继续读研深造。无论哪种选择，对于学生来讲都是不错的结果。这种模式不光对个人有利，对整个行业也是利好。因为当越来越多的学生通过这种方式进入金融行业之后，就会形成良性的循环。一方面，企业可以快速找到合适的人才；另一方面，学生们能不断地提高专业水平，进而提升行业的整体实力和服务实体经济的能力。

案例五：南宁市特色金融高层次人才自主培养之路①

自2021年以来，南宁市"急需紧缺金融人才培养"项目已陆续培养了近60名南宁市急需紧缺金融人才，探索出"人才+政策+项目+服务"培养模式，取得了一系列创新成效，为首府经济社会高质量发展提供有力的金融人才支撑。

南宁市"急需紧缺金融人才培养"项目主要针对政府基金管理、直接融资市场、上市公司高质量发展等主题组成课题组，聚焦首府重点工作中迫切需要破题的金融任务开展研究，形成了南宁市直接融资市场代表案例、国内外优秀上市公司经验、上市公司高质量发展的实现路径及模型等研究成果，为推进金融支持首府经济高质量发展描绘了完整的"施工图"、制定了"工期表"，部分成果已落地见效。

南宁市"急需紧缺金融人才培养"项目围绕南宁市重点工作，着力培养具备政治理论素养与宏观战略视野、深谙国内监管要求与国际市场规则、洞悉金融前沿动态与产业发展规律、富有历史使命感与社会责任感的新时代首府急需紧缺金融人才。项目自开展以来，在学员遴选上始终坚持广泛性、复合性、合理性相结合，甚至拓展到上市公司董秘等泛金融业务群体，探索了一种贯彻课题研究推动业务发展的新模式，开辟了一条高效利用顶尖专家资源的新渠道，推动了一系列重大金融任务攻坚破题的新进展，营造了一种勤于钻研崇学尚真的新风尚。

针对急需紧缺金融人才开展学习培训活动、组建"强金融"党员先锋服务队。近年来，南宁市率先在广西出台地方金融人才队伍建设实施方案，并倾力推动实施急需紧缺金融人才培养计划，创新"人才+政策+项目+服务"的培养模式，打造全区乃至全国具有影响力的人才工作品牌，走出一条具有南宁特色的金融高层次人才自主培养道路。

南宁市急需紧缺金融人才培养计划是"强首府人才18条"的重要内容，是创新"人才+政策+项目+服务"培养模式的有益实践，是南宁市全力打造的金融人才工作品牌，更是全区乃至全国一项重要的创新之举。南宁市计划用5年时间重点培养100名以

---

① 案例来源：黄登，邓玲，陆海清.南宁市创新人才培养模式 走出金融高质量人才自主培养道路［EB/OL］.［2022-03-14］.https：//news.qq.com/rain/a/20220314A026ET00。

上新时代首府急需紧缺金融人才，助力南宁市加快建设面向东盟的金融开放门户核心区，为南宁金融业高质量发展提供坚实智力保障和人才支撑。

南宁市还把行动学习"学中干、干中学"的理念贯穿培养全流程，实行"多元化小组""双导师""双促进师"制度，聚焦金融开放门户亟需破题的重大工作，进行深入研究，并取得突破性进展。同时，充分发挥人才、专家导师、培训机构的丰富人脉和平台资源优势，有效嫁接资源，加大金融招商力度，推动金融招商项目加快落地。在强化服务保障方面，充分发挥人才专业和智力保障作用，依托急需紧缺金融人才、上市专家服务团队、企业融资服务专员等，组建了一支近100人的金融专业服务团队，为企业提供常态化、精准化、全方位的金融服务。

"十四五"期间，南宁市将持续深入实施急需紧缺金融人才培养计划，总结培养经验，提升培养效果，为所有学员创造更优质的培养条件，为各部门、各金融机构培养更多优秀人才，为全市提供优质人才培养范本，聚焦金融发展难处、谋在新处、想在深处、干在实处，树立并打响南宁金融人才培养品牌，为打造引领广西金融开放发展的新高地激发强劲人才动力。

六、中国-东盟金融合作不断走深走实

随着经济全球化的加速发展，我国和东盟国家之间的经贸往来越来越频繁。为了给双边贸易提供便利，中国人民银行于2013年与泰国、马来西亚等国共同发起了成立亚洲基础设施投资银行的倡议，并于2015年正式开业运行。目前，亚投行成员数量已经从最初的57个增至106个，覆盖了亚洲、欧洲、非洲、南美洲和大洋洲五大洲，其贷款总额也达到了390亿美元，支持项目惠及32个国家。

与此同时，人民币国际化也在稳步推进。目前，在与我国有贸易往来的150多个国家和地区中，超过一半的国家把人民币作为结算货币，其中绝大多数都是东南亚国家。在一年一届的中国-东盟博览会期间，来自中国和东盟的金融机构签署多项合作协议，内容涉及绿色金融、跨境融资等方面。可以说，无论是双边还是多边，中国与东盟的金融合作都在不断地迎来新的发展阶段。

案例六：广西培养大批金融科技人才助力中国-东盟金融合作①

自从以"金融服务'一带一路'高质量发展"为主题的第15届中国-东盟金融合作与发展领袖论坛举办以来，广西持续不断地与东盟政金企各界共商中国-东盟金融合

---

① 案例来源：覃星星，农冠斌.广西助力中国-东盟金融合作不断走深走实［EB/OL］.［2022-03-14］. http://www.gx.xinhuanet.com/20230920/a0a7e3eb7ef047b3ba643f8fa954ac78/c.html.

作，发布南宁面向东盟的金融开放门户建设成果，启动面向东盟的物流金融联盟、跨境金融北部湾港航融平台等重点项目，签订一批重要合作协议，采取积极措施，培养大批金融科技人才，助力中国-东盟金融合作不断走深走实。

（一）面向东盟的金融开放门户建设取得显著成效

推动人民币面向东盟跨区域使用，是广西建设面向东盟的金融开放门户的重要使命。近年来，广西以此为重点，深化金融体制机制改革，加快金融科技人才培养，促进中国-东盟金融合作走深走实。广西有着"一湾相挽十一国，良性互动东中西"的区位优势，是中国面向东盟开放合作的前沿和窗口。近年来，广西与东盟国家进出口额逐年增长。

2018年12月，国家明确在广西建设面向东盟的金融开放门户，以推动人民币面向东盟跨区域使用为重点，实施面向东盟的跨境金融创新等重大任务，先行先试探索中国-东盟金融开放新模式，培养中国-东盟金融科技人才。目前，广西数字人民币等试点建设蹄疾步稳，边境贸易进出口总额连年排在中国省区第一名，跨境人民币结算总量也连续多年保持中国边境和西部省区第一名，有效服务了中国-东盟开放合作。

金融开放门户建设取得显著成效的同时，广西金融发展资源集聚。目前，南宁中国-东盟金融城入驻金融企业479家，中银香港东南亚业务营运中心、中国太平东盟保险服务金融中心等一批金融中后台基地落户广西。广西与38家金融机构总部签订战略合作协议，达成合作事项500余项。面向东盟的物流金融联盟、跨境金融北部湾港航融平台、中国-东盟有色金融基差贸易专区、北京证券交易所全国股转系统广西服务基地均落户广西。

随着中国经济规模持续扩大以及"一带一路"建设不断深入，越来越多的国家和地区选择以人民币进行结算交易。在与中国山水相邻的东盟，双方合作正从传统贸易向数字经济、跨境金融、金融科技人才培养等更宽领域。

（二）跨境金融创新向纵深推进

RCEP的生效与实施为广西建设面向东盟的金融开放门户、促进跨境人民币业务创新提供了更有利的政策环境。跨境人民币双向流动便利化、境内信贷资产跨境转让、境外项目贷款、金融科技人才培养形式多样化……随着一项项改革试点政策落地实施，中国-东盟金融合作成效不断彰显。

——在东兴口岸附近的中国（东兴试验区）东盟货币业务中心，巨型电子屏上显示着人民币对越南盾的实时官方汇率。

——2014年4月，中国农业银行中国（东兴试验区）东盟货币业务中心揭牌，逐步探索形成了可复制的人民币对越南盾"抱团定价""轮值定价"的"东兴模式"，实现人民币对越南盾的直接报价兑换。

——2023年，一只外商投资股权投资（QFLP）基金在广西钦州市中马钦州产业园区成立，重点支持新能源、新材料和海上风电等项目。广西自贸试验区新基石能源投资中心运用跨境人民币双向流动便利化政策，将首期实缴资金134万元从香港汇入其在建设银行钦州港自贸区支行开立的资本金账户，标志着广西首笔"QFLP+跨境人民币"业务成功落地。

——随着自贸区金融改革政策的不断落地，建行钦州分行加快各项自贸区产品和服务创新。自中马金融创新开办以来，累计办理中马创新业务103笔，金额累计114.33亿元。

——通过跨境人民币双向流动便利化政策，企业可凭收付款指令办理直接投资、跨境融资等资本项下的跨境人民币业务，免除了繁杂的事前单据审核，最大限度地提高外资进出广西投资的资金结算效率。

（三）构建金融合作新格局

金融合作持续深化，多元化培养科技人才和投融资体系不断健全，给双方都带来了新的发展机遇。中国连续14年保持东盟最大贸易伙伴的地位，东盟也连续3年成为中国的第一大贸易伙伴。这对双方扩大金融开放提出了更高要求，也为深化金融业及金融科技人才培养合作提供了广阔的空间，中国-东盟金融合作未来可期。

一是中国将持续深化与东盟国家的交流合作，强化金融政策的创新和供给，加强金融科技人才培养，为共建"一带一路"高质量发展提供更加有力的金融科技人才支持。深化外汇业务便利化改革，推进优质企业贸易便利化、跨境融资便利化等政策措施，支持贸易新业态发展。同时，扩大金融市场制度型开放，进一步便利境外投资者投资中国市场，推动跨境金融产品服务创新，加强绿色金融创新，吸引科技人才创新创业，进一步推动多边化合作与发展，维护区域金融稳定，加强中国与东盟宏观经济政策沟通，完善区域金融治理。

二是广西抓住RCEP全面实施和中国-东盟自由贸易区3.0版谈判全面推进等重大机遇，不断加强中国-东盟金融人才培养合作，深化面向东盟的金融开放合作，全力打造国内国际双循环市场，加强中国-东盟金融国际合作，为构建更为紧密的中国-东盟命运共同体贡献力量。

三是各大银行都采取积极措施加快培养金融科技人才，加大与东盟的金融合作力度。例如：中国建设银行已拥有全球化的综合金融服务网络，拥有一批金融科技人才。近几年，建设银行致力于加强与东盟国家的金融合作，深度融入共建"一带一路"大格局的步伐不断加快，还将继续深耕重点领域、重点业务，扩大人民币在企业跨境结算、交易、投融资等领域的适用广度和深度，加强与金融机构合作，助力培育人民币离岸市场，充分发挥跨境人民币业务服务国家战略、服务对外开放作用，持续加强平台建设、机制建设，携手促进中国–东盟金融投融资共同合作。

七、中外校企合作培养金融科技人才

金融科技的兴起，一方面是金融科技创新层出不穷，另一方面是专业金融科技人才急缺。为中国金融业发展培养有胜任力的金融科技人才是金融机构、金融企业和大学的共同责任。

案例七：南开大学与北京银行联合成立人工智能金融实验室[①]

2025年2月8日，南开大学与北京银行在北京银行总部举行"人工智能金融实验室共建协议签署暨人工智能金融实验室揭牌仪式"。

南开大学与北京银行有深厚的渊源和合作基础，例如南开大学在科技金融领域的探索实践，以及北京银行聚焦国家战略发展与金融行业需求，特别是在"专精特新"方面作出的卓越成就。南开大学校长陈雨露表示，在抢抓人工智能发展的重大战略机遇期和金融强国建设的关键期，此次合作是双方在科技金融领域创新性探索，具有重要的现实意义和战略价值。南开大学将以此次合作为契机，充分发挥基础学科优势，全力推动金融学科大模型建设，为国家金融创新发展注入新动能。

北京银行董事长霍学文表示，南开大学具有深厚的金融科研积淀与人才培养优势。此次与南开大学的合作是双方优势互补、互利共赢的重要举措。北京银行始终致力于服务国家战略需求、支持国家金融创新与人才培养，将以共建人工智能金融实验室为新起点，进一步深化合作，携手并进，共同探索金融与科技深度融合的创新模式，为培育适应新时代需求的复合型金融人才贡献更大力量。聚焦国家发展战略需要，旨在依托国家自然科学基金委"科技金融的基础理论与实证"重大项目，通过共建人工智能金融实验室，探索人工智能与金融创新发展新模式，开启金融创新发展新篇章。

八、举办论坛促进培养金融科技人才

金融科技是朝阳产业，这个行业需要越来越多的年轻人加入进来，一起创造价值，推动社会进步。未来社会的发展需要更多懂技术、懂金融的人才去创新、去实践。所以，应携手更多的合作伙伴一起探索产教融合的新路径。论坛其实是一个很好的连接器，能够把学生、老师、企业、政府等资源连接起来，形成一个良性循环，促进金融科

---

① 案例来源：佚名.重磅！南开大学与北京银行联合成立人工智能金融实验室［EB/OL］.［2025-02-11］. https://finance.nankai.edu.cn/2025/0211/c34573a562233/page.htm#。

技人才的培养。

案例八：三亚学院成功举办"金融科技三亚论坛"①

2018年12月8日，由三亚学院发起并联合海南省金融学会、丹麦盛宝银行共同主办的首届"金融科技三亚论坛"成功举办，论坛以"金融开放的新机遇：金融科技创新、发展与挑战"为主题，吸引学界一流大学、业界权威机构和媒体界知名专家学者参会。

该论坛立足海南自贸区（港）新机遇，放眼全球金融科技。来自美国道富银行及清华大学、中国人民大学、浙江大学、上海财经大学、山东财经大学、西南财经大学的专家学者围绕金融科技与金融创新共话未来。新浪财经、中国经营报、经济观察报、中国社会科学报、美国全球风险管理专业人士协会、中国国际风险管理研究院、北欧金融科技学会对论坛给予支持。

正如三亚学院校长陆丹在致欢迎词中所说的：在全球贸易存在诸多不确定性和中国经济下行压力加大的背景下，科技创新成为优选方案，在此大背景下，金融科技创新呼之欲出。金融科技是近年来业界和学界的热词，金融科技化是大势所趋。

出席论坛的盛宝银行中国区CEO赵小俊女士表示，中国是全球经济最大的金融科技市场，也是发展最快、发展程度最高的市场之一，对数据、金融市场和风险的理解将直接影响金融科技企业未来提供金融技术的解决方案。盛宝银行在欧洲参与市场行为准则、投资者保护和教育等方面具有丰富的实践经验和数字化方案。在中国，盛宝银行希望通过三亚学院这块试验田，在金融科技与监管科技领域培养人才、分享实践、交流经验，为中国金融服务行业提供全球市场的交易通道、多元选择、专业互动和解决方案。

上海财经大学保险系主任钟明教授作题为《科技改变保险的思考》的主旨报告，对科技改变保险有着深刻的见解和思考，对金融科技产生和发展对金融产品、金融业务、金融模式与金融流程带来的巨大变革进行分析，探讨了科技改变金融业、保险业过程中存在于学界和业界的共同话题。

论坛上，学界、业界与新闻媒体界三方跨界讨论金融科技，引发了激烈的思想碰撞。与会专家围绕金融科技的定义、金融科技与金融监管的关系、金融科技对传统职业的影响、金融科技岗位知识结构、金融科技与人工智能、金融科技与征信等话题展开广泛的交流与探讨。学界专家对金融科技的关注集中在金融科技在具体行业中的应用。上海财经大学钟明教授认为，金融科技给保险行业带来重要变化，改良了保险业生态、扩

---

① 案例来源：刘万里. 首届"金融科技三亚论坛"于12月8日成功举办［EB/OL］.［2018-12-09］. https：//finance.sina.com.cn/china/2018-12-09/doc-ihprknvt9075597.shtml。

展了保险市场，在应用中具有巨大前景。

据研究报告分析，在中国市场上，45%的传统保险公司已与科技公司建立合作关系，如中国人保、中国平安、中国人寿、中国太平洋等保险巨头纷纷整合了原有科技资源，大力发展保险科技。保险科技革新了传统保险商业模式，更加注重以客户为中心的未来保险商业模式给以产品为中心运营的传统保险机构带来巨大挑战。清华大学Michael R. Powers教授指出，金融科技快速增长和大数据技术的突飞猛进，对征信市场体系建设带来挑战，大数据征信企业发展需要更完备的政策法规环境支持。浙江大学邱炜伟博士分享了区块链前沿技术在金融领域的广泛应用，如供应链金融、资产证券化、跨境汇款、普惠金融等。当前我国区块链行业正处于飞速发展阶段，区块链产业已经基本成型。

金融机构专家从技术角度对金融科技的发展及银行业的改变进行了探讨。专家们指出，金融科技囊括了支付清算、电子货币、网络借贷、大数据、区块链、云计算、人工智能、智能投顾、智能合同等领域，正在对银行、保险和支付这些领域的核心功能产生非常大的影响。中国金融科技呈现出"脱媒、去中心化、定制化"特征，金融科技在应用中不断发展，在发展中不断扩大应用。金融科技公司基于互联网线上渠道获客，有效突破地理限制，极大地提升了触达用户能力，差异化定位获客群体，从难以获得传统金融服务的低端、青年客户等长尾客户起步，逐步向中高端客户发展演进，"线上+线下"协同发展。金融科技公司先天的线上属性、技术属性在应用场景构建及嵌入方面的优势也在促进传统银行积极转型。当前，银行信息技术部门对金融科技复合型人才需求旺盛，如何为银行业金融机构提供符合岗位要求的人才是银行业与大学需要共同探讨的话题。

三亚学院校长陆丹表示，"金融机构和大学具有同一投资背景、密切分享技术和经验、未来联合开发产品的案例并不多"。吉利看好中国金融创新的广阔前景，盛宝看好中国待更大开发的广阔市场，三亚学院看好海南自贸试验区建设打造改革开放新标杆背景下金融先行先试的未来，这就是此次论坛的由来，也是三亚学院盛宝科技商学院的未来。

论坛的举办对加快金融科技研究、研发、应用和人才培养具有重要意义，打开了广阔的金融创新空间。三亚学院与丹麦盛宝银行率先探索中外校企合作培养金融科技人才新模式，是在中国高等教育领域的率先探索，学校将继续积极探索金融科技人才培养新路径，在未来为海南及全国提供更多优秀金融科技人才。

九、中国-东盟跨境金融发展

当前，中国与东盟的跨境金融合作已经进入了快车道。例如中国银行广西分行与泰国泰华农民银行等四家当地金融机构签署了战略合作协议；中国银行的客户在东盟国家也能享受开户、结算、融资等一系列金融服务了，而这只是个开始，未来会有更多的中国金融机构进入东盟市场。

在2023年9月，中国人民银行发布了《关于开展跨境贸易人民币结算业务的通知》，允许企业用人民币进行国际贸易支付。2024年10月份，跨境银行间支付系统上线了人民币对老挝基普、缅甸元、柬埔寨瑞尔三个东盟国家货币的汇率直接报价服务。也就是说，现在中国居民去东南亚旅游或者做生意，可以直接用人民币来消费或交易了。近几年，我国还在不断推进人民币国际化，比如设立多边央行数字货币桥项目，为全球不同地区的央行搭建平台，让他们可以互相兑换数字货币。目前，这个项目已经在多个地区成功测试。这些举措不仅能进一步提升人民币在全球的使用率，也会让我国的跨境金融更加便利，促进金融科技人才培养多元化发展。

案例九：桂林银行打造"五大工程"助力中国-东盟跨境金融加速发展①

作为广西资产规模最大的单一地方法人金融机构，桂林银行深入贯彻落实国家、地方各项决策部署，积极参与"一带一路"建设、面向东盟的金融开放门户建设，积极培养金融科技人才，以打造跨境金融"五大工程"为抓手，深化与政府、监管部门、同业、客户间的联动，推动面向东盟的跨境产业链供应链价值链深度融合，全面提升服务实体经济能力，充分展现地方法人银行的新担当、新作为，打造"五大工程"，助力中国-东盟跨境金融加速发展。

（一）完善体制机制工程，强化战略引领

一是强化顶层设计。桂林银行在全行2022—2024年发展规划中明确提出"立足桂林，服务广西，面向东盟"的机构发展布局，并专门制定面向东盟的金融开放门户特色业务发展策略，大力培养金融科技人才，为服务面向东盟的金融开放门户建设确立发展目标和主要任务。二是成立工作领导小组。桂林银行成立面向东盟的金融开放门户建设工作领导小组，起草服务面向东盟的金融开放门户建设战略规划，引进人才联合行内外力量开展东盟区域经济政策、中国-东盟产能合作趋势的前瞻性分析与课题研究，统筹推进全行跨境金融工作。三是调整组织架构。桂林银行对总行原贸易金融部进行组织架

---

① 案例来源：吴东.桂林银行助力中国-东盟跨境金融发展［EB/OL］.［2023-08-25］.https://finance.sina.com.cn/roll/2023-08-25/doc-imzikthi5656254.shtml。

构优化调整，增加服务中国-东盟经贸合作的发展定位，将其更名为贸易金融与东盟经贸合作部，形成与东盟业务发展相匹配的特色组织架构。

2022—2024年，全行年均跨境收支业务量超50亿美元，深度融入高质量共建"一带一路"和西部陆海新通道建设，对重点领域建设项目授信总规模超1 051亿元，累计服务外贸外资企业超800户次。其中，面向东盟和RCEP区域的跨境结算量占全行跨境收支总量年均超40%，支持相关涉外企业占全行外贸外资户数年均超50%。

（二）打造渠道升级工程，推进线下网格化布局

一是加大战略区域网点建设力度。在下辖12家地市分行均已开办外汇业务的基础上，桂林银行构建以南宁、钦州、崇左3家分行为核心，11家营业网点配套服务相应自贸试验区的金融服务网络，并将资金运营中心与南宁分行等重要机构迁入中国-东盟金融城。二是实现门户边境三市八县机构设置全覆盖。桂林银行在边境口岸建立东兴支行、凭祥支行、靖西支行3家跨境金融服务据点，设立县域支行、小微支行等营业网点共46家，打造"互助组+边民互市+企业+金融"沿边金融生态圈，支持互市贸易进口商品落地加工和基础设施建设，满足相关市场经营主体的资金需求，向边境地区企业和居民累计提供信贷支持超46亿元。三是打通"桂品出国"渠道。桂林银行对接广西特色工农产品加工企业，依托"市-县-乡-村"四级网络优势，推动跨境金融服务下沉，在金融科技人才的全面支撑下着重面向县域以下外向型企业做好金融产品推介与需求匹配，围绕"产加销"全链条制定综合金融服务方案，支持水产品、时令果蔬、轻工业制品等地方优势资源产品扩大出口。截至2023年7月末，累计为县级及以下区域涉外企业办理跨境收支30.84亿美元，投放国际贸易融资11.85亿美元。

（三）实施产品创新工程，实现"三大突破"

一是实现贸易投融资便利化突破。桂林银行成功落地全国首笔NRA账户跨境电票业务，在全区首创RCEP原产地证跨境融资业务，在广西城商行中首推关税一体化金融服务，率先实施跨境人民币双向流动、资本项目外汇收入支付等便利化创新试点业务，直联接入CIPS标准收发器等人民币跨境金融基础设施，为外贸企业便利开展跨境贸易结算、投融资、风险管理创造了丰富的应用场景，相关实践案例共获8项自治区级金融创新成果。二是实现外贸领域保稳提质突破。桂林银行成功办理广西首笔"外汇贷"业务，积极利用线上跨境服务渠道、跨境金融服务平台直联等支持企业稳订单、拓市场，落地"港航融"等业务场景；开展"首办破冰再突破"汇率避险专项行动成效显著；落地新型离岸贸易结算、"多笔外债共用账户"业务，有力支持外贸新业态发展，推动传统外贸产业转型升级。三是实现特色产业转型发展突破。银证合作创新储架式发行规模100亿元贸易融资资产证券化产品，重点加大面向东盟和西部陆海新通道沿线产业链的直接融资支持力度。

（四）拓宽合作发展工程，深化国际业务交流

一是深化中越边贸结算合作。桂林银行先后与越南农业与农村发展银行、越南工商商贸股份银行、越南投资与发展股份商业银行签订边贸结算业务合作协议，全面打通中越边境东兴-芒街、靖西-茶岭、凭祥-谅山三大口岸边贸结算渠道。二是推动与东盟国家及亚太地区的金融互联互通。桂林银行与加华银行、开泰银行、花旗银行等境外同业签订战略合作协议，实现越南、柬埔寨、泰国三国货币与七个国际通用货币的挂牌交易，开展跨境清算、同业代付、福费廷转让等代理业务合作，成为全国首批7家人民币对柬埔寨瑞尔银行间市场区域交易的报价行之一，服务主体覆盖全球200多个国家和地区。三是畅通人民币、越南盾现钞回流与供应渠道。2017年12月，经国家外汇管理局核准，桂林银行获得调运外币现钞进出境业务资格，并完成广西地方金融机构首笔人民币/越南盾现钞双币种跨境调运业务；2023年4月，落地国内首笔"零碳"跨境金融业务，该业务成为广西边境口岸开放后开启的首次跨境现钞调运业务。

（五）夯实内控提升工程，筑牢风险防控底线

一是建立健全内部管理体系。桂林银行根据监管新规与外汇市场新形势，及时更新内部规章，完善跨境业务各环节的内控管理措施，平衡好业务发展与风险防控，确保金融创新始终在合规审慎的轨道上不偏航。二是大力引进金融科技人才，利用科技手段提升业务处理效率与合规展业能力。桂林银行严格按照监管接口规范要求，完成跨境业务相关系统改造，上线业内先进的国际结算系统，运用对外金融资产负债及交易统计系统、RCPMIS二代系统等完善的跨境业务数据申报系统，并依托SWIFT、CIPS、境内外币支付系统等实现本外币全球清算。三是认真践行自律展业要求。桂林银行加强对一线经办人员的政策传导、业务培训与合规检查，注重提升人员金融科技业务素养与服务意识，连续三年在全区银行外汇业务合规与审慎经营评估中获"A"类银行荣誉。

十、渝新两地为东盟国家和中国西部地区培养金融科技人才[①]

2023年4月20至21日，第五届中新（重庆）战略性互联互通示范项目金融峰会在重庆和新加坡同步举办。该峰会由商务部、中国人民银行、中国银保监会、中国证监会、国家外汇管理局、新加坡贸工部、新加坡金管局和重庆市政府共同主办，以"金融中心新使命·金融开放新动能"为主题。通过峰会平台签约90个重点项目，合同金额1 110亿元，峰会的影响力、竞争力、带动力、生命力和吸引力进一步增强。在峰会重点项目签约仪式上，新加坡全球金融科技学院和重庆中新示范项目战略研究中心签订合

---

① 资料来源：佚名.4月20—21日第五届中新金融峰会将在重庆和新加坡同步举行［N］.重庆日报.2023-04-10。

作协议，双方将建立国际化、专业化、常态化的中新金融科技人才培养新模式，为东盟国家和中国西部地区培养金融科技人才，助推西部金融中心建设和中国（西部）金融科技发展高地建设。

全球金融科技学院（Global FinTech Institute，GFI）的总部位于新加坡，是一家全球专业认证机构，致力于为所有金融科技专业人士创造更多的合作契机。学院旨在通过对成员和社区的赋能，参与金融科技发展的新趋势，使之能够利用金融科技实现增长和转型；促进与区域和国际金融科技组织的合作和知识共享；推广金融科技最佳实践，共同制定公平利用金融科技的标准和治理准则，提供教育和培训，建设行业能力，培养金融科技人才。重庆中新示范项目战略研究中心是专注于中新（重庆）战略性互联互通示范项目研究领域的社会智库，经业务主管单位重庆市中新示范项目管理局和登记管理单位重庆市民政局批准成立，作为中新金融科技联盟秘书长单位负责联盟日常工作。团队连续参与五届中新金融峰会策划工作，组织重庆金融科技企业连续四次参加新加坡金融科技节，促成新加坡 GEM 捷元基金、日本 SBI 控股思佰益基金获批 QDLP（合格境内有限合伙人）试点资格。

全球金融科技学院主席李国权教授认为，学院这次与重庆中新示范项目战略研究中心携手将特许全球金融科技师（CGFT）资格证书项目在中国西部地区和东盟国家进行推广和落地实施，双方的共同目标不仅是通过知识赋能金融科技行业的从业者，更要为中国乃至全球的金融科技、数字化、区块链、人工智能等新兴信息技术行业培养具备行业道德操守和最高专业行为标准的复合型人才。新一代的金融科技人才必须是立足亚洲、通行世界的，我们期待借助此次合作契机为行业发展培育源源不断的人才储备。

重庆中新示范项目战略研究中心理事长韩德云律师认为，重庆是全国金融科技应用、金融标准创新建设、金融科技创新监管、数字人民币试点城市，正在加快建设中新金融科技合作示范区、西部金融中心、中国（西部）金融科技发展高地，渝新两地共同推动中新金融科技人才培养正当其时。

第十章　中国-东盟金融科技人才培养的对策建议

随着中国与东盟国家经贸合作的不断深入，跨境贸易及跨境投资对金融的需求日益增长，跨境贸易及跨境投资金融科技人才也随之成为稀缺资源。因此，加强跨境贸易及跨境投资金融科技人才培养的研究并采取有效的应对措施，对于促进中国与东盟国家经贸合作具有重要意义。

一、中国-东盟金融科技人才培养研究需要关注的新热点

金融科技（Fintech）是指技术带来的金融创新，它能创造新的模式、业务、流程与产品，既包括前端产业也包含后台技术。技术与金融行业的深度融合，提升了整个金融产业链的服务效率和风控能力，进而推动中国金融行业进行自下而上的变革，实现金融服务全面转型升级。随着中国政府和企业大力投入，金融科技已经成为发展最快的领域之一，金融机构和企业对人才的需求日益旺盛。

中国-东盟培养金融科技人才培养研究（包括跨境贸易及跨境投资金融科技人才培养的研究）需要关注的十大新热点：

（1）我国金融科技人才缺口巨大。中国电子银行网发布的《2021年度金融科技人才白皮书》显示，2021年我国金融科技人才的缺口达到150万人，而且缺口还在持续扩大。预计到2025年，缺口将达到惊人的300万人。

（2）金融科技人才需求增长迅速。随着互联网金融的快速发展，金融机构对金融科技人才的需求也在不断增加。据中国银行业协会统计，2021年以来，全国银行业金融机构科技人员的平均增长率达到了10.9%，远高于其他行业。

（3）金融科技人才薪酬水平高。金融科技人才的薪资待遇普遍较高，特别是具有丰富经验的专业人士。根据智联招聘发布的数据显示，2021年金融科技领域薪资最高的职位是人工智能工程师，平均月薪为26 784元；其次是大数据分析师，平均月薪为19 345元。

（4）金融科技人才结构不合理。目前，我国金融科技人才结构存在一定的不合理性。一方面，高端人才相对匮乏，特别是在人工智能、区块链等前沿技术领域；另一方面，基层人才过剩，特别是从事基础性工作的人员。

（5）金融科技人才教育培养力度不足。我国金融科技人才教育培养体系尚不完善，高校相关专业设置较少，培养力度不足。中国人民银行印发了《金融科技发展规划（2022—2025年）》，明确指出要加大金融科技人才的培养力度。这意味着金融科技将成为未来热门领域之一。

（6）金融科技人才稀缺的原因。一是金融科技是一个高度交叉的领域，它融合了金融、计算机科学、数学等多个学科的知识，需要具备跨领域的专业知识和技能。二是金融科技行业的发展速度非常快，新的技术和应用不断涌现，需要持续学习和进步。三是金融科技行业的薪资待遇普遍较高，吸引了大量的人才进入这个行业。

（7）金融科技人才培养面临的挑战。首先，金融科技人才流失率高。一方面，金融科技人才流动性大，跳槽频率高，导致人才资源难以有效利用。另一方面，金融科技行业竞争激烈，人才容易被挖角，企业难以留住核心人才。其次，金融科技人才结构不合理。目前，我国金融科技人才主要集中在互联网金融、银行、证券等领域，而保险、信托等领域的金融科技人才相对匮乏。此外，金融科技人才的专业背景也存在不均衡现象，如计算机专业人才较多，而金融、经济等领域的专业人才相对较少。再次，金融科技人才素质参差不齐。虽然我国金融科技人才数量庞大，但其中不乏素质不高、能力不强的人滥竽充数。这些问题不仅影响了金融科技行业的健康发展，也制约了我国金融科技在全球的竞争优势。为了应对金融科技人才的挑战，我国需要加强金融科技人才培养和引进，提高金融科技人才的质量和结构，以满足行业发展需求。同时，政府和企业应加大对金融科技人才的支持力度，提供更好的发展环境和发展机会，吸引更多优秀人才投身金融科技领域。

（8）金融科技人才培养存在的问题。随着中国与东盟经贸合作的不断深化，跨境贸易及跨境投资活动日益频繁，对金融科技人才的需求也日益迫切。然而，目前中国与东盟在金融科技人才培养方面存在一定的不足，主要表现在以下几个方面：一是金融科技人才培养体系不完善。目前，中国与东盟的高校在金融科技人才培养方面尚未形成完善的体系，难以满足市场需求。二是金融科技人才流动受限。中国与东盟之间的法律法规、文化差异等因素，导致金融科技人才在区域内流动受到限制，影响了金融科技人才的合理配置。三是金融科技专业人才缺口巨大。据业内人士预估，"互联网+金融+科技"的复合型人才，在全国范围内的从业规模将在5年内将快速增长至435万人。

（9）培养金融科技人才的途径。通常来说，复合型专业金融科技人才培养最有效的方法无疑是依托高等院校，但金融科技时代的到来，使人们陷入了这样的思考：金融科技该教什么内容？人才该如何培养？在中央财经大学和中国支付清算协会联合主办的第二届中国金融科技前沿论坛上，现场展开了一系列讨论。

北京大学数字金融研究中心副主任黄卓认为，目前金融科技面临的主要问题是学科体系缺乏共识、教材课程整体性弱及师资力量严重不足。金融科技人才培养困境的解决需要学术界更多地和业界进行合作、互动，以及不同院系之间进行跨院系合作。

中央财经大学中国互联网经济研究院副院长欧阳日辉提出：金融科技的研究和教学需要运用互联网思维方式和开放的思维方式来进行。金融科技人才在知识结构构建方面不仅要具备经济学知识和金融学知识，还要具备技术知识和法律知识，这对教师、对课程体系和教学目标以及培养方式都提出了创新要求。

首都经济贸易大学金融学院院长尹志超认为，对于金融科技人才的培养是培养金融科技人才还是懂科技的金融人才仍需讨论。对于金融科技方面的发展，人工智能与机器学习课程的掌握非常必要。未来金融科技领域的人才培养特别需要学界和业界合作，甚至将学生交给业务部门培养，这样才能真正适应市场变化及金融科技市场的到来。

中央财经大学龙马学者特聘教授、研究生院副院长张学勇认为，金融科技教育应立足于金融教育，把科技工具纳入进来，在数据驱动和算力数据下让算法更准确。

如上述专家所述，现阶段培养新型金融科技人才需要学界与业界合作互动共同制定评价标准，搭建全新的知识培养体系，或将学生交给专业的培训机构进行能力培养。

（10）金融科技的教学内容。参考世界高水平大学，如美国麻省理工学院、哥伦比亚大学、斯坦福大学、纽约大学的金融科技专业建设情况，金融科技需要扎根于技术层面，采取"懂金融+懂科技"两条腿走路的办法。有专家建议，课程可参考特许全球金融科技师（CGFT）的课程，该课程是以上海交通大学上海高级金融学院10余年金融领域和4年的金融科技领域教学经验为基础，核心课程主要有"会计学与财务分析基础""金融学基础""大数据技术原理及应用""区块链技术原理及应用""Python语言基础""机器学习原理及应用"等。

二、中国-东盟金融科技人才培养的对策建议

中国-东盟自由贸易区的建立为我国企业提供了广阔的市场空间，也为企业带来了巨大的商机。随着市场竞争的加剧，企业之间的竞争已经从产品竞争、价格竞争转变为人才的竞争。

东盟国家在金融领域的法律法规、监管体系、市场规则等方面与中国存在较大差异，这给中国企业跨境经营带来了诸多挑战。因此，培养具备国际视野、熟悉东盟国家金融市场运作规则的跨境贸易及跨境投资金融科技人才显得尤为重要。培养跨境贸易及跨境投资金融科技人才是推动中国与东盟国家经济合作的重要举措。只有拥有了这样的人才，我们才能更好地抓住机遇，迎接挑战。

（一）加强跨境贸易及跨境投资金融科技人才的教育和培训

随着科技革新的迅猛融合，以及各大产业加速转型，跨境贸易及跨境投资等领域对金融科技人才的要求也在不断升级。当前金融科技人才发展面临诸多挑战：首先，随着"坚持金融服务实体经济"宗旨的深化，金融行业对复合型人才的需求急剧增长；其次，拥抱并重视以 AI 为代表的新兴科技、能够跟上金融科技发展步伐的高层次技术型复合金融人才储备仍不充分；最后，我国正加速迈向"双碳"目标、可持续发展理念深入人心，作为有效推进可持续发展的重要工具，可持续金融的发展势头不减，金融科技人才的需求也迅速增加。

在当前的经济转型背景下，大量金融科技人才呈现出在适应逆境和快速变化方面能力不足的问题。具有国际视野的、高专业度、高职业道德水平的高附加值金融科技人才供给相对不足，特别是兼具金融与可持续发展、科技或产业综合能力的金融科技人才严重不足。

有两件事很值得我们关注：一是央行发布通知，要求加强跨境贸易以及跨境投资金融科技人才的教育和培训。我国现在已经是全球最大的货物贸易国，同时也是第二大服务贸易国，而且我国的海外资产也越来越多。所以对精通国际金融、国际贸易规则，同时又懂科技的复合型人才的需求量很大。二是商务部公布了新的外资准入负面清单，取消了证券公司业务范围限制，允许外国证券公司在华开展股债承销和做市业务。这意味着外资券商可以在我国市场进行全链条的业务覆盖，而不再像以前一样只能当个配角。过去，股民想要学习先进的投研方法论，只能通过一些所谓的内部渠道，而现在，这些技术将更加开放，国内的金融机构也能享受到这种红利了。

那么，未来哪些人最有可能受益于这两件事情呢？就是那些既懂金融又懂科技的人才。为此，要建立完善的教育体系，加大金融科技人才培养力度，为跨境贸易及跨境投资金融科技人才的培养提供良好的教育环境。高校应增设相关专业课程，培养具有扎实理论基础和实践能力的人才。同时，企业可以与高校合作，开展实习实训项目，提高学生的实际操作能力。

（二）鼓励和支持企业引进海外高层次金融科技人才

未来高质量金融科技人才的需求将聚焦于四大方向：第一，行业急需具备跨领域整合能力的复合型人才；第二，数字素养将成为数字经济背景下的未来金融业的核心；第三，可持续金融及 ESG 金融科技人才将在新的金融生态中迎来更广阔的发展前景；第四，"更懂投资"将成为金融科技人才的刚需，也就是深入实体经济，发现价格、评估价值和进行风险管理的能力。

金融科技人才还需要锻造"金融+"的能力，发展更国际化的视野、更前沿的合规与风险管理思维，通过对诸如绿色金融、养老金融等一些细分场景的剖析，尝试从国内外的典型实践中探索可以借鉴的经验。第一，重视细分领域职业的开发，营造良好的金融职业发展生态；第二，建立多层次、宽视野的金融科技人才评价机制，科学评估和发现优秀人才；第三，推动金融科技人才培养创新，优化高校教育与培训体系，强化理论与实践结合；第四，强化金融领域从业者的在职培训，完善终身学习机制，推动行业参与者与时俱进、适应快速变化的市场环境。

海外高层次的金融科技人才，就是在国外的大银行、大投行等头部金融机构工作过，有丰富的经验，或者在国际上有一定影响力，在国际期刊上发表过论文的人才。这些人可以在国内享受优惠待遇。具体包括：第一，快速拿到中华人民共和国外国人永久居留身份证，方便他们在我国发展。第二，他们的家属也可以一起获得在中国的长期居留许可，配偶子女还可以享受入学便利。第三，提供住房补贴，解决他们的后顾之忧。第四，对他们创办的企业给予资金扶持，还有税收减免等政策优惠。

这些高端人才回国之后能带动更多的人就业，还能推动整个行业的进步和发展。所以，鼓励这些人回来，对于全社会特别是优化金融科技人才结构来讲都是好事。对于引进的优秀人才，政府应加大政策支持力度，除了税收优惠、住房补贴等，还要完善金融科技人才流动机制，以吸引更多的高端金融科技人才。

（三）建立跨境贸易及跨境投资金融科技人才交流平台

跨境电商、跨境贸易、跨境投资是未来大势所趋，但我国的跨境金融人才非常稀缺。可以建立一个跨境贸易以及跨境投资的金融科技人才交流平台，让大家相互学习，互相帮助，共同成长。大家可以在平台探讨问题，分享业内资讯，如果有项目需要融资或是有资金要寻找好的项目，都可以在这个平台上发布需求。

金融科技人才的交流平台，包括举办研讨会、论坛等活动，促进国内企业与东盟国家企业在金融领域的交流合作，增进双方的了解和信任，共同培养更多的金融科技人才。

（四）加强与国际金融机构的人才培养合作

面对严峻的国际形势，我们应该加强与国际金融机构的合作，比如世界银行、亚洲开发银行等，把他们的先进金融技术和管理经验引进来，这样可以大大提高我国金融业的发展水平。同时，我们还要让更多的年轻人到国外去学习深造，然后回来报效祖国。这样可以更快解决金融安全和金融科技人才短缺的问题。

中国与东盟在金融领域合作的前景广阔。中国与东盟在金融领域的合作具有互补性，中国拥有庞大的金融市场和丰富的金融资源，而东盟各国则拥有丰富的自然资源和人力资源。随着共建"一带一路"倡议的推进，中国与东盟之间的经贸往来日益密切，这为双方在金融领域的合作提供了更多的机遇。中国与东盟在金融领域的合作有助于推动区域经济一体化进程，促进地区经济的共同发展。因此，加强中国与东盟在金融领域的合作，不仅有利于双方实现互利共赢，还有助于金融科技人才的培养，推动地区经济的繁荣发展。

（五）企业要为金融科技人才提供更多的实习和就业机会

以前很多企业为了追求利润，疯狂地加杠杆，结果有的赚了指数级的钱，有的血本无归。现在，大家意识到，企业真正的核心竞争力是产品和服务。而金融科技作为提高效率的工具，它的存在意义也逐渐被弱化了。所以，有很多互联网大厂都裁掉了大量的金融科技员工，但是，在减少金融科技投入的同时，千万不要忽视金融科技人才。

金融科技人才是金融行业的未来，他们掌握着最新的科技手段，能够帮助传统金融机构进行数字化转型，同时，他们又对金融业务有着深刻的理解，能够开发出更多创新的产品来满足用户的需求。所以，各大企业应该给金融科技人才更多的就业机会，让他们能够在实践中发挥更大的作用。

我国金融科技这个赛道目前还存在着一些问题，比如说 P2P 平台、虚拟货币等。但是，随着监管政策不断完善，这些问题都会得到解决。真正有实力的金融科技公司，也会迎来更好的发展环境。

（六）为跨境贸易及跨境投资金融科技人才的培养提供支持

近年来，在新一轮科技革命和产业变革的背景下，金融科技蓬勃发展，人工智能、大数据、云计算、物联网等信息技术与金融业务深度融合，为金融发展提供源源不断的创新活力。金融科技行业的快速发展，也加速了金融科技业人才需求的扩张。相关报告显示，92%的金融科技企业目前正面临严重的金融科技专业人才短缺。85%的受访雇主表示他们遇到招聘困难，45%的受访雇主表示难以找到符合特定职位需求的人才。金融科技人才已成为银行招聘中的"香饽饽"，金融机构数字化转型过程中，金融科技人才已成为关键。

现在，我国正在为跨境贸易以及跨境投资领域中的金融科技人才的培养提供强大的支持。教育部已公布了最新的专业目录，将大数据管理与应用专业纳入新增本科专业名单当中。这个专业是把经济学、金融学、统计学跟大数据技术给融合起来，培养既懂金融又懂数据的人才。因为，我国现在正在大力发展跨境贸易以及跨境投资，而这些都离不开金融科技的支持，而大数据管理与应用专业的毕业生，正好能满足这样的需求。

当前，金融科技正向实体经济深处发展，需要理顺金融与科技的关系，摆脱互联网金融依赖，试水新发展模式，深度融合，摒弃规模效率模式，寻找深度可持续路径。按照以往的逻辑，金融科技仅仅只是玩家们为了获取和收割流量所推出的一个概念。从本质上来看，它与互联网金融并没有太多区别。所以，以往的金融科技进行了多次的转型，却始终都没有跳出互联网金融的怪圈，没有摆脱互联网金融的牵绊。想要让金融科技的发展进入全新的发展周期，必然要用全新的眼光和视角来看待它。在这个过程当中，让金融科技摆脱对互联网金融的依赖，是保证它可以获得持续发展的关键所在。金融科技人才的培养也是如此，要理顺金融与科技的关系，政府要出台相关政策，鼓励和支持跨境贸易及跨境投资金融科技人才的培养；高校要开设相关课程，培养具有专业知识和技能的人才；企业要提供实习和就业机会，帮助人才将理论知识转化为实际能力。

（七）加强金融政策协调与监管合作

曾经一些投资者以投资的名义进入美国市场，通过各种方式控制企业的经营权，最后达到控股的目的。这种现象不仅限于美国，在欧洲也存在，比如德国汽车巨头戴姆勒就曾被日本资本收购。所以很多国家都在反思，为什么外国投资者可以这么容易地拿下本国企业？其实，这里面有历史原因也有现实因素。二战之后，发达国家为了发展经济，制定了一系列鼓励外商投资的政策，其中就包括保护外国投资者权益的内容。这给我们一个重要的提醒，在开放市场的同时，也要加强政策协调和监管合作，不能留下隐患，尤其是在科技、金融等领域。

金融科技在经历了洗牌与监管之后，开始走出互联网金融的阴霾，开始找到一条适合自身，并且能够建构融合"金融"和"科技"两种元素的正确的发展道路。无论是在互联网时代，还是在后互联网时代，人们关注的焦点从互联网金融转移到了金融科技。当金融科技再一次开始发生嬗变，我们看到的是，以蚂蚁集团、京东科技为代表的商家，已开启金融科技的新发展。金融科技不再一味地将自身看作独立于产业之外的存在，而是一个与产业深度融合的存在。金融科技人才的培养要通过建立跨部门、跨地区的协调机制，制定统一的金融科技人才的培养标准和规范，加强跨境金融服务的监管和风险防控。

（八）金融科技人才的培养要克服制约因素

金融科技人才的培养要克服诸多制约因素。尽管现在各大高校越来越重视对金融科技人才的培养，但在具体行业人才培养过程中还存在诸多制约因素，具体表现为：

一是教学模式传统。在金融科技时代背景下，过于呆板和理论化的教学模式，无法满足学生全方位的学习需求，束缚了学生独立个性的发展。金融科技人才对专业性要求很高，高等院校仅仅依靠理论知识的灌输，远远达不到金融人才培养的质量标准，需要加强对金融人才实践技能的培养。

二是培养理念不够灵活。传统的金融人才培养主要是采用单一的书面闭卷考试手段，答案标准整齐划一，依据考试分数高低评价学生水平和教学质量。在大数据和金融科技的冲击下，不能灵活、动态地反映学生的学业进展情况和个人创新性能力的进步情况，也不能满足由"专才"向"通才"转型的培养要求。

三是实践教学缺失或薄弱。目前，高校在金融科技人才培养实践教学观念上存在"重理论、轻实践，重知识积累、轻动手操作"的弊病。这就要求高等院校重构金融人才培养理念，培养金融人才的创新意识、互联网思维、社交能力、语言表达能力和组织协调能力，使他们具备多样化的通识知识。

目前，金融科技企业人才主要来自高校，现阶段我国高校已开展本科和硕士研究生阶段的互联网金融、金融科技学历教育，培养方向各具特色。其中，互联网金融一般是指传统金融机构与互联网企业利用互联网技术和信息通信技术实现资金融通、支付、投资和信息中介服务的新型金融业务模式，该专业将传统金融行业、金融学与信息技术、互联网思维、企业管理等深度融合，培养的是跨学科、复合型、高端互联网金融人才。金融科技则更加强调技术驱动的金融创新，通过运用现代科技成果改造或创新金融产品、经营模式、业务流程等，推动金融发展提质增效，着重培养能够适应银行科技、智能投顾与程序化交易、保险科技、监管科技等领域需要的金融精英人才。

（九）促进金融科技人才的培养与交流

想要丰富我国的金融科技人才，可以把金融街论坛、世界互联网大会、达沃斯世界经济论坛等高端国际会议都搬到中国来办。因为，我们有全球最大的市场，全球最多的网民，以及全球最活跃的移动支付。中国金融科技发展速度之快，技术应用之广，全球少有。但是，由于语言障碍以及自信心不足，我们缺乏向外展示的机会和平台，很多国际顶尖人士并不了解我国金融科技的真实情况。如果能把这些高规格的国际会议都搬到我国来举办，那不仅能让各国精英们看到我国金融科技的实力，还能让他们与我国金融科技领域的专家学者、企业高管等面对面交流探讨，碰撞出更多的火花，共同推动我国金融科技的发展。

2023在上海举行的世界人工智能大会上讨论了不少关于金融科技的话题，比如金融机构如何利用AI进行风控管理，AI如何提升投资效率等等。其实，金融科技是一个非常前沿且复杂的领域，需要跨行业、跨学科的知识积累。如果能搭建更多这样的交流平台，不仅可以加速金融科技人才的培养，更有利于在全球范围内整合资源，形成良性循环，助力我国金融科技高质量发展。

（十）鼓励金融科技企业在跨境市场上的创新与合作

现在的金融科技，已经跳出了以往以收割流量为主导的发展模式，转而追求一种更加长远和可持续的发展模式。金融科技不再以流量为中心，而是变成了一个与实体经济深度融合，与实体经济共生共存的存在。

在这个阶段，金融科技是一个兼具"金融"和"科技"两种属性的存在，想要最大限度地发挥其功能和作用，必然需要金融科技不断地强化自身与实体经济的深度融合，需要金融科技不断地深度参与到实体经济的实际运行过程当中。缺少了这一点，金融科技的功能和作用是无论如何都无法获得最大限度地发挥的。如果我们要寻找金融科技开始转向实体经济的明证的话，"金融"和"科技"两种元素的深度融合以及由此带来的金融科技的新功能和作用，无疑是一个不可被忽视的重要方面。

可以说，正是"金融"和"科技"两种元素的深度融合，导致了金融科技的新功能和属性的出现，而金融科技的新功能和作用的出现，使其必然转向实体经济深处来寻找新的发展动能。金融科技人才的培养要基于以上这些认知，以科技的眼光推动技术和服务的创新发展。

（十一）要加强金融科技人才培养的国际合作

据中国电子学会统计，我国金融科技人才缺口已经高达百万之多。而目前，全世界的金融科技人才储备总量也不过1 000万人左右。所以，我们一定要破除狭隘的地域观念，积极主动地与海外高校、金融机构开展合作交流，培养更多的金融科技领域人才。对于已经在国外的金融科技人才，我们也要打开怀抱欢迎他们回来报效祖国。

早在2023年，央行就发布通知，要求各机构积极引进海外留学归国人员。而且国家还为留学生回国就业提供了很多便利条件，比如落户方面，上海、广州等城市都有针对留学生落户的政策优惠；还在考公考编、创业扶持等方面对海归人才给予福利待遇。在加大金融科技人才的引进力度的同时，我们还要通过与东盟等国家开展联合培养项目，引进先进的教育理念和教学方法，提高金融科技人才的培养质量。

（十二）多维度培养金融科技人才

近些年，银行业在金融科技领域的投资力度显著加大，以数字技术赋能金融行业的高质量发展已经成为社会各界的共识，并使得金融科技成为行业的热点话题。然而，金融科技人才的供给瓶颈是当前限制金融行业数字化转型的主要障碍之一。金融科技的发展需要同时具备金融、数字技术等领域的交叉知识，但当前我国的人才培养体系尚未将两者有效融合起来。传统的金融专业在人才培养过程中，较少安排信息技术等相关的专业课程，导致金融类人才对数字技术的认识不足、理解不深、应用能力不够。金融科技作为近些年新兴的领域，许多技术和应用创新首先发生在产业界，学术界的介入较晚，导致金融科技人才培养相关的课程体系和师资力量较为匮乏。此外，金融科技的应用通常与高性能计算和大规模数据资产相关，需要较高的资金和软硬件要求，学术界短期内难以具备上述条件，这在客观上限制了我国高等院校金融科技人才培养的能力。

为了应对上述问题，中国人民银行印发的《金融科技发展规划（2022—2025年）》（银发〔2021〕335号）明确提出要做好金融科技人才培养，包括制定金融科技人才相关标准，加快金融科技人才梯队建设，建立健全在职人才培养体系，探索业务、技术人才双向交流机制，打通金融科技人才职业发展通道等。建议从以下维度开展金融科技人才的培养：

第一，在金融科技人才培养方向上，应当构建以银行业为主导，证券业和保险业等作为支撑的金融科技人才培养体系。中央人民银行公布的数据显示，2021年年末，我国金融业机构总资产为381.95万亿元，其中银行业机构总资产为344.76万亿元，占90%以上。这意味着我国金融科技的发展事实上是以银行业的数字化升级作为核心驱动力。值得关注的是，证券行业、保险行业尽管总量规模较小，但是增速较快，在金融科技的发展方面也起到了重要的推动作用。在具体的业务领域上，金融科技人才的培养应当广泛地覆盖到科技、绿色、普惠、跨境、消费、财富、供应链和县域等维度，尤其是在服务中小微企业、专精特新企业、绿色产业等方面，要强化金融科技人才的培养力度。此外，随着国内外金融形势日益复杂，亟须补充一批具备金融科技风险管理和监管科技能力的人才。

第二，在金融科技人才培养体系上，应当加大对应用型本科人才的培养力度。目前，国内高等院校比较流行的金融科技人才培养方式是在研究生阶段设置金融科技相关的硕士招生方向，但是这种方式短期内无法满足市场庞大的人才缺口。据调查，我国金融科技人才的缺口在150万人以上。虽然每年有上百万与财经相关专业的毕业生，但是其中具备金融科技相关技能的人才较少。因此就业市场上出现了传统金融岗位大幅度缩减带来的人才相对过剩，而金融科技岗位需求较大却难以招到人才的结构性难题。要解决上述矛盾，必须将人才培养阶段前置，并扩大相关专业的招生规模。例如在整合传统财经类相关专业的基础上，建立金融科技本科专业培养体系，培养一批同时具备金融知识和科技应用能力的人才。此外，应当结合财经各类专业的发展趋势，适度和适时地设置科技类课程，提升传统财经人才的科技知识储备和认知水平。财经类高等院校需要加强数据科学在各个专业领域的应用，引进具有科技背景的师资力量，强化补齐金融科技人才培养方面的短板。

第三，在金融科技人才培养模式上，要大胆创新，积极推进产学研合作。金融科技的发展本质上是由数字技术所驱动的业务模式变革和创新，其中大量的创新活动发生在产业的最前沿，对人才的学习能力、创新能力、实践能力等综合素质要求较高。目前国内一些高校已经开始尝试与企业合作联合培养金融科技人才。例如建设银行与香港大学共建"数据分析师"认证项目、与香港科技大学合办金融科技硕士项目、与西安交通大学合办金融科技菁英班项目，中南大学与华锐金融技术合办金融科技特色研究生班，西南财经大学与成都市政府、美国道富集团合作共建金融科技国际联合实验室，浙江财经大学和浙江盈阳资产管理股份有限公司联合共建的金融科技学院等。无论是综合性院校还是财经专业类高校，都在积极探索与金融科技领军企业共建金融科技人才培养体系的创新模式。企业所提供的仿真教学实验平台以及大数据支撑，可以使学生快速地提升金融科技的实战能力，对金融科技人才的培养具有"四两拨千斤"的作用。

第四，在金融科技人才培养方法上，要尽快构建金融科技人才标准体系，提升金融科技人才的聚集效应，减少金融科技人才结构不平衡问题，加快传统金融人才体系的数字化转型。根据北京立言金融与发展研究院发布的《中国金融科技人才培养与发展问卷（2021）》与《我国主要城市金融科技人才发展HOPE指数》报告，我国金融机构普遍存在金融科技专业人才缺口，以应届生校园招聘为主的招聘方式，导致入职人员在金融科技技能方面经验不足；金融机构对于业务场景技术人员的引进和培养力度不足；城市商业银行在金融科技人才机制建设和金融科技人才平均薪酬方面整体落后于其他类型商业银行，尤其是中小城市商业银行在金融科技人才市场竞争中缺乏优势。这些调查表明，我国金融科技人才培养存在结构性矛盾，一方面是人才供给不足；另一方面是人才分配不均衡。这一局面持续下去有可能会导致金融机构之间金融科技创新能力的差异进一步放大，增加金融行业的运行风险。为了缓解上述矛盾，监管部门应当加快制定金融科技人才的培养标准，包括强化金融科技人才战略，促进金融科技人才的内部交流，加强对系统内金融从业人员的科技培训，建立金融科技人才职业资格认证体系等。

（十三）要优化金融科技人才的就业环境

某位兼具金融与科技专业背景的复合型人才，入职一家金融机构后致力于技术研发工作，却面临管理层认知错位的困境。其业务部门负责人持续以结果为导向，频繁要求技术团队提供数据建模、趋势预测等量化产出，并强调高频次迭代更新。当被问及职业选择时，该人才坦言："当前就业市场中，能实现专业价值的技术型岗位供给严重不足。"

这些人才如果能用到正确的岗位，其实大有可为。但是现在的情况是，很多金融机构在利用金融科技的同时，没有充分尊重科技人员的专业性，甚至说对专业性的认识严重不足。结果让金融科技人才做一些非常低水平的工作，这其实是一种浪费。所以，我们应该优化金融科技人才的就业环境。这需要金融机构有耐心、花时间去培养人才、分析岗位需求，而不是急功近利地去让员工做机械性事务，而忽视了金融科技业务。这个例子提醒我们，要建立完善的薪酬体系和职业晋升通道，优化金融科技人才的就业环境，提高金融科技人才的待遇和地位，吸引更多的人才投身于这一领域。

（十四）金融科技人才培养要适应新时代的新要求

金融科技人才要突出国际化。从国际视野来看，世界多极化、经济全球化、文化多元化、社会信息化深入发展，国际金融危机深层次的影响在相当长时期还将存在，新一轮科技革命和产业变革蓄势待发，互联网、云计算、大数据、人工智能等现代技术深刻改变着人类的思维、生产、生活和学习方式，国际竞争日趋激烈，人才培养与争夺成为焦点。与传统金融相比，金融科技要求有更高标准的金融人才相匹配，尤其是国际化程度要求越来越高，具体体现在人才培养目标的国际化和课程设置的国际化。如何以最有效的方式培养出具有国际视野、能够适应国际竞争的金融科技应用创新型人才是当前我国人才培养面临的重要课题。

金融科技人才要突出复合性。当代科学发展逐渐呈现出学科整体化的趋势。随着区域化、全球化的推进，已经不能从单一的地区、国别、学科、时域去理解和运用知识，而是需要跨区域、跨国界、跨学科、跨时域进行知识的整合。金融科技人才也并非简单的金融和技术两个专业的组合，而是需要更深层次地了解这两者结合带来的新的运营模式和规则。金融科技企业需要跨领域复合型人才是大势所趋，尤其是以金融和技术专业知识的融通应用技能最为重要，关键岗位领导者仅通过精通单一职能而晋升为高管的时代正在走向终结。

金融科技人才要凸显创新特色。当前，国家创新战略的实施对创新型人才的需求大大增加。金融科技作为时代的产物，衍生出大量的新行业和新业务，使得当前金融生态系统结构发生了巨大变革。在此背景下，有必要对金融科技人才培养的范围进行重新界定，凸显创新特色。金融科技时代复合型金融人才应能够在激烈的金融市场竞争中另辟蹊径，设计出既能满足客户体验，又符合个性需求的金融服务和金融产品，能够适应日新月异的金融科技发展需求，在金融生态系统中开辟一条通道。

金融科技人才要兼具风险意识和互联网思维。当前，金融资源朝着信息化、网络化和数据化发展，高新技术产业和金融机构要在纷繁复杂的金融生态系统中占有一定的市场份额，其关键举措就是要培养和储备一批具备互联网思维，同时兼备金融、信息科技、大数据、管理和法律等知识的应用型、复合型金融人才。同时，由于金融行业风险具有隐蔽性、传染性、广泛性以及突发性等特点，在鼓励其创新发展的同时，行业从业人员尤其是管理人员应该将风险控制作为一项重要工作，必须具备各种风险意识，强化自身对技术风险、市场风险、业务操作风险、流动性风险等常见风险的应急防控能力，在风险发生时能够有效地保护金融消费者的相关权益。

（十五）金融科技人才培养的具体措施

要重视学科交叉，优化课程体系。在课程设置上注重培养大数据、云计算、数据挖掘、机器学习等新技术操作能力，开发数据挖掘、信用评估、风险评价等相应的课程体系。根据金融行业的特点和教学实际，可以在确定金融行业岗位人员专业素质要求的基础上，将课程分为专业基础知识和专业操作能力两部分，基础部分突出对金融科技基础知识的掌握，操作部分突出对金融行业工作所应具备的技能训练。根据行业发展的要求修订、完善，实现动态调整，培养出既有金融专业知识又有科技思维的复合型高素质人才。

要加强校企合作，提升实践能力。加强校企合作，建立专业示范性实习基地，以新兴金融科技岗位需求为导向，通过校企联合协同育人，不断加强实习基地建设，有针对性地进行订单式培养，从而培养出更具特色和富有竞争力的金融人才，实现校企共赢。建立开放灵活的教学运行机制，在教学各个环节开展与企业的合作，把学校教育直接与实践一线具体工作有机结合，搭建金融科技人才协同创新平台。通过产学研深度合作，实现资源共享共建，提高复合型金融人才的培养质量，联合培养金融科技型创新人才。

要加强师资培训，培养"双师型"教师。教师队伍是人才培养的主力军，是实现人才培养目标的根本保证，教师的水平直接影响人才培养质量。金融科技人才的培养，需要建设一支具有丰富实践经验和较强创新能力的教师队伍。这支队伍除具备扎实的理论知识外，还应了解金融学科专业的前沿发展动态和行业的最新实践，熟悉企业的用人需求。加强师资培训，选派教师去国内外高校和研究机构访学和交流合作，参加学术会议、教学培训及经验交流会，以切实提高教师理论素养。积极拓宽师资队伍的来源渠道，加大"双师型"教师培养力度，选派教师到相关企业挂职锻炼学习。引进或聘用具有一定岗位实践经历又有一定专业理论水平的人士担任兼职教师甚至专业建设带头人，打造双师型教师队伍。

总之，解决中国–东盟跨境贸易及跨境投资金融科技人才短缺的问题，需要从人才培养、引进和就业环境等多个方面入手，采取一系列有效的政策措施。这样才能培养出更多的金融科技人才，更好地推动中国与东盟之间的经贸合作，实现互利共赢。

参考文献

［1］BHUTTO S A，JAMAL Y，ULLAH S.FinTech adoption，HR competency potential，service innovation and firm growth in banking sector ［J］. Heliyon，2023，9（3）.

［2］BRUMMER C，YADAV Y. Fintech and the innovation trilemma ［J］. The Georgetown Law Journal，2019，107（2）：235-307.

［3］DAFT R . A dual-core model of organizational innovation ［J］. Academy of Management Journal，1978（21）：193-210.

［4］GAI K，QIU M，SUN X. A survey on FinTech ［J］. Journal of Network and Computer Applications，2018（103）：262-273.

［5］HUNG J L，LUO B .FinTech in Taiwan：A case study of a Bank's strategic planning for an investment in a FinTech company ［J］. Financial Innovarion，2016，2（1）：186-201.

［6］HUONG A，PUAH C H，CHONG M T.Embrace FinTech in ASEAN：A perception through FinTech adoption index ［J］. Research in World Economy，2021，12（1）：1-10.

［7］JOSE K J. Revamping finance via fintech：Promises，perils，and practices in ASEAN ［J］. Foreign Policy Review，2020（13）：129-144.

［8］KUNDURU A R. Artificial intelligence advantages in cloud FinTech application security ［J］. Central Asian Journal of Mathematical Theory and Computer Sciences，2023，4（8）：48-53.

［9］LEONG K，ANNA S.FinTech（Financial Technology）：What is it and how to use technologies to create business value in fintech way？［J］. International Journal of Innovation，Management And Technology，2018，9（2）：74-78.

［10］PEREZ C .Technological revolutions and financial capital ［J］. Books，2002期.

［11］YADAV A，PANDITA D. A decision model for talent management in the Indian fintech industry ［C］//2023 International Conference on Decision Aid Sciences and Applications（DASA）. IEEE，2023：360-364.

［12］曹玉娟，杨起全，赵延东. 新周边形势下中国-东盟农业科技国际合作的广西实践 ［J］. 中国科技论坛，2015（3）：155-160.

［13］曾圣钧，郭燕，蔡丽斌. 粤港澳大湾区银行跨境财富管理业务研究 ［J］. 国际金融，2023（11）：67-80.

［14］楚振宇.“互联网+”背景下金融人才培养和金融教学模式创新路径探索——评《互联网金融教学改革创新理论与实践》［J］.中国科技论文，2023，18（7）：823-824.

［15］丛禹月，赵峰浩.“金融科技”背景下应用型本科高校金融人才培养路径研究［J］.产业与科技论坛，2023，22（21）：153-155.

［16］杜庆昊.数字金融的发展趋势和实现路径［J］.中国金融，2024（3）：18-20.

［17］冯玉华.以粤港澳大湾区建设为契机，促进广州市金融人才集聚发展的对策建议［J］.现代职业教育，2021（7）：12-13.

［18］高琳.面向东盟的金融开放门户南宁核心区建设探究［J］.南宁职业技术学院学报，2019，24（6）：65-68.

［19］葛和平，陆岷峰.高等院校构建以金融科技为核心的金融学科建设路径研究［J］.金融理论与实践，2021（6）：46-54.

［20］韩程.地方政府金融人才队伍建设研究［D］.青岛：青岛大学，2018.

［21］韩悦.金融科技助力北海区域金融发展研究［J］.广西质量监督导报，2020（12）：125-126.

［22］何佳芮.乌鲁木齐市金融人才队伍建设研究［D］.兰州：西北师范大学，2019.

［23］何涛，刘成.数字金融背景下加快数字化金融人才队伍建设的思考［J］.武汉金融，2024（4）：85-88.

［24］洪银兴.科技金融及其培育［J］.经济学家，2011（6）：22-27.

［25］胡斌，刘作仪.物联网环境下企业组织管理特征、问题与方法［J］.中国管理科学，2018，26（8）：127-137.

［26］黄栋，张梦环.中国-东盟与美国-东盟科技合作比较分析［J］.南亚东南亚研究，2022（3）：79-91；155.

［27］黄海敏，韦玉容.中国-东盟高技能应用型金融人才合作培养机制创新研究［J］.职业技术，2022，21（4）：26-33.

［28］李聪，黄轲.RCEP促进广西建设面向东盟金融开放门户：发展路径与政策保障［J］.市场论坛，2021（9）：53-61.

［29］李银珍.数字普惠金融助推中国-东盟跨境电商“四链”深度融合［J］.当代广西，2024（15）：29.

［30］李正旺，李中恺.协同创新培养复合型金融本科人才的“1+N”模式研究［J］.湖北经济学院学报（人文社会科学版），2021，18（8）：119-121.

［31］梁艳，蒲祖河．共生理论视域下应用型金融科技人才培养路径探究［J］．教育理论与实践，2023，43（33）：12-15.

［32］廖岷．全球金融科技监管的现状与未来走向［J］．新金融，2016（10）：12-16.

［33］刘旭．中国东盟数字经济合作正当时［N］．国际商报，2022-11-17（4）.

［34］刘艳．战略群组视野下的中外金融创新比较与评述［J］．上海商业，2023，（12）：85-87.

［35］牛东芳，李恺琦，黄梅波．东南亚金融科技发展及其竞争力［J］．南洋问题研究，2023（3）：82-95.

［36］人瑞人才，德勤中国．产业数字人才研究与发展报告（2023）［R］．2023.

［37］邵传林，王丽萍．创新驱动视域下科技金融发展的路径研究［J］．经济纵横，2016（11）：65-69.

［38］唐艺舟．中国与东盟五国科技合作绩效评价［D］．广州：广东外语外贸大学2017.

［39］王雯婧，曾静婷．东盟重点研究学科、产业政策分析及对中国国际科技合作的启示［J］．科学管理研究，2020，38（5）：168-174.

［40］王馨，王营．以金融科技为核心的金融专业人才培养探讨［J］．金融理论与实践，2021（12）：73-78.

［41］王遥，毛倩，赵鑫．深化绿色与可持续金融人才培养和学术合作［J］．中国金融，2024（1）：44-45.

［42］吴崇伯，杨国英．中国与东盟数字经济产业合作的进展、挑战与路径［J］．广西财经学院学报，2023，36（4）：44-55.

［43］吴强，覃盈盈，肖丹然．中国-东盟转型金融发展与合作［J］．中国金融，2024（15）：86-87.

［44］肖朔晨，闫兴．中国-东盟（CAFTA）垂直型科技合作模式研究［J］．科学管理研究，2018，36（1）：108-111.

［45］谢志华，李莎，沈彦波．新技术、企业组织变革与财务管理［J］．财务研究，2020（1）：4-17.

［46］谢治春，赵兴庐，刘媛．金融科技发展与商业银行的数字化战略转型［J］．中国软科学，2018（8）：184-192.

［47］薛博文，冯宗宪．中国区域绿色金融发展评估［J/OL］．西安交通大学学报（社会科学版），2024，44（6）：44-61.

［48］闫新霜．关于中国-东盟科技合作现状及具体对策分析［J］．营销界，2022

（3）：22–24.

[49] 杨芮，董希淼．欧洲 mBank 的数字化银行之路 [J]．银行家，2016（2）：77–80；7.

[50] 张明喜，魏世杰，朱欣乐．科技金融：从概念到理论体系构建 [J]．中国软科学，2018（4）：31–42.

[51] 张阳．我国消费金融人才的现状及其对策研究 [D]．重庆：重庆大学，2019.

[52] 张振，付琼．金融科技助力实体经济高质量发展的理论探讨 [J]．企业经济，2023，42（3）：134–140.

[53] 赵超．区块链+粤港澳大湾区协同创新共同体构建分析 [J]．学术论坛，2020，43（4）：42–49.

[54] 赵德森，黄晓晖，秦超．中国对东盟技术转移的动机与模式研究 [J]．技术经济与管理研究，2011（11）：109–112.

[55] 赵祺．中国–东盟跨境数据流动治理合作：现实与路径选择 [J]．南洋问题研究，2024（3）：85–98.

[56] 周雷，陈音，张璇，等．金融科技底层技术创新及其对金融行业的赋能作用 [J]．金融教育研究，2020，33（1）：24–33.

[57] 周雷，莫盈盈，扶依婷．金融科技国际化人才培养路径研究 [J]．科技创业月刊，2022，35（6）：127–130.

[58] 周璇．湖南省科技金融人才协同培养机制研究 [D]．长沙：中南林业科技大学，2019.